教育部人文社科重点研究基地重大项目“中国民俗文献史纲要及其数字化管理系统”综合性成果子课题

教育部“大学数字教育博物馆”项目北京师范大学“985 工程”二期民俗学国家重点学科子项目“数字故事博物馆”中的“四大传说分布地图”探索课题

北京师范大学数字民俗学实验室与文化部民族民间文艺发展中心合作项目“中国民族民间文艺集成志书数字资源建设与公共产品探索”子项目“中国民族民间文艺资源数字地图”探索课题

北京师范大学民俗典籍文字研究中心“教育部人文社科重点研究基地自主项目”与北京师范大学文学院 211 三期工程项目资助出版

教育部人文社科基地重大项目综合性成果

《数字民俗文化遗产丛书》 董晓萍 主编

数字故事民俗地图志

赖彦斌 董晓萍 著

學苑出版社

图书在版编目（CIP）数据

数字故事民俗地图志 / 赖彦斌，董晓萍著．— 北京：学苑出版社，2012.4

ISBN 978-7-5077-4001-1

Ⅰ．①数… Ⅱ．①赖… ②董… Ⅲ．①风俗习惯－中国－图集 Ⅳ．①K892-64

中国版本图书馆 CIP 数据核字（2012）第 069718 号

审图号：GS（2012）342 号

作　　者：赖彦斌　董晓萍
责任编辑：徐建军　许　力
装帧设计：徐徐书装
出版发行：学苑出版社
社　　址：北京市丰台区南方庄 2 号院 1 号楼
邮政编码：100079
网　　址：www.book001.com
电子信箱：xueyuan@public.bta.net.cn
销售电话：010-67675512、67678944、67601101（邮购）
印 刷 厂：北京信彩瑞禾印刷厂
开本尺寸：710×960　1/16
印　　张：19.25
字　　数：270 千字
版　　次：2012 年 4 月北京第 1 版
印　　次：2012 年 4 月第 1 次印刷
定　　价：58.00 元

目　录

第三章 数字故事民俗地图的制图方案与编绘技术

第四章 数字民俗地图的空间要素与地名个案研究

附　录

数字故事民俗地图（样图）

插图目录

丛书总序

董晓萍

中国民俗文献史及其数字化管理系统

钟敬文先生是中国民俗史和民俗学史领域的开基宗师，“中国民俗文献史纲要及数字化管理系统”，是其中青年后学团队接续衍生的科研项目，本丛书是该项目成果的组成部分。[1]

一、基本思路

现在讨论中国民俗文献史，有两种理念。首先，从历代文献中剥离民俗资料而成史，是一项不可逾越的基础工作，它主要是由前辈学者完成的。钟先生晚年提出中国民俗学派学说时，已对它的独立意义和学术价值做了总结。20 世纪以来，在海外汉学界，已有康德谟 (Max Kaltenmark)、谢和耐 (Jaques Gernet)、杜德桥 (Glen Dudbridge)、欧达伟 (R.David Arkush)、石泰安 (Rolf A.Stein) 和劳格文 (John Lagerwey) 等一批学者，[2] 研究我国先秦至民国时期的历史文献，找到

---

1 中国民俗文献史项目的研究，与另外两个中法国际合作项目“北京寺庙碑刻与社会史”和“传统行业技术与社会网络”结合进行，法国学者吕敏 (Marianne Bujard) 和蓝克利 (Christian Lamouroux) 教授分别为两个项目的法方主持人，我任北京师范大学合作方的主持人。本丛书的几位作者鞠熙、周锦章、舒燕、赖彦斌和吕红峰等，都先后参加了合作项目，担任研究生助手，并曾得到两位学者的指导，特此说明并致谢！

2 西方学者研究中国文献并涉及民俗资料的，例如：(英) 杜德桥 (Glen Dudbridge)《妙善传说》(*The Legend of Miao—shan*), London：Ithaca Press,1978。(美) 欧达伟 (R.David Arkush)《中国民众思想史论，董晓萍译，北京：中央民族大学出版社，1995。(法) 龙巴尔 (Denys Lombard)，李学勤主编《法国汉学》(第一辑)，北京：清华大学出版社，1996。《法国汉学》丛书编辑委员会编《法国汉学》(第二编)，北京：清华大学出版社，1997。(法) 劳格文 (John Lagerwey) 主编《客家传统社会》，北京：中华书局，2006。

了讨论中国民俗社会和民间小人物的不少好课题，他们都从国际学坛呼应了我国民俗学者的工作，有的还与钟先生有学术接触。这批中外学者的一大成就，就是在民俗史料的发掘和研究上筚路蓝缕，建立了它的资料系统和一套处理资料的方法，将之变成学问。他们的著作不仅对我国民俗学有启发，也在我国文学、艺术、宗教和哲学等研究领域里产生了广泛的影响。

其次，按照民俗事象的自身观念和行为系统建史。按照这个理念，学者要对民俗本身的资料形式和内容含义加以描述和研究，而不是仅仅依据历史文献去做民俗史。它不是在前人的工作之外另起炉灶，而是在前人打地基之后进行工作，前人的成果是它须臾不可忽视的学术史。从资料上说，我国也历来存在着历史文献与口头传统交叉互渗的事实，完全脱离历史文献建民俗史也是空谈。从民俗学的方面看，依靠口头传统资料去写民俗文章是可以的，但若建“史”，也还是不科学的做法。本丛书在前期研究和现实准备的基础上，在将两者汇合的条件比较成熟的情况下，重新界定民俗史的概念，主要是以民俗自身的观念、解释、结构、分类和功能系统为主体，在现代民俗学的理论框架下，审视历史文献中的民俗记载和现实田野作业中的民俗记录两者，建设以民俗学研究目标为主的、历史文献与民俗志相结合的民俗史。它区别于次生于历史文献的民俗史，也区别于单纯强调口头传统的民俗史。它在新理念的框架下，根据我国实际，将文献与口头资料综合起来建史，故称“民俗文献史”。

在工作过程中，我们尝试解决三个问题，以使这一研究形成完整思路。

第一，分期与分类。建史，一个不可回避的问题是分期。但是，从原则上说，民俗是不能按照历史文献的分期法去分期的。所谓唐代民俗不等于隋代没有，老百姓也不是按照历史朝代去考虑该不该传承包饺子和祭祖宗的民俗的。给民俗事象做历史分期是学者的想象，它能满足于学者的书面阅读习惯和传统治学方法，却不适合于在人生文化和社会整合中代代传递的民俗。民俗是一种对人类利用自然和文化的观念与行为产生连续影响的人文现象，是连续同一体文化，历史性不过是它获得权威性的策略，它在本质上又是日常形式的动态文化，以传统而时尚的方式传承，所以才能代代抓人，这与正史中的历史人物和历史事件所追求的静态文化性质不同。与民俗史不同的是，民俗学史的研究可以分期，但这种分期也是要极其谨慎的，要建立使用历史文献的原则和正确的分析方法，否则就会假学者之手，把民俗的形式和本质给割裂了。从前从历史文献中剥离民俗的某些做法，把民俗变成了静态历史，也殃及民俗学史。在本次研究中，试图改变这种状况。我们并不忽略民俗学史的历史遗产，但在建设民俗史中，主要在从历史文献中勾稽民俗记载时，还做到补充和完善以下三点：①列出围绕被认定民俗要籍的其他文献要目，包括反映社会上下文的文献，以及文学、农学、哲学、宗教学和语言学等相关史料，形成整体文献系统；②补充历史上已形成民俗文体文献，如“风土记”、“岁时记”、“志怪”笔记、“水利簿”、“人物志”、“竹枝词”和“俚言解”等，按照这种民俗文体的原有分类，进行跨历史的纵向归纳、描述和分析；③将以上两种文献综合观察，描述和分析我国民俗文献的形成方式、文献化过程、解释价值和社会功能。再按民俗分类，并根据现代民俗学的基本问题，设题成史。以往的民俗史已有通史或断代史，但它们缺乏对分期和分类的差异的认识和讨论，没有建立搜集、使用历史文献和民俗文体文献的各自原则和综合分析方法，缺乏对社会上下文和相关学科史料的交代，这是不够的。本次研究希望在这些方面有所突破和改进。

第二，恢复民俗社会的研究目标。做我国的民俗文献史，需要有比较明确的学术目标，既不能为民俗而民俗，也不能为文献史而文献史。没有学术目标的建史，即便另有想法，也不会对学术发展真正有所增益。本次研究是要恢复一个民俗社会的结构框架，讨论在民俗社会的结构中民俗文献的内涵和价值，这正是从历史到现在的学者都关心的问题。进一步说，我们要尝试解释民俗文献史中的一些基本问题，如在民俗社会中历史文献被使用的意义，口头传统与文字文化的复杂关系，民俗被地方文献化的过程和利用途径等。我们还试图说明历史文献记载中的人、事原型，与民俗文献中的自然、人和社会的原型，以及在现代社会条件下被唯物主义地解释的人、事与自然风物资料三者的关系等。总之，通过这类努力，揭示我国不同历史时期、不同层次的文献文化现象，指出民俗文献的生命力等。

第三，避免海量信息垃圾。在现代民俗学的理论方法下研究民俗文献史，不仅有历史文献和口头资料两个庞大系统，还要对它们的分类方法、使用原则、描述逻辑进行分析，从资料中提取民众知识专题库，所获信息是海量的。如果不控制信息容量而上手开工，项目结项就是天方夜谭。在解决这个问题上，计算机的数据库技术和 GIS 技术等给我们帮了大忙。本项目的全称是“中国民俗文献史及数字化系统管理”，其中后半句的“数字化管理系统”含义指此。数字化可以促成更优胜的分类逻辑和储存理念，不仅能给信息文本减肥，还能给学者节省大量的时间，加快研究进度，并能将预期成果在数字运行环境下演示再现，形成新的研究平台，好处不少。当然，要使这种理工科技术在文科使用得当，还要进行专门的研究探索。在本次研究中，我们就做了其他两个相关的项目，以寻找“民俗文献史”与“数字化管理”的最佳结合点：一是针对历史文献中的民俗辑录做数字化，目前已从历代地方志切入，搜集传统节日史料，建立节日民俗文献数据库；一是针对民俗文献和口头传统中都稳定存在的故事记录做数字化，重点从 20 世纪钟敬文先生等前辈的故事研究著述和使用资料切入，建立中国故事集成县卷本基本词数据库。现在这两个项目的完成，都为本丛书的整体成型支付了成本，也做了必要的积累。事实证明，只要文本研究扎实，再借助数字化，数字化就能给文本研究插上翅膀。

二、突破点

中国民俗文献史的研究和数字化管理工作，在理论和实践上突破了一些难题，可以促进现代民俗学的基础理论建设及应用研究。

在理念上，钟敬文先生所倡建的中国民俗学派理论是本次研究的重要支撑，但这个草图需要后学去充填。在本次研究中，通过对我国民俗文献史的搜集、整理、研究，扩大了以往民俗史的研究领域，还可以为加强民俗学史的建设打底。这有助于进一步发展钟先生的学术设想，丰富中国民俗学派的内涵。在本丛书中，《数字钟敬文工作站》一书对此做了详细阐释。

在体例上，以往民俗学界做民俗史，主要根据文人文字记录对民俗史料做分期、分类和分门别类的解释。中国民俗文献史突破了这一模式，引入了民俗文献的概念，根据民俗文献被民众理解和民俗社会应用的实际，做重新分类和学术解释。另一方面，本次研究也指出，在民俗记载上，文字文献与民俗文献之间具有共同点，也有差异面和多层次的区分，在新的分类体例下，对它们可以做更精细的研究。

在资料上，本次研究有三个关注点。首先，历史上的文人文献有对民俗的情感、直觉和"当时性"的描绘，并累世汇集成了由无数个"当时性"片段组成的地方史，在后人无法对历史民俗现象做田野调查之处，它们都成为后人认识民俗史的第一手资料，这点是与上层正史不同的。在研究和撰写中国民俗文献史中，我们指出，任何文献都是识字阶层参与的结果，因此需要指出历史上的文人观念和现代学者观念对造成民俗文献的作用。我们还应力求对上述资料做出比较全面的梳理和批评，以说明中国民俗文献被记录和保存的内在规律，探求民俗文献形成和流传的本质。其次，对有些民俗文献，如有条件做田野作业，可以开展田野调查，这样往往会得到其他收获，至少可以看到现实社会中历史文献被保存下来的民俗观念的传承变迁和现实应用活动，有利于将文字中看不到的民俗含义揭示出来。再次，对民俗社会的口头传统资料也要保持距离。它们固然传达了民俗信息，但也要看到它们受到地方化过程的限制，又被选择在现代社会条件下做解释，以及由此发生的变化；要指出它们在地方运作的鲜活资料，帮助读者看到民俗文献能"活"下去的理由。本丛书基于上述思考，将历史文献中的民俗记载、民俗文体文献和田野资料共同搜集，整体研究，这种工作迄今少见。

三、方法与方案

本丛书对以往民俗学的方法论扬长避短，在新理念的指导下，采用了民俗分类、整体观照和数字管理的新方法开展工作；在方案上，采用"建库"、"建志”和“建个案”的三步并综合进行。

“建库”，指“建学术史库”。在各子课题中，对该子课题所涉及的前辈学者研究问题和前人所使用的资料，尽可能地搜集、整理和研究。由于前人没有从本次研究的角度做工作，故各子课题所实际涉及的资料其实并不是过多的，而是可以被控制的。同时，各子课题也注意国际同行对相关民俗文献的主要理论争论和最新研究成果，并在这一部分中，有所对话或讨论。

“建志”，指“建民俗文献志”，或子课题所研究的“民俗志分类专题库”。它包括在该分类事象上的历史文献记载、口述史、民间碑刻、民间行业、民间技术会章和民间社会组织史料等，作者要将它们建成大体完整的专题民俗志系统。在这方面，还要考虑我国民俗在不同地区和不同民族的多元性，所以该库的范围要限定在特定地区和特定民族内。在描述和研究上，还要与相关学术史问题进行观照。例如，在《数字行业民俗志》一书中，就对传统手工行业的民俗文献和现代传承的基本问题做了研究。

“建个案”，指各子课题在对田野个案点的调研基础上，完成资料系统的建设和研究。个案点的选择，应该是将学术史、民俗分类专题库和田野作业资料贯穿起来的地点。当然，不是所有学术史上讨论的历史文献都能找到对应的个案，也不是所有民俗分类专题库的资料都要做田野调查，更不是现在热闹的民俗地点就适合成为个案。本丛书所选择的个案点是历史成就、现实价值和未来意义的统一体，例如，在《数字碑刻民俗志》中，便根据明清碑刻铭文的线索，对照民俗分类调查资料，同时根据地方政府保护非物质文化遗产名录中的民俗遗产地点，确定了猪行、纸行等个案。

在理论呈现上，本次主要开发了 WebGIS 自带数据库，辅助民俗的文献储存、管理和研究。在各册书的撰写中，还都增加了数字辞典，也有的编制了数字民俗地图，形成了较为完整的数字化管理系统。仅以数字辞典为例，由于民俗文献史的内容涉及面广、文献保存介质复杂、学术史问题多、个案时间跨度大和民间用语极为丰富等，在撰写著作中，很容易出现驾驭失控、成果散包，或失去目标的问题，为了克服这个弊病，我们在每本书中都做了数字辞典，附在书后，供读者查询。数字辞典的功能有三：一是管理各书及其子课题的民俗文献编制目录、搜索引擎和民俗分类表述系统；二是介绍各书所使用的主要概念、专业术语、历史文献提要、民间用语的含义，防止因子课题中的历史词语、现代概念、项目术语和民间语汇混合共用，所可能出现的歧义纷纭的弊病，也避免将不同性质、不同时期和不同介质的文献放在一起讨论，所可能产生的概念交叉和理论界定不统一的毛病；三是说明各书的资料和理论的整体结构系统和研究方法。各书的数字辞典数量不一，视研究内容而定，如在《数字钟敬文工作站》中，附有三个数字辞典，即中文版辞典、英文版辞典和书库数字辞典，在《数字碑刻民俗志》和《数字手工行业志》等其他著作中，也各有一个数字辞典。[1]

四、成果要目

本丛书是综合性系列著作，总称“数字民俗文化遗产丛书”。它们在成果性质上，都是中国民俗文献史研究的分类著作；在成果形式上，都是纸介著作、田野报告和数字辞典（或数字民俗地图）的三合一，整体成史。

还有一部分民俗文献史的子课题，侧重学术史上的基本问题，研究专题民俗文献史。但它们不是做以往民俗史上的断代史或通史，而是尝试根据研究对象的不同，侧重梳理前人工作，补充搜集、整理和研究相关民俗文献，辅以口述史访谈和数据库，形成独立成果，例如《抗日战争和稍后时期的民俗文献史：1937—1949》[2] 以及《建国初十年民俗文献史：1949—1959》[3]，其他专题民俗文献史著作也将陆续完成。

中国民俗文献史的研究目前还只是“纲要”，后面还有很多科研工作要做，

---

1 本丛书的《数字碑刻民俗志》和《数字行业民俗志》两册在出版时，限于字数，其数字辞典原文未刊，将另行出版，但这两册书都保留了数字辞典的方法讨论和方案设计内容，以保持成果的完整性。

2 庞建春《抗日战争和稍后时期的民俗文献史：1937—1949》，打印稿，2005。

3 黎敏《建国初十年民俗文献史：1949—1959》，北京：中国文史出版社，2008。

但仅就已完成的成果看，它的意义是明显的：在理论上，它能使学界同行和国人对我国民俗文献之博大精深增加认识；在社会环境上，它从调查、研究到撰写，都已不可避免地与我国正在开展的非物质文化遗产保护工作和国家文化软实力战略建设建立联系，这些背景给我们以激情和后劲。

前 言

董晓萍

在这套“数字民俗文化遗产丛书”中，专门讨论数字民俗地图的专著有两种，《数字故事民俗地图志》是其中的一种。

民俗学与地图的联系，从这门学问诞生起就存在。民俗学中的民间文学搜集与研究部分，在民俗学的发展中，随着各国民间文化交往的增多，民间文学不但没有削弱，反而得到加强。如何使用地图表达民间文学的搜集资源和研究方法？西方学者有过最早的尝试，如芬兰的历史地理学派。中国学者也有过独立的学术成果，如顾颉刚的孟姜女故事研究。但这些还都是过程，与本书所说的地图还有距离。地图，对于现代民俗学而言，作为研究过程中的辅助方法，与作为文理科交叉研究的结果，两者之间还有一块空白地带。如何填空？这要等民俗学、民间文艺学、地理学和地图学的共同积累，还要能达到提炼人文空间要素的程度，并能互动解决。这还要等民间文学搜集资源相对积累完整，能提供故事的上下文，还能提供民俗学者对故事搜集背景和方法的科学描述，进而成“志”。

本书的“故事民俗地图志”，指的不是过往的故事类型学的讨论，也不是以编绘地图为主，而是讨论编绘故事地图中的民俗学难题，特别是空间信息和空间意义的问题，还要补充地图学和数字化的缺项。所谓空间概念，就民俗学而言，除了业内常说的地方性特征，还包括区域地理范围内的大量历史地理景观，这是过去很少进行民俗学研究的。特别是那些“会说故事”的景观实体，不少已转化为自然遗产、文化遗产或非物质文化遗产，在强烈地吸引着现代人。随着全球化对时间节奏的压榨，时间逐渐失去了人文意义，故事的流失或保护也在空间中实现，于是参观遗产地、现场听故事，成为一种趋势。这让现代人可以从空间中召唤时间，可以记忆和反思历史文明。此外，在一个生活方式现代化的时代，慢悠悠的民俗消失很快，但被数字化也快。上网站，查地图、看民俗，渐成习尚。近年各级政府和社会力量都在花大力气资助遗产地，使这种空间携带时间的民俗传承呈现得十分明显。据此种种，这本《数字故事民俗地图志》，希望能在专业研究领域中迈出新的一步，也希望能社会应用上有所作为。

本书是合作之著，各章撰写和地图编绘分工如下：

《丛书总序》、《前言》、《第四章》：董晓萍；

《绪论》：董晓萍、赖彦斌；

《第一章》、《第二章》、《第三章》与图表：赖彦斌；

《附录》三种：赖彦斌、王静爱、董晓萍；

《数字故事地图（样本）》：总方案和理论方案：董晓萍；地图学和地图编绘指导：王静爱；地图编绘：赖彦斌。

本书项目合作单位：文化部民族民间文艺发展中心、北京师范大学区域地理研究实验室。

本书的撰写是在合作的背景下完成的。作者的科研有了这种氛围，有了这些条件，也有了同步和后续的师生团队，因此，作者可以获得大量的整理数据和实践经验，在理论的充实上也比较从容。

后一本书《近现代重要民俗品种数字地图的分类与研制》也已结稿，正在修改中。如果说，前一本书主要针对地图表达民俗学中的民间文学搜集资源的基本问题，那么，后一本书主要讨论如何用地图表达民俗学的多种专题研究成果。两书相比，它们的共同点在于，都不是单纯的地图集；它们的差异在于，后书要比前书多承担一份任务，就是要阐述数字民俗地图的分类、制图原则、符号系统和编制方法，及其挖掘民俗文化信息的可能性。这是两个阶段的工作。

这两本书在探索数字民俗地图的过程中，根据民俗志的特点，都对计算机数据库技术、GPS定位系统技术和多媒体技术等做了恰当而及时的应用。这样的结果，能够辅助揭示民俗资源分布的空间要素和数据义理，可以补充民俗资料学的内容，也为下一步探索民俗地理学的研究分支打下了基础。

绪 论

本书是教育部人文社科重点研究基地重大项目“中国民俗文献史纲要及其数字化管理系统”中的“民俗地理志”子课题，[1] 与北京师范大学985工程“数字故事博物馆”项目同步进行。[2] 本书所编绘的数字故事民俗地图和民族民间文艺资源数字地图，所使用的原数据和整理数据主要来源于文化部民族民间文艺发展中心与北京师范大学数字民俗学实验室的合作项目。[3]

本书的学术目标，是通过编绘数字故事民俗地图和开展相关民俗地理志的研究，促进民俗学与地理学的交叉研究，主要以中国民间故事集成数据为对象，运用地图学方法，使用计算机技术，对这批故事数据资源进行二度开发，尝试建立数字故事民俗地图研究模式，丰富民俗学的理论与方法论。从本项研究的实际看，数字故事民俗地图在表现故事和故事民俗的地方性特征上，在表现相关民俗传承及其空间要素上，具有一定的优势，并能给民俗学者的

---

1 本项目所属教育部人文社科基地重大项目“中国民俗文献史纲要及其数字化管理系统”，项目编号 02JAZJD840003，项目主持单位为北京师范大学民俗典籍文字研究中心，主持人董晓萍教授，赖彦斌承担“民俗地理志”子课题。

2 本项目是教育部“大学数字教育博物馆”项目北京师范大学“985 工程”二期民俗学国家重点学科所承担并完成的“数字故事博物馆”子项目，项目编号 1A791201，项目主持单位为北京师范大学数字民俗学实验室，主持人董晓萍教授，赖彦斌承担“地名库”子课题。

3 文化部民族民间文艺发展中心与北京师范大学数字民俗学实验室合作项目“中国民族民间文艺十大集成数字化基础资源库后续课题”（项目编号 004604059）和“中国民族民间文艺集成志书数字资源建设与公共产品探索”（项目编号 004604071）等。项目主持人董晓萍教授、李松主任，董晓萍撰写总设计方案与理论方案，赖彦斌主要承担技术方案和数字地图编绘。

搜集和研究工作提供新成果。但是，民俗文化现象又是极其复杂的，故事民俗也不例外，以往地理学者头脑中的数字地图并不能承担其多元纷繁的容量。编绘数字故事民俗地图，就其内容和范围来说，只是数字民俗地图的局部构成，即便如此，它的编绘也不能与以往所说的数字地图直接挂钩。我们要根据民俗学的规律和学术目标去编制数字故事民俗地图，而不能简单套用地理学的数字地图，所以，编制数字故事民俗地图的工作本身就是一项研究工作，数字地图是民俗学与地理学的交叉研究产生的产品。当然，这种产品又不同于一般的数字民俗学著作或研制软件，它毕竟是地图，地图就要符合地图的基本标准，故本项研究还要创造性的使用地图学的制图理论与技术。编制者还要采用民俗学的视角，在整理和编辑地名数据上，在处理其他空间数据上，以民俗学和民间文艺学的前期研究为基础，开展交叉研究的工作，形成民俗学和地理学综合研究的成果。

本书的工作框架，参考了我们已经完成的“中国数字故事博物馆”和“数字钟敬文工作站”的成果，但由于本书是首部讨论数字故事民俗地图的著作，所以我们把重点放在创编这类地图所必须解决的民俗学与地理学交叉研究的基本问题和基础性工作上，主要是讨论它的基本概念、对象、范围、结构和处理故事搜集数据的方法。

就民俗学的研究而言，本项研究是民俗地理学研究的初步工作。从它的实践看，本项研究也与应用民俗学有关。作者还尝试通过这方面的研究与教学，为进一步培养文理交叉研究人才提供可资参考的经验。

本项研究的成果结构分四部分，即纸介著作、数字故事民俗地图与数据库和故事民俗志调查报告。读者所看到的这本书是纸介著作部分，并附少量数字故事民俗地图的纸介样本。

题解：数字故事民俗地图

数字故事民俗地图是民俗学与地理学的交叉研究对象。它利用民俗学的研究成果，借用地理地图学的理论与方法，以计算机技术为工具和手段，产生数字地图的产品形式，表达民俗学研究成果。它把大量附着在故事传承地名上的空间要素、相关叙事民俗传承的历史过程和地方文化空间，用地图的方法表达出来。作者从民俗学的视角出发，利用地理地图学的优势，通过增加符号、颜色、形状、路线、图例等要素，把民俗学纸介著作无法表达的研究成果直观呈现出来，同时进行相关的民俗志研究。作者也借助计算机技术，主要是数据库技术，把纸介地图无法呈现的多层、多元、多空间、多图形的民俗和民间文学信息，以及民俗学和民间文艺学纸介成果无法呈现的多媒体实时实景传输信息，可视化地表达出来。[1] 数字故事民俗地图对于民俗学和民间文艺学的研究来说，是要将民俗学搜集整理故事资料和开展研究的纸介出版物，转换成可视化的数字地图形式，将数字故事民俗地图与故事资料出版物两者进行资源整合，在民俗学和民间文艺学的故事搜集与研究上，以及在这种搜集研究成果的展示上，提供一种新的方法和途径。

数字故事民俗地图的研究目标是要确立数字故事民俗地图的制图原则与规范。数字故事民俗地图借用地理地图学的理论与方法，又因其人文文化历史积累的特征、民俗学的学科性质和研究目标的要求，要突破一般地理地图的概念，不能直接挪用地理学的理论与方法。地理学的人文要素研究和使用地图的方法，往往把人文因素作为一种整体驱动力看待，进行定量描述，不做更深层的内在文化逻辑研究。民俗学和民间文艺学研究成果向数字故事民俗地图转化，是要直观表达民俗学和民间文艺学有关地名的研究成果，包括民俗事象、文化空间和社会关系，有时候还需要使用辅助图表和数据库，进行定性描述。数字故事民俗地图在地名、比例尺、色彩和符号等地图要素的理解上与地理学有所不同，所确立的制图原则与规范也有民俗学研究的自身特点。数字故事民俗地图主要是在故事类型理论基础上，实现研究资料和研究成果的地图可视化表现形式，但又不是简单地将研究资料标示在地图上，

1 董晓萍《现代民间文艺学》讲义稿，第三章第四节《民俗地图问题》，北京师范大学民俗学专业研究生课程讲义，2005。相关讲义内容参见本书第四章第三节。

而是要根据民俗学者的研究目标，建立适合于研究应用的人文数据标准。

数字故事民俗地图的制图特点，是要采用故事民俗的讲述地点、搜集地点和表演路线等文化空间地标，以相关民俗地图组合和专家系统地图的方式，体现故事民俗传承、扩布和变迁的地方性。作者需要界定地方地域的故事民俗要素和地图要素，确定地图分类分级表现的故事民俗要素和分类体系。通过体现故事民俗传承中有人文历史结合点的历史变迁、故事民俗传承中流布地的传播路线和文化空间扩布范围，呈现故事民俗传承的地理历史状况，通过其中的历史地名呈现历史事象，需要界定并提取历史文献中的描述地名和记载地名。通过体现地方故事民俗资源的数量和空间结构特征等信息，呈现故事民俗文化的遗产状况。作者需要将故事民俗地标、地图单元和文化空间与行政单元、民族单元、语言单元、自然单元（地貌、地势、气候等）等地理单元相叠加，分析故事民俗与地理单元重合或不重合的特点。

数字故事民俗地图表现民俗学和民间文艺学的研究成果有一定局限性，我们尝试通过数据库技术弥补，也尝试使用地理地图学的其他方法，以发挥数字故事民俗地图的更大功能。在地图设计和应用方面，数字故事民俗地图整合使用数字故事典藏理念和数字故事博物馆理念和技术，采用数字故事民俗地图集成的形式，将数字故事民俗地图与故事人文属性数据库合成使用，把故事地名与故事民俗文化内涵结合展示。在数字故事民俗地图的编绘技术实现方面，GPS 技术可以补充数字故事民俗地图地理底图的现有行政区划地名，确定民俗要素、历史要素和地方要素的空间位置；GIS 技术可以实现故事地名与地理地图的叠加，建立故事民俗传承的时间系列图谱，并建立数字故事民俗地图与故事文本的联系；数据库技术将故事地名背后的民俗资源和民俗文化信息数字化，并予以分类存储，与数字故事民俗地图合成展示，呈现多元的民俗信息。有些故事地名信息，在地图表现形式中，可能还需要利用计算机技术，结合列表、插图、文字说明和多媒体介质等形式通过数据库集成的方式来体现。

故事地名，是数字故事民俗地图的主要地图要素。在地图学中，地名主要指空间定位点、地理单元和地图制图单元。在数字故事民俗地图中，除了故事地名本身所承载的空间信息、用于制图的定位和确定制图单元外，还要挖掘附着在故事地名上的历史人文信息，这是数字故事民俗地图所要呈现的重要内容，这种呈现也是数字故事民俗地图所要达到的学术目标。从民俗学和民间文艺学的研究成果来看，数字故事民俗地图中的故事地名，主要包括今地名、历史地名、专家地名和民俗志地名。

今地名，与现代行政区划相关，是指国家统一公布的某一时段（如2000年）的行政区划地名，可以进行精确的空间定位。数字故事民俗地图中的今地名信息，反映故事民俗文化的地区和民族特点、政府评估和故事文化遗产属性。

历史地名，承载历史信息，包括历史文献中记载的地名和口头文本中的历史地名，部分地名可以利用历史地理学研究成果进行地名考证，转换成今地名。数字故事民俗地图中的历史地名，反映故事民俗传承的历史变迁。

专家地名，与专家系统相关，是指专家研究成果中的地名，包括专家研究的引证地名、个案地点和引用的历史文献资料地名。专家地名反映民俗学和民间文艺学学者研究的个性、过程和成果，以及他们之间的相互比较。

民俗志地名，在数字故事民俗地图中，主要指民众在口传文本中所叙述的地名，它反映民众讲述故事时的精神空间和故事民俗文化地方化、遗产地化的特点。

本书重点研究数字故事民俗地图的编绘理论与方法，利用民俗学和民间文艺学的前期研究成果，主要有民俗学和民间文艺学的地方性问题研究、地方区域社会中的民俗研究、故事类型的历史地理研究等。所借鉴地理学和地图学的理论研究成果，主要包括其人文要素研究、地图和地图集研究、历史地理学和历史地理地图数字化研究等，也借鉴其他相邻学科的相关理论，如人类学的文化模式变迁理论、社会学的社区理论和社会流动理论等。所讨论的数字故事民俗地图编绘的基本问题，包括故事地名与空间要素整编原则、故事地图符号、故事传承的历史人文属性体现等问题。

一、民俗学领域的相关研究

数字故事民俗地图编绘的理论问题，需要借鉴民俗学和民间文艺学在地方性、地方社会、民俗传承及其空间要素等方面的研究成果，所要解决的具体问题主要有：用数字故事民俗地图表现民俗民间文艺事象的地方性，选择怎样的地域单元？民俗学者研究民俗民间文艺传承时，如何确定其共享范围？民俗民间文艺传承研究的理论要点与核心方法是什么？它对数字故事民俗地图的编绘有何启示？等等。根据本书的研究目标，主要讨论以下几个问题：民俗学和民间文艺学的地方性研究、区域民俗民间文艺研究、故事类型的历史地理研究和数字故事民俗地图的初步研制与应用研究。

（一）地方性研究

钟敬文最早开创了中国民俗学中的地方性民间文学资料研究。这方面较早发表的文章，见于1931年他所撰写的《中国的地方传说》一文。他在此文中明确提出了中国民间文学作品“地方性”的问题，并对“地方”、“地方性”和“地方化”的概念做了解释。[1]当然，当时他的注意力，是把地方传说作为一个主题故事对象去全面研究的，他没有延伸讨论地方传说的空间范围，及其与行政区域范围和地理空间单元的关系问题。在民俗学者的眼里，讨论地方性，还应讨论区域故事的亚类型文化特色，这在多年后钟敬文主编的《民间文学概论》和《民俗学概论》中均有论述。[2]1934年，钟敬文在《老獭稚型传说的发生地》一文中，讨论了故事类型的流传地域。[3]此文以国家行政区划为单元，对分布于中国、朝鲜和越南的同型传说的情节单元和变异历史进行

1 钟敬文《中国的地方传说》，收入《钟敬文文集·民间文艺学卷》，472—499页，合肥：安徽教育出版社，2002。

2 钟敬文主编《民间文学概论》（第二版），79—83页，北京：高等教育出版社，2010。另见钟敬文主编《民俗学概论》（第二版），12—14页，北京：高等教育出版社，2010。

3 钟敬文《老獭稚型传说的发生地——三个分布于朝鲜、越南及中国的同型传说的发生地域试断》，收入钟敬文《钟敬文文集·民间文艺学卷》，500—521页，合肥：安徽教育出版社，2002。

了比较，分析了三个国家的地理位置，推断这种同型传说的发生地域在中国境内。与钟敬文的地方性研究相关的，还有民俗民间文艺与方言关系的研究。20 世纪 40 年代，钟敬文参与发起华南方言文学运动，指出区域地理环境中民众的思想、民间文艺传承与方言表达之间联系紧密的特点，提倡开展推广民间文艺创作和民众教育活动。[1] 当时的目的主要是进行文艺大众化和民众的民主文化教育，但在事实上，它促进了地理空间微观区域中的民间文艺与区域文化关系的研究，带动了国内其他地区的民间文艺工作者，用方言写作和讨论这方面的问题。

民俗民间文艺的地方性，还体现在它的民族性上。1998 年，钟敬文在《建立中国民俗学派》一书中指出中国民俗学的独特性格是多民族的一国民俗学。这包括两层意思：一是中国作为一个多民族的统一国家，在长期的社会发展中各民族文化相互交融，形成了一些大体稳定的共享民俗文化；二是中国各民族相互之间的自然和文化环境各有差异，各民族民俗也有差异，钟敬文以故事为例指出："拿民间故事来说，注意乃至重视同一类型故事在不同民族流传中的差异点，是在开展不同民族间的故事比较研究时，所应采取的正当态度。"[2]

其他学者对民俗的地方性问题还做了一些具体的研究。20 世纪 30 年代与钟敬文有学术交往的德国学者艾伯华（Wolfram Eberhard），在其《中国民间故事类型》一书中，以浙江一带的故事流传地为例，从三个方面，补充了地方性研究。[3] 一是对故事搜集地点的关注，他提出，他所看到的故事流传地主要集中在中国南方。他解释说，此处所指的南方，并不是一个纯粹的地理概念，而是一个文化区的概念，即东南和华南一带的文化传播范围。二是他在故事类

1 钟敬文《方言文学运动的新阶段》，收入中华全国文艺协会香港分会方言文学研究会编辑《方言文学》（第一辑），1—11 页，香港：新民主出版社，1949。董晓萍在《民间文学、民俗学教育七十年》一文中，也对此项运动作了评述，主要是从钟敬文的民众教育思想角度来说的。参见董晓萍编《钟敬文教育及文化文存》，244 页，海口：南海出版公司，1991。

2 钟敬文《建立中国民俗学派》，28 页，哈尔滨：黑龙江教育出版社，1999。

3 [德]艾伯华（Wolfram Eberhard）《中国民间故事类型》，王燕生等译，北京：商务印书馆，1999。

型索引的附注中，提出并讨论同一母题故事的异文所流传的不同地点，这对今天编绘数字故事民俗地图也是有启示的，即对相同类型故事及其异式的分布，用不同的地点标示，是反映故事的传播规律所必要的，但他说的这种想法，也需要突破地理学的一般地名概念。三是在分析故事的共享范围时，他的中国故事类型的传播样式，采用了母题圈、主题圈、空间文化圈和空间传播圈等概念，并强调它们之间有区域交叉关系，这对编制数字故事民俗地图也有特殊意义，需要思考地图表达民俗民间文艺研究成果的文化复杂性。

从上述研究看，从地图学的角度分析，民俗学和民间文艺学的相关研究并没有明确指出民俗地方性的边界问题，虽然从民俗文化的传承与扩布特点，阐述了民俗传承的空间单元与行政区域和地理区域有联系，但并没有提出如何界定其相关或非相关性的具体方法，这在以往的民俗学和民间文艺学研究中是不必关心的，但对编绘数字故事民俗地图来说，却涉及到比较关键的地图单元的问题。在数字故事民俗地图的编绘中，必须注意到语言区、民族区、文化区、行政区和地理区等相互之间的区别与联系，以及民俗文化特性对地图空间单元的规定性，这是本书要解决的重点问题。

（二）地方社会民俗研究中的行政区域和自然区域问题

在处理地方社会的民俗共享历史方面，民俗学者与历史学者合作。20世纪60年代以后，以费正清（John King Fairbank）为代表的新史学派诞生。他们选择特定的历史文化区域为对象，研究地方社会历史变迁现象背后的历史文化结构和思想观念。施坚雅（G.William Skinner）的《中华帝国晚期的城市》，提出了对中国乡村社会研究的“大区域”、“小区域”和生态“区位”等概念，把行政地理与民俗地理区别开来，[1]这种观点对历史学者和民俗学者都有相当的启示性。

1［美］施坚雅（G. William Skinner）主编《中华帝国晚期的城市》，叶光庭等译，北京：中华书局，2000。

欧达伟（R.David Arkush）发展施坚雅的学说，[1]研究中国现代社会史中的民间记录，选择了以民间文学作品传承空间为某种依据的大区域的分类标准，划分中国现代民间记录的地理分布带。[2]他要分析民间文学作品与民众思想的关系，把材料选择的范围限定在一个相对可以界定的地域范围内。他的“华北区域”的提法，是施坚雅划分的“中国北方大区”和“中国西北大区”的合称，实际上包括河北、河南、山东、山西、江苏北部、安徽北部、甘肃和青海省区的一部分。[3]欧达伟研究这个区域的传统民间文艺资料，撰写了一系列的论文，例如：《“人勤地不懒”：华北谚语中的创业观》、《20世纪中国农谚中的正统与非正统观念》、《华北农民小戏中的恋爱婚姻观》和《华北农村戏曲中的道德观》，并出版了《中国民众思想史论——20世纪初期－1949年华北地区的民间文献及其思想观念研究》一书。[4]这种涉及故事类型与民俗史的著作，还有《华北民间文化》和《乡村戏曲表演与中国现代民众》等研究成果，[5]还有中外学者的诸多著作使用了20世纪三四十年代日本南满铁路株式会社在华北农村所作的中国农村惯行调查资料，两位作者又再次进行了回访研究。[6]这种

1 钟敬文称欧达伟是“新史学派的一位骁将”，参见钟敬文《中译本序》，引自［美］欧达伟（R.David Arkush）《中国民众思想史论——20世纪初期－1949年华北地区的民间文献及其思想观念研究》，董晓萍译，2页，北京：中央民族大学出版社，1995。

2 董晓萍《历史与民俗对谈录——美国历史学家欧达伟来华讲学及民俗考察活动漫述》（附录2），收入［美］欧达伟（R.David Arkush）《中国民众思想史论——20世纪初期－1949年华北地区的民间文献及其思想观念研究》，董晓萍译，107页，北京：中央民族大学出版社，1995。

3 ［美］欧达伟（R.David Arkush）《中国民众思想史论——20世纪初期－1949年华北地区的民间文献及其思想观念研究》，董晓萍译，52页，北京：中央民族大学出版社，1995。

4 对以上欧达伟著作的介绍和评论，参见董晓萍《历史与民俗对谈录——美国历史学家欧达伟来华讲学及民俗考察活动漫述》（附录2），收入［美］欧达伟（R.David Arkush）《中国民众思想史论——20世纪初期－1949年华北地区的民间文献及其思想观念研究》，董晓萍译，101—102页，107—108页，北京：中央民族大学出版社，1995。

5 董晓萍、［美］欧达伟（R.David Arkush）《华北民间文化》，石家庄：河北教育出版社，1995。董晓萍、［美］欧达伟（R.David Arkush）《乡村戏曲表演与中国现代民众》，北京师范大学出版社，2000。

6 20世纪三四十年代，日本学者在华北农村调查，搜集了乡土社会的资料，后来编成《中国农村惯行调查》一书出版，共六卷本丛书，收入了他们当年采访河北、山东村民的原始记录。关于《中国农村惯行调查》的评述，以及董晓萍与欧达伟的回访研究，参见董晓萍、［美］欧达伟（R.David Arkush）《乡村戏曲表演与中国现代民众》，1—2页，北京师范大学出版社，2000。

包括区域故事民俗调研在内的地方社会研究，对编绘数字故事民俗地图也有启示意义。其实民俗文化的区划并不与行政区划完全重合的，我们需要关注自然景观区划的历史文化因素，也要考虑民众日常社会生活的因素，在此基础上，把要表达的地图区域适当扩大或缩小。[1]

民俗学对地方社会的研究，往往从民间组织入手，构建地方民俗社会。民俗学重点研究社会组织的形成、结构、仪式和组织间关系等，对传统地方社会进行深描。《民俗学概论》从社会组织的分类角度描述了传统社会组织民俗，同时也提示了研究地方社会组织从血缘、地缘和业缘关系入手的线索。[2]董晓萍在《现代民俗学讲演录》中，以现代民俗学的视角谈论组织民俗，讨论民俗学与宗教学的交叉研究，强调采用民众主体观，自下而上观察和解释宗教组织民俗，提到地方社会组织民俗研究中采用寺庙、圣地、碑刻等微观文化空间概念和胡同社会的社区文化空间概念。[3]这些理论研究对编绘数字故事民俗地图的启示意义是，在编绘村落民俗地图时，需要表达出家族、村落和社区的空间范围关系，但同时也要找到适合表达这三者的民俗地标。

民俗学者和民间文艺学者在研究地方社会的民俗特征时，指出，很多故事民俗事象的本身，都是在特定空间区域内发生意义和作用的。但是，如何选择合适的地理单元？什么是基本的民俗地理单元？民俗的共享范围有多大？民俗学者和民间文艺学者选择一定的区域进行研究的同时，也在不停地探索这个问题。传统的田野调查往往以行政省为单元，再选择一个村或几个村作为个案点，来代表某一个区域类型的研究，并根据传承人活动的行政区划范围来划定传承范围，但对长时段的民俗文化具有多大的共享范围，一般

1 具有较大影响的中国综合自然区划方案是罗开富方案（1954）、黄秉维方案（1958）、任美锷方案（1961和1988）、赵松乔方案（1983）和席承藩方案（1984）等。各种方案略有不同，总体来说，主要围绕气候、地貌、植被等景观指标，以农业自然条件和自然资源分区为目的进行。与欧达伟的“华北”相比，中国综合自然区划的“华北（暖温带）地区”的范围要更大一些，要加上北京、天津和辽宁东南部，其他基本重合。参见赵济等主编《中国地理》，附录图7.4.1—图7.4.4，362—363页，北京：高等教育出版社，1999。

2 钟敬文主编《民俗学概论》（第二版），78—101页，北京：高等教育出版社，2010。

3 董晓萍《现代民俗学讲演录》，267—274页，南宁：广西师范大学出版社，2007。

没有明确交代。

在地方社会的研究中，民俗学者发现，有些物质资源，如水和土，具有社会整合性，因此需要研究它们在地理环境中的人文文化意义。例如，董晓萍等在《不灌而治——山西四社五村水利文献与民俗》一书中指出，地方社会的空间民俗，不是完全按照河流的地理属性来进行划分的，也与水利学意义上的水利工程规划有所不同，它是当地农民按照民俗社会的历史传统和山区地理民俗的规定性做出的集体选择。[1] 该书还采用示意图和绘制精神地图的方法，对当地用水民俗的空间变化进行了描述。这些方法，用于辅助表达地方社会的民俗秩序是有效的，编绘数字故事民俗地图时也可采纳，但要将之数字化，补充背景内容数据，赋予地图更多的社会、民俗和历史文化信息。《北京民间水治》一书，在城市公共水利系统用水民俗的空间构成方面，提出了城市水源系统用水民俗区、寺庙大院的公共空间、皇家矿点、行政街区和家庭代际网络的概念，还分析城市水利系统与行业作坊社会运行的自然地理空间和经济地理空间的关系，绘制了北京行业档案用水民俗数字地图，[2] 这对编绘数字故事民俗地图也有启发。历史文献中的故事地点也是可作为地图的地名要素的，但是，还需要借用历史地理学研究成果进行地名考证，还要解释那些无法用书面文献求证的民俗志地名，建立数字故事民俗地图与故事文本的联系。

地方社会研究中的民俗标志物，是 20 世纪 90 年代以来研究的一个热点，也是编绘数字故事民俗地图时不能不借鉴的成分。这方面的研究著述，如华南地区的客家传统社会研究，中日江南稻作农耕民俗文化的考察与研究等。[3] 这些调查研究虽然没有直接利用民俗地图，但这类人类学和民俗学的区域社

---

1 董晓萍、[法]蓝克利（Christian Lamouroux）《不灌而治——山西四社五村水利文献与民俗》，225—277 页，北京：中华书局，2003。

2 董晓萍等《北京民间水治》，119—398 页，北京师范大学出版社，2009。

3 [法]劳格文（John Lagerwey）主编《客家传统社会丛书》（1—24 册），香港：国际客家学会、海外华人研究社、法国远东学院，1996—2005。[日]福田亚细男《中国江南の民俗文化——日中农耕文化的比较》，千叶：日本国立历史民俗博物馆，1992。

会研究，通过调查村落的小传统，研究一个相对较大范围的同类型的历史文化区域大传统，已进行了不对等的空间信息转换。对编绘数字故事民俗地图来说，能否在大与小或小与大空间之间进行转换，要看两者是否属于相同民俗类型，只有那些与民俗类型相联系的民俗标志物，才可以成为制图对象。当然，通过编绘数字故事民俗地图，也可以反过来分析地方小传统与大传统之间的空间关系。

（三）历史学与地理学相结合的研究

民俗学研究民俗传承，使用历史文献和口头资料理清历史脉络，但在涉及到地名和地域时，有时也采用历史学与地理学相结合的研究方法。地理学研究环境变化（尤其是人文社会地理要素变化）时也经常采用这种方法。但是，地理学主要关注自然环境和人文环境的历史状况，往往是通过历史文献汇载推测区域地理要素的变化情况，并在这一过程中涉及人文社会要素，如行政区划、人口、地名、建筑物、民用和军事设施等。民俗学的传承研究，关注民俗扩布中的地域变化和民俗传承中的稳定历史因素，从纵向的历史变化和横向的地域变化，分析民俗类型的传承。民俗学者不仅使用历史文献，也关注使用口传民间文学资料；不仅关注人文现象，更关注文化的制约性或对人类行为的轨范作用。

民俗学者经常谈论的历史地理学派，是19世纪末20世纪初民俗学史上的重要创获。虽然这一学派后来受到批评，但这不等于否定民俗民间故事传承的地理路线和空间意义。何况在我国这样一个地理文化富有的国家，更不能完全忽略此点。

中国民俗学史上的一个重要例子，是顾颉刚在20世纪二三十年代所做的孟姜女故事研究。[1]他在研究方法中，分历史的系统和地域的系统，从两方面来看孟姜女故事的流变。历史的系统，即对民间文学作品进行历史主义的

---

1 顾颉刚编著《孟姜女故事研究集》，上海古籍出版社，1984。

研究，通过翻检各种历史文献，找到民间文学作品的变异轨迹。地域的系统，即对民间文学作品及其异式进行地理区域分布的研究。洪长泰（Chang-tai Hung）在《到民间去》一书中，从一个历史学者的眼光对此进行了评价，指出这种方法能够挖掘出孟姜女故事所包含的多重价值，起到揭示社会历史的丰富资料库作用。[1] 他认为，顾颉刚的孟姜女故事研究“为其他学者建立了一个观点和方法论的模式”。[2]

顾颉刚在孟姜女故事的研究过程中就提到，希望能有一张孟姜女故事地域图和孟姜女故事演进图。[3] 由此可见，民俗学的传承研究需要做时间与空间的关系分析，并在这个意义上，地图被想象为一种人文研究工具，但终究这只是一种理念上的“地图”。

地图是否可以用来表达民间文艺学研究的成果呢？回答是肯定的。在20世纪中后期的民俗学研究中，日本民俗学者也使用了一些地图表示法，[4] 中国学者在20世纪90年代初也提出了“民俗地图”的概念。[5] 但是，总体来说，这些都主要是基于民俗地方性的、在行政区域地图上增加补绘的民俗资源分布图，它的一般做法是，选择一个时间截面，使用空白的行政区划图作为底图，表现民俗事象的区域分布，如服饰、饮食、居住、民具等。这种地图主要用于民俗分类和区域比较。从数字故事民俗地图的编绘需求来看，要表现和研究民俗传承的动态过程，还要使用地图学的图谱理论。图谱方法可以帮助民俗学和民间文艺学者将不同历史时间的数字故事民俗地图形成一个系列，表现其传承和演变的过程，同时将民俗民间文艺事象与地理要素进行叠加分析。这种交叉研究有必要性，也有表达的复杂性。

---

1 [美]洪长泰（Chang-tai Hung）《到民间去——1918—1937年的中国知识分子与民间文学运动》，154—163页，董晓萍译，上海文艺出版社，1993。

2 [美]洪长泰（Chang-tai Hung）:《到民间去——1918—1937年的中国知识分子与民间文学运动》，170页，董晓萍译，上海文艺出版社，1993。

3 顾颉刚编著《孟姜女故事研究集》，90—91页，上海古籍出版社，1984。

4 [日]福田亚细男《民俗学的研究方法》，高木立子、陈岗龙译，载《民俗研究》，1999（1）。

5 张紫晨主编《中外民俗学词典》，177页，杭州：浙江人民出版社，1991。

（四）数字故事民俗地图的初步研制与应用研究

自20世纪末以来，民俗学与民间文艺学者在与地理学者的合作研究中，认识到利用地图可以在研究民俗社会的地方性、生态环境和文化空间等方面发挥独特作用，并加强了这方面的工作。[1]近年地理学、计算机应用科学和政府相关文化职能管理部门也重视文化科学，各方面密切合作。它的结果之一，是启动数字故事民俗地图的初步研制和应用研究。[2]

数字化技术和地图学的方法，对民俗学和民间文艺学的研究来说，是学科建设和理论与方法在现代社会条件下的创新选择，它的学术目标，是“把民俗学的传统优势资源和研究成果，转化为全民族的共享产品和世界学术文化园地的共同财富”。[3]但民俗学者和民间文艺学者又不是简单地对待和使用地图，而是要把这些采用民俗民间文艺信息制作的地图，向他们自己的研究目标靠近，建立一个数字介质与纸介著述相结合的资料系统，再把民俗学、社会学和地理学知识加以整合，构建一个比以往民俗学更加充实的现代知识框架。他们在这个现代知识框架中，读取数字故事民俗地图信息，发现与单纯依靠民俗学的理论阐释不同的结论。其中，一个突出的特点，就是把数字故事民俗地图与民俗民间文艺数据库结合阅读和思考。地理地图保留自然地理和地图学的基本要素，但会把绘图过程中的技术解释和测量显示的刚性成分处理成底线层面的原始数据，地理学者并不直接使用这些原始数据工作。民

1 在董晓萍主持的华北水利民俗研究课题中，吸收地理学者参与，主要负责土壤侵蚀测量和水利地理研究，并编制了地形图和示意地图，见董晓萍、[法]蓝克利（Christian Lamouroux）《不灌而治——山西四社五村水利文献与民俗》，北京：中华书局，2003。

2 北京师范大学数字民俗学实验室自2003年成立以来，与数字故事民俗地图研制相关的主要项目有：中国民歌、戏曲、民舞集成数字地图空间演示模型、北京故事卷教学科研演示模型（2004），中国数字故事博物馆数字故事地图（2005），钟敬文工作站数字名师教育地图（2006），中国民族民间文艺资源地图、中国故事类型地图、数字民歌器乐地图、数字节气谚语地图（2009），合作单位有：文化部民族民间文艺发展中心、北京师范大学区域地理研究实验室、北京师范大学信息科学与技术学院、北京师范大学艺术与传媒学院、复旦大学历史地理研究中心。在这些项目中，董晓萍均为项目主持人，赖彦斌负责数字民俗地图的编绘研制工作。

3 董晓萍《现代民间文艺学讲演录》，484页，南宁：广西师范大学出版社，2008。

俗学和民间文艺学者则通过纳入经过科学考察确定的民族民间文艺信息和民俗信息，建成人文内涵数据库，使数字故事民俗地图挂靠在这个数据库上，共同形成数字数据源，这时数字故事民俗地图才能工作。

民俗学和民间文艺学有不同的研究方向、不同的专题研究，学者们即使有故事民俗地图在手，也还会在不同时期，根据不同研究对象的需要，补充其他文献和田野调查资料，来对数字故事民俗地图的内容进行认读和分辨，所以，在这个意义上说，数字故事民俗地图不是一张图或一组图，而可以形成其专业内各领域的数字故事民俗地图集成。以《全球化与民俗保护》一书为例，作者使用中国民族民间文艺集成数字地图，采用了民俗地图与数据库结合阅读的方法，为解读民间文艺资源的民俗环境、现代民俗社会的变迁和结构提出了分析意见。

第一，利用民俗学、民间文艺学、戏曲学和社会学研究成果，读取相关数据库，使用民俗地图，研究民间戏曲资源分布的现代变迁。作者使用了“花鼓戏资源分布地图”，调取了花鼓戏的三个代表作流传地湖北、湖南和安徽皖南的省域和县域地名，使用了挂靠在这两级地名上的数据库，找出隐藏在地名背后的花鼓戏现代流传数据。此外，又谨慎地调用了相同层面的、相同代表作地点的、与花鼓戏经常互转变化的采茶戏两级地名和相关采茶戏现代流传数据，做对比观察。再根据民俗学与社会学的双向观察视角，在这三地数据中，重点观察近年社会变迁影响较大的安徽地区的数据，观察社会变迁与民间戏曲资源生存的关系。作者指出，截至20世纪90年代，安徽共有花鼓戏代表剧目11种，县级流传地10个。作者又在上述工作的基础上，做了如下分析。

在农业生产中，采茶类的民间文艺类似劳动歌，与茶农的生产方式和采茶过程关系密切，也与茶农传统作业方式的转变命运相连。在这点上，花鼓戏有所不同，它更侧重于表现农民的神话传说和精神感受，也因湖北花鼓戏在辛亥革命中一举成名而巩固了社会地位，因而在对现代社会转型的承受上，也显得更有弹性。从统计看，在全国的花鼓戏流传大户中，湖北、湖南和安徽至今稳居前三位，湖南紧随湖北之后，并且在现代流传地的分布上还略有胜出。湖南和安徽还因分别拥有《刘海砍樵》和《凤阳花鼓》等保留剧目而名声不老。[1]

第二，利用故事学研究信息，使用民俗地图，读取相关数据库，研究民间戏曲资源的现代传承和保存条件。作者在读取民俗资源地图时，分析相关故事类型及其上下文，对民俗地图的微观民俗数据做研究。单纯从以往民俗学研究角度看，这种研究似乎是文本研究，但从数据集成的角度看，就能看出，这时的文本分析已成为基础，数字民俗地图已产生了实际效用，就是带有一种评估功能。仍以“花鼓戏资源分布地图”为例，作者通过读取数字民俗地图上的空间地点和数字集成信息，对《凤阳花鼓》的现代传承及其民俗圣地和文化遗产进行了评估。

《凤阳花鼓》不以神话母题成名，而是以使用帝王还家的母题而一枝独秀。在其他曲艺和历史剧目中，朱元璋的符号引用率也是很高的，但还都比不上“凤阳”。凤阳既是花鼓戏的流传地，也是帝王故里的圣地，这使《凤阳花鼓》的地位十分特殊。我们从统计数字中能看到，虽然安徽花鼓戏的现存剧目和流传地点都不多，但它们的号召力历代不减，这正是拥有民间圣地的特点。1978 年，凤阳县小岗村的 18 个农民签字画押，联产承包，改变了传统农业经营方式，率先走上了现代化时期的农业发展道路，掀起了中国农村现代经济改革的大潮，这使凤阳再度出名。现在当地工业企业在制作现代广告时，仍使用了凤阳花鼓的唱词为权威证言，强调圣地文化的品牌

1 董晓萍《全球化与保护民俗》，108 页，北京：高等教育出版社，2007。

特殊性，这也使《凤阳花鼓》再度耀眼。[1]

第三，利用社会学和人类学研究著述信息，使用民俗地图，读取数据集成，研究民间戏曲资源传承的民俗社会结构。采茶戏的代表作有江苏采茶戏、赣南采茶戏和福建采茶戏，它们与花鼓戏的资源分布图关系密切。作者研究戏曲资源分布状态的成因和变迁原因时，并考察现代化和全球化的影响，指出“采茶戏资源分布地图”及其数据库所呈现的差异，与现代社会结构变迁相关。

从统计结果看，进入现代化时期后，全国采茶戏的分布状况虽然还能从几个著名的遗产地中看到，但它们在保存数量上已发生了变化。在江西省，现代化程度相对偏低，茶农依然在从事传统茶叶生产，采茶戏的保存和流传比例也比较高。相比之下，在乡镇工业、外来企业和城市化进度快的浙江省和福建省，茶农改行务工的多，采茶戏也在悄然衰落。到20世纪90年代末，两省各仅存两种剧目和二三个流传地，可谓硕果仅存。但在国家实施民族民间文化保护工程后，浙江省对草根戏曲的保护措施又迅速跟了上来，体现了一个文化大省的底气和敏锐，保护的成效也比较明显。采茶戏的一个有名剧种黄梅戏便是另一个转型民俗的成功范例。黄梅戏由民歌《正月里来倒采茶》、《送郎送到菱塘角》和民间舞蹈演变而来，后来又涌现了不少著名演员，也有一批成熟剧目，一直很活跃，应变能力较强，并没有受到社会转型的多大干扰。在进入全球化时期后，它又以唱词具有浓厚原生态民歌意味和剧目的轻松纯净而愈发走俏，继续为现代舞台输送了一批戏、歌两栖演员。黄梅戏的代表作《打

---

1 董晓萍《全球化与保护民俗》，110—111页，北京：高等教育出版社，2007。

猪草》就是这种风格，流传至今。[1]

作者还对现代民俗保护区的空间构成做了分析，认为被保护民俗要素在空间上的分布网络，是由民俗标志物地点的结合点构成的民俗文化网络空间，这种网络空间可用数字民俗地图呈现。[2]诸如此类的分析，为数字故事民俗地图的初步研制做了理论总结。[3]

2009年，《数字钟敬文工作站》一书出版，在该书中，作者首次在民俗学著作中使用“地图集”的概念和形式，这是数字民俗地图研究的重要成果。[4]它创制了数字名师地图的产品形式，把人文学科传统成果转化为文化遗产和公共财富，它在理念形成、技术应用和产品发布等各环节上，积累了前期成果，有助于推动数字故事民俗地图的探索研究。作者认为：

> 在本成果中，主要以先师钟敬文先生为典范，把先师所毕生献身的高层建设的民俗学学说，转化为现代大学遗产；所高度凝练的非书面传统研究精华，开发为社会公共财富；所高尚境界化的学术命题，从国际国内学界被困扰的难关，转化为有高分析含量的习题样本。我们重点以数字环境、数字整合和数字拉链为概念，以符合民俗学研究目标的数字技术路线为方案，以名师网所为概念成果，以数字名师地图为应用产品，建成个性化的现代民俗学研究专家系

1 董晓萍《全球化与保护民俗》，106页，北京：高等教育出版社，2007。

2 董晓萍《全球化与保护民俗》，468—469页，北京：高等教育出版社，2007。

3 此处“数字故事民俗地图的初步研制”指北京师范大学数字民俗学实验室与文化部民族民间文艺发展中心的合作项目“中国民族民间文艺三集成数字地图空间演示模型”，李松主任和董晓萍教授为主持人，北京师范大学区域地理研究实验室王静爱教授进行了绘图指导工作，赖彦斌承担地图编绘工作。北京师范大学民俗学专业部分博硕研究生陈硕、鞠熙、周锦章、曾燚娜、王晓鸣、靳晓娜等参与了数字数据的采集工作。

4 董晓萍、赖彦斌、吕红峰、马磊、鞠熙《数字钟敬文工作站》，北京师范大学出版社，2009。该书研制了一套数字名师地图集，共含主图13幅，与主图相配的释例图35幅，共48幅。吕红峰承担了所有地图的初步编绘和地名数据采集、数据库制作工作，赖彦斌在其基础上做了地图校对和部分地图重绘工作。

统，同时面向热爱民俗文化的读者，按照他们不同层次的需求，提供可分级播放的数字传播版。[1]

从对编绘数字故事民俗地图学的启示意义上看，《数字钟敬文工作站》所研制的数字名师地图，呈现以下四个特点：第一，在制图对象上，它是以民俗学一代宗师钟敬文学术文化生平为主线组织起来的地名资料，在某种意义上是可控制和有限界定的。第二，在地图的时空比例尺和地名基本单元上，它有一个百年的时间段（1902—2002），它的图幅范围主要在中国和日本，只是在国际交流和人才培养部分延伸到欧美国家。在钟敬文百年人生时空数据中，与重要学术时间点的时间数据集相对应的空间地名，主要包括广东、浙江、香港、北京，为此，这批数字名师地图还建立了行政地名、历史地名和民俗志地名的基本单元地名专题数据库。[2]第三，在地图图例和地图分类体系上，它面向民俗学高等教育和学科建设，创制了一套能基本反映中国民俗学高等教育和学科建设的图例分级分类与地图符号，形成分组序列地图，包括生平传记、学术著述、高校教育和社会活动地图四类。第四，在地图后台数据库上，它使用了 GIS 地图自带的数据库，同时还创建了动态链接的数据库，建立了开放型的数字平台，包含青年后学对先师遗产的继承与发展，通过创制与主图相配套的释例图的副图形式呈现。数字名师地图是一项有益的尝试，对数字故事民俗地图的研究来说，是可供参考的成果。不同的是，数字故事民俗地图处理以民间文学资料为主要对象，还要涉及较长历史时段的地区性和民族性资料，以及跨时空的精神民俗对象等，在不同主题的数字故事民俗地图的分类体系和表现形式上，也呈现各自不同的特点。

1 董晓萍、赖彦斌、吕红峰、马磊、鞠熙《数字钟敬文工作站》，2 页，北京师范大学出版社，2009。

2 董晓萍、赖彦斌、吕红峰、马磊、鞠熙《数字钟敬文工作站》，28—40 页，北京师范大学出版社，2009。

二、地理学的相关研究

地理学的研究对编绘数字故事民俗地图的启示，主要有两个方面，一是地理学从地域差异和地带性规律研究人文现象，与数字故事民俗地图的故事地名研究有共通之处，在资源分布型地图的设计和编绘方法上可以借鉴，但数字故事民俗地图除在故事行政地名上表现地域性和资源分布外，还要考虑故事专家地名的个案研究性质、故事叙事中使用的精神地名的模糊性和故事民俗志地名的非确定性。二是地理学中的地图学理论和相关地图与地图集的研究，为编绘数字故事民俗地图提供了背景底图和地图要素的参考，包括自然地理要素（如山川河流、地形地貌、动植物景观等）、人文地理要素（如人口、方言、民族、旅游资源等）和制图要素（如符号、图例、比例尺等）。在这两个方面的研究中，历史地理学的相关研究在处理历史地名和长时段历史人文属性数据方面，对数字故事民俗地图的编绘研究具有特殊启示意义，有时在数字故事民俗地图借用地理地图方法上，可以充当“桥梁”的作用。

（一）地理学的人文要素研究

地理学注重对地球表面现象的规律研究，[1] 从来不曾忽略过人文因素。地理学者认为，地球表面是由巨大复杂的无机质、生物和社会现象所统一组成的，并存在相互关联的各地变异的统一体，应通过自然现象和人文现象的区域规律性，认识自然与人之间的相互影响和作用。地理学中的人文要素研究，

---

1 关于地理学研究范围的阐述，美国地理学家哈特向（Richard Hartshorne）在 1959 年做了总结，认为“世界”是一种通俗的简单提法，“地球外壳”作为一个更技术性的术语，最接近事实。但是，“地球表面”这个术语在我们的文献中已是根深蒂固，并且这只是在理论探讨中遇见的困难，在具体工作中并不实际争论。参见［美］理查德·哈特向（Richard Hartshorne）《地理学性质的透视》，26 页，黎樵译，北京：商务印书馆，1963。“规律研究”可简单概括地理学研究内容。哈特向对“地理学是地区差异的研究”作了很好的总结和阐释，认为地理学的目的是通过共同组成地区变异性质的所有相关现象，来理解地区的变异性质。他也引用了法国地理学家乔利（Cholley. André）提出的“地理学的目的是认识地球”的观点和阐释来证明自己的观点。参见［美］理查德·哈特向（Richard Hartshorne）《地理学性质的透视》，21 页，黎樵译，北京：商务印书馆，1963。

主要集中于环境演变研究、人文地理学研究和区域地理研究。

20 世纪 80 年代以来，地理学者重视自然环境的变化给人类活动造成的影响和人类活动对地理环境的作用，强调开展环境演变研究。周廷儒此前开创了中国古地理的人文研究领域，探究环境演变中自然演变的规律之上叠加了深刻的人为作用，重视开展人类活动历史的考古研究。[1] 20 世纪 90 年代后，史培军从系统论角度阐释环境演变，提出了“区域灾害系统”的概念，认为灾害系统是由孕灾环境、致灾因子、承灾体与灾情共同组成的，复杂的地球表层自然要素与人文要素相互作用的异变系统。[2] 20 年来，史培军对“区域灾害系统论”进行了长期的理论与实践研究，主要从可持续发展的角度，理解资源开发与灾情形成的关系，提出生态安全的区域发展对策。[3] 总体说，区域灾害系统研究强调在探究自然现象的规律中分析人与环境的关系，在致灾因子和承灾体脆弱性的分析中，考虑人口、经济、民间抗灾能力等人文因素。在区域灾害系统论指导下编制的《中国自然灾害系统地图集》，用地图集的方式阐释了区域灾害系统的思想。[4] 近年来，当这种区域灾害系统理论应用于国家重大自然灾害的应急处理和灾情评估，可上升为国家生态安全战略，[5] 它的应用和实施，还可为国家减少灾害损失和指导灾后重建工作做出重大贡献。[6] 与此同时，在研究对象上，环境演变研究注重土地利用和土地覆盖变化的研究。[7]

---

1 周廷儒等《关于开展地理环境演变与预测的研究》，载《地理学与国土研究》，1985 (2)。

2 史培军《灾害研究的理论与实践》，载《南京大学学报》，1991 (11)。

3 史培军《再论灾害研究的理论与实践》，载《自然灾害学报》，1996 (4)。史培军《三论灾害研究的理论与实践》，载《自然灾害学报》，2002 (3)。史培军《四论灾害系统研究的理论与实践》，载《自然灾害学报》，2005 (6)。史培军《五论灾害系统研究的理论与实践》，载《自然灾害学报》，2009 (5)。

4 史培军主编《中国自然灾害系统地图集》，北京：科学出版社，2003。

5 史培军《制定国家综合减灾战略 提高巨灾风险防范能力》，载《自然灾害学报》，2008 (1)。

6 汶川地震灾害地图集编辑委员会（史培军为学术主编）《汶川地震灾害地图集》(8 开本)，成都地图出版社，2008。

7 李秀彬《全球环境变化研究的核心领域——土地利用 / 覆盖变化的国际研究动向》，载《地理学报》，1996(6)。

土地与人关系密切，地理学者在进行土地利用／覆盖变化研究时，把土地政策、土地利用方式、用水习惯、宗教信仰等人文因素作为重要的驱动力。[1]环境演变研究对编绘数字故事民俗地图的启示是，需要选择一种民俗标志物，通过分析其变化进行民俗传承研究。但环境演变研究主要研究自然现象的变化，当它考虑到人类因素的影响时，已经变得比原来复杂了许多。相比之下，民俗学的直接研究对象就是人类活动，民俗现象的变化规律比较隐性。只有将数字故事民俗地图放在一个具体的地域文化空间中，讨论故事民俗的变异或稳定传承，才有意义。

在人文地理学的研究中，强调从人文现象的分布、变化和扩散以及人类社会活动的空间结构探讨人地关系，[2]对数字故事民俗地图的故事地名和文化空间单元提取是有启示的。20 世纪 30 年代，竺可桢引入美国人文地理学思想，研究人类如何适应自然环境，但重点研究自然现象规律。胡焕庸引入法国学派的人地相关论，倾向于区域研究，其中最著名的是他关于中国人口分布的研究。[3]1949 年后，人文地理学主要关注经济活动，包括经济地理研究、工业布局研究等，直到 20 世纪末依然还是重要研究课题。[4]但在 20 世纪 80 年代以后，政治地理、文化地理、方言地理和民族宗教地理等方面的研究，拓宽了人文地理学研究对象的范围。[5]从人文地理学的研究上看，地理学与民俗学在重视人文要素研究上，有相互交叉之处，而且在讨论人文要素的地方性问题上，同样面临基本空间单元的划分和选择。

在基本空间单元的划分和选择问题上，数字故事民俗地图的编绘可借鉴区域地理研究成果。地理分区和地理区划是区域地理研究的首要问题，如行政区

1 史培军等《土地利用／覆盖变化与生态安全响应机制》，北京：科学出版社，2004。

2 李旭旦《人文地理学导言》，引自李旭旦主编《人文地理学概论》，4 页，北京：科学出版社，1985。

3 胡焕庸《中国人口之分布——附统计表与密度图》，载《地理学报》，1935 (2)。

4 张紫晨《中国民俗学史》，长春：吉林文史出版社，1993。

5 吴传钧《中国经济地理》，北京：科学出版社，1998。

划、自然区划、气候区划、农业区划、经济区划、灾害区划、综合区划等，[1]它们为数字故事民俗地图的编绘提供了地理底图的背景地理单元。20 世纪 90 年代以来，把生态系统意义上的地理样带作为研究区域，成为一种行之有效的综合研究方法。[2]当然，划分地理单元，不等于在具体研究中只是在一种地理单元上进行，如有地理学者提出自然单元、社会单元与信息单元复合的概念模型，从而确定生态评价的空间范围；[3]再如有区域地理学者通过政区与流域的关系分析，提出中国可持续发展战略的生态建设优先区域等。[4]日本从事民俗研究的地理学者，受到德国农业地理学理论的影响，自 20 世纪 30 年代以来，首先在村落的空间单元里，关注梯式耕种、田埂、晒稻架、火种刀耕、农作物、民房、农具等“文化要素”，到 1990 年以后从“环境”、“景观”、“空间”等概念入手，进行地理学与民俗学的交叉研究，并认为在地域上进行地理学、民俗学、社会学、文化人类学、建筑学、城市规划学等综合研究具有必要性。[5]从整体上来说，日本学者虽然进行了民俗事象的地理学交叉研究，但还是主要站在地理学研究的立场上，把民俗现象和民俗文化作为其中的一个地理因子来看待。

---

1 这些区划方案可分别参见以下著述：黄秉维《中国综合自然区划》（初稿），中国科学院自然区划工作委员会编，北京：科学出版社，1959。竺可桢《中国气候区域论》，引自竺可桢《竺可桢文集》，124—132 页，北京：科学出版社，1979。任美锷《中国自然地理纲要》，北京：商务印书馆，1979。赵松乔《中国综合自然地理区划的一个新方案》，载《地理学报》，1983 (1)。侯学煜《中国自然生态区划与大农业发展战略》，北京：科学出版社，1988。周立三主编《中国农业区划的理论与实践》，合肥：中国科学技术大学出版社，1993。张兰生等《中国自然灾害区划》，载《北京师范大学学报》(自然科学版)，1995 (3)。

2 Koch G.W. IGBP Terrestrial Transect, Science Plan, IGBP Global Change Report, 1995(36). 其中，张新时院士于 1993 年提出了由水分梯度驱动的中国东北样带和由热量梯度驱动的东部样带，并以样带为区域开展研究。样带研究方法应用另可参见史培军等《中国北方农牧交错带土地利用时空格局》，北京：科学出版社，2008。

3 史培军等《生态区评价中的空间范围确定及其对全球变化的响应——自然单元、社会单元与信息单元的复合》，载《第四纪研究》，2001 (4)。

4 王静爱《中国政区和流域的多样性与可持续发展》，载《北京师范大学学报》(人文社会科学版)，2002(4)。

5 [日]八木康幸《民俗学与地理学》，河合洋尚、陈浣娜译，引自王晓葵、何彬主编《现代日本民俗学的理论与方法》，175—191 页，北京：学苑出版社，2010。

地理学的人文要素研究，往往是把“人类活动”作为一个整体，经过量化处理，使之成为自然现象变化的驱动力之一；或者将人文现象作为一个结果，通过人文现象的空间分布研究造成这种结果的原因，在一个或多个由指标划定的确定地理单元中进行研究。从这个层面上说，地理学也涉及民俗，但主要是研究民俗现象在确定地理单元中的空间分布。这种空间布的地图表示，也是数字故事民俗地图的编绘内容之一，但除此之外，数字故事民俗地图还要加进许多社会文化的信息，它不仅表现民俗现象的分布，更在于表达民俗学者的研究成果。

（二）历史地理学的相关研究

历史地理学的相关研究成果对数字故事民俗地图的编绘来说，主要有两种启示意义：一是历史地理学的研究为编绘数字故事民俗地图提供了历史地理环境背景和历史地名的考证结果，从某种程度上说，历史地理地图可以成为数字故事民俗地图的工作底图；二是历史地理学的地名数字化研究成果，在处理地名的历史人文属性方面的数据处理经验，可以为数字故事民俗地图的故事历史地名数据处理提供借鉴。

历史地名考证的历史地理学研究成果对于编绘数字故事民俗地图的启示，有以下三点。

一是沿革地理研究。沿革地理研究是历史地理研究的初步阶段，在我国自清乾嘉以来从未间断，形成较多历史文献。

沿革地理在我国有着特殊的发展，一向是历史学家所重视的。我国历史悠久，特别是在过去的2000年间，封建王朝更替无间，历代疆域时有消长，行政区划每多变迁。再加以古今地名的更易，城关都邑的兴衰以及地方民族的移动，河流水道的变迁等等，如果不把这些问题弄清楚，则对于研究某一时期的历史，势必遇到很多困难。为此而产的一种专门学问，就逐渐获得了沿革地理的名称。[1]

数字故事民俗地图的历史地图编绘，同样面临历代疆域、行政区划变迁和地名变化的问题，除之此外，还要考察历史时期的自然、人文地理状况，作为数字故事民俗地图的背景。侯仁之认为，历史地理学的成果不能满足于把历代疆域与行政区划加以考订和复原的工作，还应该根据当时的自然条件和生产的情况，以及历史发展的因素，进行地理学的分析，“真正历史地理的工作，正是从这里开始而不是在这里结束的”。[2]谭其骧和史念海等历史地理学者持相似观点。[3]也就是说，历史地理学的历史自然地理和历史人文地理研究成果，可以为数字故事民俗地图的历史地名考证和历史地图编绘所用，但要注意的是，民俗传承时期，与学者断代的历史时期并不完全重合，在编绘数字故事地图过程中，还需要用链接数据库的方法，查看故事讲述时间和故事原文，数字故事传承时间做大体描述。历史地理学者认为，历史地理学研究的理论基础，源于恩格斯关于自然界和人类本身不断变化、而人的活动反作用于自然界的观点，[4]他们认识到，人文地理现象的变化和发展，一般要比自然地理现象的变化和发展迅速得多，且具有延续性和继承性，在历史悠久、文化发达、人口众多、幅员辽阔的中国，历史人文地理的研究显得特别重要。[5]

---

1 侯仁之《历史地理学刍议》，原载《北京大学学报》（自然科学版），1962（1），引自侯仁之《历史地理学四论》，5页，北京：中国科学技术出版社，2005。

2 侯仁之《历史地理学刍议》，原载《北京大学学报》（自然科学版），1962（1），引自侯仁之《历史地理学四论》，6页，北京：中国科学技术出版社，2005。

3 谭其骧《在历史地理研究中如何正确对待历史文献资料》，原载《学术月刊》，1982（11），引自谭其骧《长水集续编》，246页，北京：人民出版社，1994。史念海《中国历史地理纲要》（上册），6页，太原：山西人民出版社，1991。关于侯仁之、谭其骧、史念海等历史学者的观点评述，还可参见葛剑雄、华林甫《导论：20世纪的中国历史地理研究》，引自葛剑雄、华林甫编《历史地理研究》，3—4页，武汉：湖北教育出版社，2004。

4 侯仁之《历史地理学刍议》，原载《北京大学学报》（自然科学版），1962（1），引自侯仁之《历史地理学四论》，2—3页，北京：中国科学技术出版社，2005。

5 谭其骧《积极开展历史人文地理研究》，原载《复旦学报》，1991（1），引自葛剑雄、华林甫编《历史地理研究》，171—173页，武汉：湖北教育出版社，2004。

历史地理学者的历史人文地理研究，主要研究各种文化现象的地理分布和地理差异，其中也包括民俗，但并不以民俗为主要研究对象，而更关注诗人、学者、艺术家及其活动的地理分布，[1] 与民俗学研究的视角也是不同的。

二是使用地方志和历史文献资料的研究方法。民俗学和历史地理学都重视使用地方志和历史文献资料的研究方法，侯仁之在《历史地理学刍议》中就提出，历史地理学的研究“必须具备一定的历史学的训练，熟悉有关的历史资料和文献，并能运用一定的历史方法”。[2] 谭其骧撰文谈历史地理研究中正确对待历史文献资料的问题，认为使用历史文献资料是历史地理学研究的重要研究方法。

> 就有了文字记载以后这二三千年来的历史时期而言，考古资料所能起的作用，毕竟还是赶不上文献资料的，研究这一段时期的历史主要得依靠文献资料，研究这一时期的历史地理也不能不如此。而这一段时期由于距离我们这个时代最近，当然也是我们的研究工作的主要研究对象。因此，如何搜集、整理，鉴别、分析文献资料，事实上也就不能不是做好我们的研究工作的关键性环节。[3]

历史地理学在使用历史文献资料方面的研究成果，对同样也使用地方志和历史文献资料的数字故事民俗地图研究来说，提供了历史文献中记载地名和描述地名的历史地理学考证。但在对待故事地名的问题上，历史地理学要求还原历史真实，“不要把传说当作真实史料”，[4] 这是在进行历史地理学的研究

---

1 谭其骧《积极开展历史人文地理研究》，原载《复旦学报》，1991(1)，引自葛剑雄、华林甫编《历史地理研究》，172 页，武汉：湖北教育出版社，2004。

2 侯仁之《历史地理学刍议》，原载《北京大学学报》（自然科学版），1962（1），引自侯仁之《历史地理学四论》，5 页，北京：中国科学技术出版社，2005。

3 谭其骧《在历史地理研究中如何正确对待历史文献资料》，原载《学术月刊》，1982（11），引自谭其骧《长水集续编》，239 页，北京：人民出版社，1994。

4 谭其骧《在历史地理研究中如何正确对待历史文献资料》，原载《学术月刊》，1982（11），引自谭其骧《长水集续编》，241 页，北京：人民出版社，1994。

时所应该采取的严肃认真态度，而对于数字故事民俗地图来说，传说中的故事地名，不一定反映历史真实，却可能反映艺术真实、文化真实和社会真实，它“通过某种历史素材来表现人民群众对历史事件的理解、看法和感情”；[1] 有些地名虽可能不准确或有讹误，但在数字故事民俗地图的编绘中却不能不体现，它们“从历史的角度看并不重要，但作为传说的创作素材却很有社会意义”，[2] 这种情况在地方志中是普遍存在的。

三是历史地理地图研究成果。历史地理地图的研究成果，为数字故事民俗地图提供了可直接利用的底图。在这方面，谭其骧主编《中国历史地图集》八册，[3] 侯仁之编绘《北京历史地图集》两集，[4] 都是编绘数字故事民俗地图的重要底图参考资料。徐苹芳编绘《明清北京城图》，[5] 以清《乾隆京城全图》为基本底图参照，并根据民国时期地图和相关历史文献，缩小比例尺，重绘清乾隆北京城图，并绘制了明北京城复原图，不仅可以作为数字故事民俗地图的底图参考，其历史人文地名的地图处理方法，也可以为数字故事民俗地图的编绘提供借鉴。在徐苹芳编绘的明北京城复原图中，对变迁地名的地图表示，使用了 6 种地图符号表示方法。

> （一）今尚存在而一直没有改动的建置，一律按地形图上所标的方位与范围表示。
>
> （二）今已不存而见于《京城全图》者，一律按《京城全图》中所示之方位与范围表示。
>
> （三）今已不存的建筑群，但知其旧址所在的大致方位，而从地形图上的胡同中尚可辨认出旧址范围的，则按考定的范围表示，并

1 钟敬文主编《民间文学概论》（第二版），137 页，北京：高等教育出版社，2010。

2 钟敬文主编《民间文学概论》（第二版），137 页，北京：高等教育出版社，2010。

3 谭其骧主编《中国历史地图集》（共八册），北京：地图出版社，1982—1988。

4 侯仁之主编《北京历史地图集》，北京：北京历史地图集编委会，1986。侯仁之主编《北京历史地图集》（二集），北京出版社，1995。

5 徐苹芳编著《明清北京城图》，北京：地图出版社，1986。

将旧址内的小胡同一律删除。

（四）今已不存的建筑群，虽知其旧址的大致方位，但从地形图的胡同中尚难肯定其旧址范围的，则暂按推定的范围表示，旧址内的小胡同亦暂保留，以示区别。

（五）今已不存的建置，虽知其旧址的大致方位，但它的范围与现存的胡同不发生联系，则根据《京城全图》所绘的建筑形式进行推定。

（六）今已不存的建置，虽知其旧址的大致方位，但它的范围与现存的胡同不发生联系，而在《京城全图》中又无迹可寻的，则据文献所记的方位，并以与其有关的地望关系进行推测，只标注记，不示范围。[1]

徐苹芳在编绘明清北京城图中的做法，不仅反映了一位考古学者和历史地理学者考证地名变迁时的严肃认真态度，而且在考定与推测地名的地图表示上，分别采用了实线范围法、文字标注法和虚线范围法等，对数字故事民俗地图编绘来说，在实地名与虚地名的地图表示中，也是可以借鉴的。

采用数字化技术，使用数字地图的方法，同时使用配套数据库等方法表达地图的历史人文内涵，对于数字历史地理地图和数字故事民俗地图来说，有许多共通之处。葛剑雄在《中国历史地图集》的基础上，主持编制《中国历史地理信息系统（CHGIS）》，[2] 从他的设计理念便可见一斑。

历史地图的另一个发展趋势是数字化，进而发展为历史地理信息系统。历史地图的数字化不是简单地将现有的历史地图输入电脑，

1 徐苹芳《〈明北京城复原图〉说明书》，引自徐苹芳编著《明清北京城图》，5—6 页，北京：地图出版社，1986。

2 葛剑雄等主编《中国历史地理信息系统（CHGIS）数据》（光盘），第一版，上海：复旦大学历史地理研究中心，2002。

> 制作光盘，而是用数字化方法重新研制历史地图，包括将有关的文献资料及研究结果制成相应的数据库。理想的数字化历史地图集不仅将基本解决《中国历史地图集》这类印刷地图所难以解决的矛盾（如坚持标准年代与标准年代之外内容无法同时记录、能够选择的标准年代有限、局部的修订因牵涉全图而不能及时进行等），成为各类历史地理信息可靠的空间平台，汇时间、空间、人类活动的各种信息于一体，成为一套具备各种不同层次的检索手段和链接方法、完全开放的、具有无限开发潜力的历史地理信息系统。[1]

在数字地图的数据处理方法上，数字历史地理地图与数字故事民俗地图，因同样处理具有历史人文性质的地名，具有相类似的处理办法，如表示历史地理要素动态变化和地图与史料的配合；[2] 在处理历史地名时，将地名名称变化、隶属关系变化和空间特征变化定义为一个地名的变化等。[3] 当然，数字故事民俗地图将历史地名作为民众对历史文化空间的认同和认识世界的一个反映，往往处理成民俗活动的场所和地标，更关心历史地名与民间文化的关系，这是编制数字故事民俗地图时需要思考的。

（三）地图和地图学的相关研究

地图学制图理论，为数字故事民俗地图编绘提供了制图规范和制图方法的参考。数字故事民俗地图的编绘技术，有赖于地图学的发展，但编绘数字故事民俗地图又不能直接利用地理地图学成果，它还需要根据自己的搜集资料和研究成果，根据民俗学的学术目标，重新制定自己的学术规范，确定自己的绘图原则。在这个问题上，有两种成果需要总结：一是中国古代地图体

---

1 葛剑雄、华林甫《导论：20 世纪的中国历史地理研究》，引自葛剑雄、华林甫编《历史地理研究》，31 页，武汉：湖北教育出版社，2004。

2 葛剑雄《中国历史地图：从传统到数字化》，载《历史地理》，2002（18）。

3 满志敏《关于 CHGIS 第二阶段数据模型的定义问题》，载《历史地理》，2003（19）。

现人文思维的绘制方式，二是当代人文学者使用地图的角度和方法。

中国自古有使用地图的传统。用现代制图理论的标准看，古地图并不能称作规范的地图。但是，古地图蕴含了丰富的文学价值和艺术价值，对数字故事民俗地图编绘有重要的参考意义。从分析对比 1949 年以前绘制的 204 种中国古地图来看，[1] 中国古地图主要呈现以下三个特点。

一是使用地图进行比较。据不完全统计，地图作为一种敌对势力对比的文献资料，早在战国时期就被用于军事上。[2] 地图还被作为不同地域、不同物产和不同民族民俗的比较资料，被《山海经》以绘图的方式表达。它们的重要功能是将两种或两种以上对象做直观或潜在的比较，旨在体现某种内在的社会秩序和文化逻辑，而不像现代地图是严格按照一种定量标准制定的，旨在体现外部可视的、科学测量的结果。

二是使用地图作为史料。古代表达人文现象的地图文献，大都被收为“史地”、“舆地”、“杂纂”类史料，而不是现代意义上的地理地图，但它却成为了历史著述的一部分，或民俗史料的一部分。

三是融书法、文学、山水画于一体的示意画法。长期以来，古地图一直是示意图性质的地图，没有投影，没有严格的比例尺，甚至没有图例，看上起更像一个艺术品。直到 18 世纪的清《乾隆京城全图》，也还是采用平立面结合的绘图法，图中的居住建筑，在形制、规模和范围上直观地体现了皇家建筑、王公府邸、民宅的等级差别。[3] 当然，示意画法不等于不准确，西晋时

---

1 这些地图为中国第一历史档案馆藏、北京城市建设档案馆藏、北京师范大学图书馆藏、台北中央研究院傅斯年图书馆藏和台北中央研究院近代史郭廷以图书馆藏所见的部分地图，和部分项目组成员提供的其他馆藏的地图扫描电子版，包括舆地全图、流域水道图、交通图、天文图、气候图、风土笔记插图、城市图等，其中北京城图 50 多种。提供地图的项目组成员主要有：美国欧达伟 (R.David Arkush) 教授，法国吕敏 (Marianne BUJARD) 教授、阮如意 (Victoire Surio) 研究员、范华 (Patrice FAVA) 研究员和陆康 (Luca Gabianni) 研究员，北京大学李孝聪教授等。特此说明，一并致谢。

2 张修桂《当前考古所见最早的地图——天水〈放马滩地图〉研究》，载《历史地理》，1992 (10)。

3 [法] 法国国家集美博物馆藏 (清)《乾隆京城全图》(电子版)，由中法合作项目“北京寺庙碑刻与社会史”项目法方学者陆康 (Luca Gabianni) 博士制作，并为项目组研究于 2004 年提供，特此说明。另见北京市古代建筑研究所、北京市文物事业管理局资料中心编《加摹乾隆京城全图》，北京燕山出版社，1995。

裴秀就提出了“制图六体”的制图理论，采用计里画方的绘画方法，对古地图的准确表达起到重要作用。

编绘数字故事民俗地图，在符合现代地图规范的条件下，可以适当继承古地图中将民俗资料（如会社名称、神庙）直接绘在图上予以比较和表现一定的文学艺术性的做法。不过，数字故事民俗地图不只限于作为民俗资料使用，而应该将编绘数字故事民俗地图的目的，定位于民俗学研究的方法和手段。

在现代科学规范制图理论的背景下，了解当代人文学者使用地图的目的、习惯和传统，对编绘数字故事民俗地图有参考意义。概括来说，人文学者使用地图具有以下分类特点。

第一，根据研究对象，借用现成的地理地图。这种地图都直接使用原地图名称，在此基础上，人文学者加上自己需要的信息，转成表达自己的研究对象的工具图。在这个问题上，葛剑雄认为：历史地图的使用者根据各自的目的，需要找到特定的年代和特定的地区，希望能对原图上的内容有所取舍，删去不必要的点线，增加自己的内容，以突出主题。[1]这时，历史地理地图就成为了人文学者使用的底图，人文学者直接利用它时，不仅需要用巧妙的方法将自己的信息加上去，而且底图的质量就显得非常重要。要实现葛剑雄所说的“对原图上的内容有所取舍”的目的，数字化技术提供了最有力的帮助。

第二，根据整理和分析资料主题的目的，将地理地图或实测地图进行改造、加工，变成示意图或人文信息叠加图。这种地图都另命图名，以更加符合人文学者的研究成果性质，在地图内容上，通过外部叠加的手段，也容易把人文学者的部分工作成果放进地图中。

第三，根据人文学者把研究对象和研究工具的理念，把自己放进地图的对象中去，这样就消解了地图的比例尺意义，放大了学者的人文意图，并把学者自我当作工具的方法和演示过程都表达出来。这就占用了一个独立的空

1 葛剑雄《中国历史地图：从传统到数字化》，载《历史地理》，2002（18）。

间，这方面唯一适用的地图是GIS数字化地图。

现代地图学认为，地图是地球上各种现象的缩小的图形表示，基本要素是数学基础、制图对象和图面整饰。[1]陈述彭较早地对地图学进行了系统的研究。[2]他认为地图是永生的，是人类空间形象思维的再现，并强调地图与人文社会经济统计数据相融合，成为一种时间与空间分析的思维工具。[3]廖克《现代地图学》提出，地图的制作者应充分发挥地图的功能和作用，在充分利用遥感与地图信息资源和地理信息系统分析处理技术基础上，通过信息的深入分析与挖掘，研究设计与编绘地图和地学信息图谱，并研究出更多便捷的地图分析与使用方法，地图的使用者也应充分发挥地图的功能和作用，更深入阅读、分析和解释，从地图获得更多的知识和新的认识。[4]该书还有专章叙述人文地图的编绘，其主要内容是针对社会、经济、教育、科学、文化、卫生的行业统计的，如人口、教育业、医疗卫生事业等，包括定性数据的区域分布和定量数据的区域差异，没有涉及更为复杂的人文现象。近年来，一些专门解释人文现象和文化事象的图论、图集、图册，虽然仍重点在于描述各种量化的人文指标，但其中使用丰富多彩的泡图、柱状图、圈图、表格和文字说明相结合的表现手法，对编绘数字故事民俗地图具有重要的借鉴意义。[5]

陈述彭通过对地图学发展的分析，提出了图谱的概念。[6]他认为："图谱是一种源远流长的中国传统方式，主要运用图形语言进行时间与空间的综合表达与分析。"[7]图谱是指经过分析综合的地图、图像、图表形式，反映事物和现象空间结构特征与时空序列变化规律的一种信息处理与显示手段。1998年，

---

1 廖克《地图概论》，2页，北京：科学出版社，1985。

2 陈述彭《地学的探索（第二卷·地图学）》，北京：科学出版社，1990。

3 陈述彭《序》，引自廖克《现代地图学》，北京：科学出版社，2003。

4 廖克《现代地图学》，北京：科学出版社，2003。

5 [法]玛丽－弗朗索瓦·杜兰（Marie—Fran?oise DURAND）等《全球化地图——认知当代世界空间》，许铁兵译，北京：社会科学文献出版社，2007。

6 陈述彭《综合地图集的设计与区域特性的反映》，载《地理学报》，1961（1）。

7 陈述彭等《地学信息图谱研究及其应用》，载《地理研究》，2000（4）。

随着卫星遥感、全球定位系统、地理信息系统和信息网络等当代先进技术的发展和应用，陈述彭又提出了地学信息图谱的概念，进一步发展了图谱思想，而且在更大程度上成为实现的可能，成为一种地理时空分析方法论。[1] 地学信息图谱是通过数字化技术，实现地理空间上的信息在历史时间上的动态过程的一种方法。前文提到的《中国自然灾害系统地图集》，利用地学信息图谱理论，提出了灾害系统图谱的表示方法，用直观、形象的方式表达复杂的灾害过程的图形，用形象思维方式认知复杂、抽象的灾害内涵的谱系。[2] 这种表现方法与实践经验，对民俗学的时空传承研究来说，是可以借鉴的。

电子地图的制作和使用开始于20世纪70年代以后。它建立在计算机辅助制图的基础上，它的最大特征有三点：一是存储介质的变化，一张小小的光盘就可以装下整个世界，不用抱着厚厚的地图集；二是多媒体技术的应用，使得电子地图与纸质地图相比，有更生动丰富的表现形式，还可以将其他图片和音视频材料很好地整合在地图上；三是给使用者的检索带来方便。

数字地图的发展伴随着地理信息系统（Geographic Information System，简称GIS）的发展，制作和应用开始于20世纪90年代。[3] 1998年美国前副总统戈尔（Al Gore）提出了"数字地球"的概念，更是扩展了数字地图的内涵。[4] 数字地球是一项战略，或者说理念，它的终极目标是要提高数据利用的质量，挖掘数据信息的深度涵义。

现代制图理论的地图基本要素，也是数字故事民俗地图编绘的地图基本要素，但在完整性和规范性上有民俗学自己的特点，图谱方法是表现民俗传承过程的方法之一，电子地图和数字地图的技术手段和表现形式，在一定程度上可以弥补地图在表现民俗学研究成果方面的某些局限。

---

1 陈述彭《地学信息图谱刍议》，载《地理研究》，1998（增）。

2 王静爱等《基于灾害系统论的〈中国自然灾害系统地图集〉编制》，载《自然灾害学报》，2003（4）。

3 王瑛等《〈中国自然灾害数字地图集〉的编制》，载《自然灾害学报》，2003（4）。

4 Al Gore, The Digital Earth: Understanding our planet in the 21st Century, Given at the California Science Center, Los Angeles, California, on January 31, 1998.

三、人类学和社会学的相关研究

人类学的文化模式与变迁研究、社会学的社区研究、社会分层和社会流动等，对数字故事民俗地图表达民俗传承空间特征是有参考价值的。

费孝通在20世纪30年代研究中国农民和乡村经济，指出土地对社会的整合作用，认为中国社会的基层是乡土性的。[1]对地图来说，在表达土地要素方面，确定土地边界四至和土地使用与房产的空间关系是至关重要的。但从民俗学的角度来说，在土地之外，还要考虑家族内部结构和家族间的相互关系，以及人们在土地使用上的合作关系等。

近年来人类学者研究中国的传统社会，往往从一个相对可确定的地域范围内进行，并往往使用民俗资料。20世纪90年代以来，劳格文（John Lagerwey）在福建、广东、江西三省交界处的客家地区进行民族志调查和研究。他发现，在他所调查的区域内，语言区和文化区并不是完全吻合的，无论使用哪个概念来对资料进行分类都不是最理想的，因此，他使用了“民俗社会”的概念，认为用它来整合资料是有效的。[2]劳格文选点研究的范围，是根据当地传统文化的生态分布选点，兼顾民族志调查的深层文化与整体性，突破了中国“一村论”的模式，通过选择多个乡村点来综合构建客家传统社会。[3]对数字故事民俗地图来说，表达人居空间之间的联系，构建人居空间的自然生态网络是必要的。

社会学强调社会关系，把社区视为一个相对独立完整的地域性社会生活单位。陆学艺《社会学》一书，分析了当代中国社区的特点。[4]其中，对数字故事民俗地图表达社会关系圈有帮助的有两点。一是在城市民俗方面，认为当代中国城市社区的基本特点是：基层社会组织（工作单位）是基本构成单位，

1 费孝通《乡土中国》，上海：观察社，1947。

2 [法]劳格文（John Lagerwey）主编《客家传统社会丛书》（1—24册），香港：国际客家学会、海外华人研究社、法国远东学院，1996—2005。

3 董晓萍《田野民俗志》，180—181页，北京师范大学出版社，2003。

4 陆学艺主编《社会学》，北京：知识出版社，1996。

人际关系以业缘为主，人际交往以“感情片面投人”为主；二是在乡村民俗方面，认为当代农村社区的特点是：异质性低，家庭功能健全，血缘关系浓厚，家庭是农村社区基本生活单位，社区活动具有明显的季节性，社区文化具有地方特色和传统特色，人际关系密切，习俗、道德、舆论等非制度化的社会控制形式对社区生活具有重要作用。

社会学研究的社会分层和社会流动，对数字故事民俗地图表达社会关系的变化是有启示的。有些社会流动伴随地理空间和劳动空间的变动，在中国的特点，有很大一部分是城乡之间的流动。李强在《当代中国社会分层与流动》中，对20世纪90年代中国的社会分层与流动的现状作了分析。[1]他的《生命的历程》一书，通过时间与空间的重叠与综合，论述了个人与社会的关系。[2]陆学艺《当代中国社会流动》一书，分析了21世纪中国社会十大阶层和社会流动的特点，并作了发展趋势的预测，提出了政策导向的建议。[3]编绘数字故事民俗地图时，特别是在表达城乡之间的社会流动对地方社会的影响，节日、仪式等所带来的社会流动等问题时，结合当代中国的社会分层和社会性流动特点考虑，也许会更为视野开阔。

人类学者和社会学者通过“本地人化”的搜集资料的处理方式，民俗学者可以借鉴，用来构建恢复民俗社会史框架的三种样式：处理成单元社会资料，恢复相对封闭的民俗社会；处理成二元社会资料，恢复移民和本地人相处的民俗社会；处理成三元社会资料，恢复跨行政区域的客家社会网络，从理论上建设这种国家、移民和本地人共处的民俗社会。由此，董晓萍认为，描述民俗社会史料的适用性，有三个层次：一是地方社会基本单元史料，由一些有人文历史的结合点构成，如家庭、宗族、寺庙、集市、会社、书院等；二是社会结构史料，呈线状分布，由地方社会世代传承的祭祖路线、朝圣路

1 李强《当代中国社会分层与流动》，北京：中国经济出版社，1993。

2 李强等《生命的历程——重大社会事件与中国人的生命轨迹》，杭州：浙江人民出版社，1999。

3 陆学艺主编《当代中国社会流动》，北京：社会科学文献出版社，2004。

线、风水路线、通婚路线、贸易路线、供水路线、祈雨路线和说唱路线等组成；三是文化关系结构的史料，是某一整体地方社会的构成单位，能够连接多样的线状文化，呈现出方言圈等具有宏观性的整体地方社会特征。[1]对于数字故事民俗地图的编绘者来说，必须弄清楚民俗社会史料的层次关系，才能恰当地用民俗地标和地方社会空间的四至边界，表达人文历史点、传承路线和文化圈的地图形式，使地图能够部分地直观表达它们的深度人文含义。

四、计算机应用科学的相关研究

在数字故事民俗地图的编绘中，涉及数字化技术的应用，主要问题有两点，一是将业内普遍分开的数字典藏和数字博物馆理念和技术加以整合使用，二是主要使用 GIS、GPS 和数据库等技术拓展这项研究，建立数字故事民俗地图集成的成果系统。

中国丰富文献的特点，使计算机技术较早用于古籍文献和语言文字领域，解决了数字典藏的问题。20 世纪 90 年代后期，王宁将计算机技术应用于人文科学，在语言文字学方面，提出了数字典藏的理念，研制了小篆字库系统和《说文解字》教学研究系统。[2]台湾同行的做法，是先建立了数字博物馆，近几年才开始数字典藏研究与开发。台湾于 2002 年正式成立了数字典藏的科技计划项目，共分 12 个主题来展示，其中包括人类学、档案、器物、书画、金石拓片、善本古籍、考古等人文内容。[3]台湾数字典藏库的属性信息根据主题来组织、分类，技术规范由人文研究小组和 GIS 开发小组共同来完成，从人文信息标准和计算机数字化标准两个方面来规范，形成人文数字化技术标准，

1 董晓萍《传统社会与民俗社会》，引自[法]劳格文（John Lagerwey）主编《客家传统社会》后记，992—1005 页，北京：中华书局，2006。

2 宋继华《基于超文本环境的〈说文解字〉教学、研究系统的设计》，北京师范大学博士学位论文，打印稿，1999。博士生导师：王宁教授。

3 台湾中央研究院《数字典藏国家型科技计划网页简介》，台北：中华彩色印刷股份有限公司，2004。台湾中央研究院廖泫铭友情赠送，谨此致谢！

含6个工作群的分工合作。人文学科中的数字典藏理念，与数字故事民俗地图数据库建立有类似之处，这种人文研究小组与GIS开发小组共同制定数据库结构的模式值得参考。但是，要编绘数字故事民俗地图，展现更多的民俗材料和研究成果，还需要将数字典藏与数字博物馆结合起来。

数字化技术的发展和应用，在学术研究的基础上，建立数字博物馆，是当前保存非物质文化遗产基因的一个理念。除了数字化技术所带来的存储海量信息、处理速度快、检索方便、可视化程度高、形象直观等优势，对数字民俗博物馆来说，主要好处在于原生态的情景再现，如身临其境，而又不破坏原生态文化，起到文化保护的作用。就目前的人文数字博物馆建设情况看，多以历史文物为主。台湾同行的做法，是将数字博物馆与数字典藏库相联系，成为以GIS为技术手段而进行的为人文社会科学服务的基础建设。[1]我们在数字故事民俗地图的编绘、应用和展示方面，采用了这种理念和结合方式。

GIS最初起源于20世纪60年代加拿大的土地资料整理和土地资源的管理规划，分析大量的土地利用地图，进行专题图的叠加和面积量算等。[2] GIS的核心是计算机科学，基本技术是数据库、地图可视化及空间分析，它在地理学科中已被广泛应用，但在人文学科研究中的应用还比较少，大多是计算机公司或GIS公司利用人文数据开发的一些空间分布状况、最佳路径分析和文化事象及相关地名的查询系统。前面提到复旦大学历史地理研究中心研制的中国历史地理信息系统（CHGIS)，是GIS技术应用于历史地理研究的例子。也有学者把GIS应用于社会学的统计分析，与SPSS统计软件配合使用。[3]也有少量人文学者，与GIS开发人员合作，将GIS直接作为人文社会科学研究的辅助手段，进行资料采集、空间分析和结果展示，既展示研究结果，也展

1 被访谈人：廖泫铭。访谈人：董晓萍、赖彦斌。访谈时间：2005年9月16日。访谈地点：台北中央研究院计算中心。

2 陈述彭等编《地理信息系统导论》，1页，北京：科学出版社，1999。

3 石计生《第一讲：社会地理信息系统（SocGIS)：摸索、建构与创新》，引自《北京清华大学学术讲学》，北京：清华大学，打印稿，内部资料，2005。北京师范大学民俗学专业与清华大学社会学系联合培养博士生孟蕾提供，谨此致谢！

示和辅助参与研究过程。[1]

GPS，即全球定位系统（Global Positioning System）的民用部分，早期主要应用于测绘部门的精确定位，现在逐渐应用于交通、旅游等的导航，也成为地理学研究的重要测量工具之一。[2] GPS 在人文学科的应用较少，也不见用于研究。本书将 GPS 技术与 GIS 技术结合使用，在田野访谈基础上取得民俗地标、传承路线和讲述人等的地理空间位置，填补数字故事民俗地图编绘中地理底图所缺少的活态民俗地理要素，再根据研究目的，使用 GIS 技术进行数字地图的合成，从而使得 GPS 技术和 GIS 技术均成为民俗学研究的工具。

五、主要资料来源和使用原则

本书主要研究数字故事民俗地图的编绘理论和方法，进行数字故事民俗地图的编绘实践，并辅以相关民间文艺地图和民俗学专题地图的编绘实践和探讨，所使用的资料来源，主要有以下几个方面。

（一）中国民间文学集成省卷本

中国民间文学三套集成，含中国民间故事集成、中国谚语集成和中国歌谣集成。[3]本书主要使用中国民间故事集成省卷本的数字数据，包括 30 卷省卷本电子书，18419 个电子文本，18979 张网页，18737 条原数据，共计四千万字。[4]在谚语地图编绘中，主要使用中国谚语集成的廿四节气谚语数字数据 1847 条。

---

1 范毅军等《GIS 于数据采集、分析与展现之应用》，引自台北施合郑民俗基金会编《中国地方社会比较研究》，台北：中央研究院，电子稿，2005。

2 王静爱等编著《乡土地理教程》，95 页，北京师范大学出版社，2009。

3 20 世纪 80 年代初，由文化部领导和发起，钟敬文倡导和主持中国民间文学三套集成工作，并担任中国民间故事集成主编。至 2009 年，全国 30 个省的省卷本纸介著作已全部出齐（港澳台资料暂缺）。

4 文化部民族民间文艺发展中心与北京师范大学数字民俗学实验室 2004 年 8 月至 2009 年 6 月合作制作完成，主持人为董晓萍教授和李松主任，赖彦斌担任技术指导，参加电子书制作的北京师范大学民俗学专业研究生团队成员主要有：张恒艳、李鹤、吕红峰、吴丽平、何晋、苏燕、柳芳菲、王瑞华、王晓鸣、靳晓娜、贺少雅、许明堂、陈建丽、韩冰、王宇琛、周云磊、连莉、唐超、刘尧晔。谨此致谢！

在基础资源地图编绘中，主要使用中国民间文学集成省卷本的搜集资源数据，含搜集总数和传承人数据，前者如收录故事总数、收录歌谣总数和收录谚语总数，后者如故事讲述家简介、歌手简介和谚语讲述人简介等。

本书对以上原数据的使用原则，将所有地名均进入数字故事民俗地图数据库处理。其中，以国家最新公布的2000年中国行政区划数字地图和2004年全中国电子地图为准，[1]以《中华人民共和国行政区划简册》为转换依据，[2]凡能与中国行政区划地图相符合的故事地名，在数字故事民俗地图上表达，并与数据库相链接。在必要的时候，可参照中国地名词典，[3]处理故事类型中的地名数据。

（二）中国民族民间文艺集成志书省卷本

中国民族民间文艺七套集成志书，含中国民间歌曲集成、中国民族民间器乐曲集成、中国戏曲音乐集成、中国曲艺音乐集成、中国民族民间舞蹈集成、中国戏曲志和中国曲艺志。在本书的相关民间文艺地图编绘中，主要使用中国民间歌曲集成、中国民族民间舞蹈集成和中国戏曲志的数字数据，包括全国民歌搜集原数据2728条、全国民族民间舞蹈原数据7422条、中国戏曲志剧种分布原数据3511条。在基础资源地图编绘中，主要使用中国民族民间文艺七套集成志书省卷本的搜集资源数据，如收录民歌、入卷乐曲、收录剧种、收录唱段、收录曲种、收录基本唱腔、收录舞蹈节目和收录曲书目等搜集资源数据，收录歌手简介、乐人开条、人物介绍、收录艺人简介和戏曲人物传记等传承人数据。

本书对以上原数据的使用原则，将所有地名均进入数字故事民俗地图数

1 中国地图出版社电子信息中心编制《全中国电子地图》，北京：中国地图出版社，2004。

2 中华人民共和国民政部编《中华人民共和国行政区划简册》，北京：中国地图出版社，1979—2008。

3 崔乃夫主编《中华人民共和国地名大词典》，第一至五卷，北京：商务印书馆，1998—2002。戴均良等主编《中国古今地名大词典》，上海辞书出版社，2005。

据库处理。其中，以国家最新公布的2000年中国行政区划数字地图和2004年全中国电子地图为准，[1]以《中华人民共和国行政区划简册》为转换依据，[2]凡能与中国行政区划地图相符合的戏曲地名、民歌地名和民舞地名，在数字故事民俗地图上表达，并与数据库相链接。在必要的时候，可参照中国地名词典，[3]处理相关民间文艺表演的地名数据。

（三）其他相关民间文艺学研究成果

在本书的数字故事民俗地图编绘研究中，还编绘了与故事相关的其他民间文艺表演研究成果地图，主要使用相关民间文艺研究专家提供的研究成果数据，包括中国民族多声部民歌的民族和地区分布数据，中国音乐地理学研究的民歌区划、戏曲声腔分布和音乐文物分布数据等。中国民族多声部民歌数据，由中国音乐学院樊祖荫提供相关纸介研究著作。[4]中国音乐地理学研究数据，由中国艺术研究院音乐研究所乔建中提供纸介研究著作和相关示意图。[5]

本书对以上原数据的使用原则，提取纸介原著中和示意图中的地名，进入数字故事民俗地图数据库处理。其中，以国家最新公布的2000年中国行政区划数字地图和2004年全中国电子地图为准，[6]以《中华人民共和国行政区划简

1 中国地图出版社电子信息中心编制《全中国电子地图》，北京：中国地图出版社，2004。

2 中华人民共和国民政部编《中华人民共和国行政区划简册》，北京：中国地图出版社，1979—2008。

3 崔乃夫主编《中华人民共和国地名大词典》，第一至五卷，北京：商务印书馆，1998—2002。戴均良等主编《中国古今地名大词典》，上海辞书出版社，2005。

4 樊祖荫《中国多声部民歌概论》，北京：人民音乐出版社，1994。樊祖荫《中国少数民族多声部民歌教程》，北京：中央音乐学院出版社，2008。

5 乔建中《音乐地理学讲义》，打印本，2002年12月。乔建中《音地关系探微——从民间音乐的分布作音乐地理学的一般探讨》，收入乔建中《土地与歌——传统音乐文化及其地理历史背景研究》，259—282页，济南：山东文艺出版社，1998。乔建中《论中国音乐文化分区的背景依据》，《中国音乐学》，1997（2）。乔建中《〈下四川〉研究》，《中央音乐学院学报》，1993（2）。乔建中绘制《中国民歌区划示意图》等音乐地理研究示意图11张，2005。

6 中国地图出版社电子信息中心编制《全中国电子地图》，北京：中国地图出版社，2004。

册》为转换依据，[1] 凡能与中国行政区划地图相符合的民间文艺地名，在数字故事民俗地图上表达，并与数据库相链接。在必要的时候，可参照中国地名词典，[2] 处理相关民间文艺表演的地名数据。

（四）地理地图底图

本书使用的数字地图的底图，主要包括行政区划地图、遥感地图、地形图和历史地图。其中，由北京师范大学区域地理研究实验室提供《中国自然灾害系统地图集》（电子版）光盘 1 张和全国数字地图，包括行政界线、山脉、河流等，共计 19 种，《数字钟敬文工作站》在此基础上，使用并数字化中国行政区划地图、中国地形地图和世界地图等底图 3 种，并通过国家测绘局审核。[3] 由复旦大学历史地理研究中心提供历史地图底图原数据，包括福建省历代行政区界和治所所在地，共 5 种数字地图，计 582 条原数据。[4]

北京师范大学区域地理研究实验室提供的全国数字地图，由国家测绘局编制发布，具有全国统一的标准性。《数字钟敬文工作站》所用底图，在全国数字地图基础上编制而成，2008 年通过国家测绘局地图技术审查中心审核，地图规范符合国家最新标准，地图清晰度达到出版标准。《中国自然灾害系统地图集》以灾害系统论思想为理论指导，综合自然和人文两方面要素，解释天—地—人关系，密切关注灾害在人类文明传承中的影响和人类文化对灾害的反应。CHGIS 以谭其骧主编《中国历史地图集》为基础，是国际国内公认的中国最好的全国性历史地图集，并在地图数字化、地名的定义、地名隶属

---

1 中华人民共和国民政部编《中华人民共和国行政区划简册》，北京：中国地图出版社，1979—2008。

2 崔乃夫主编《中华人民共和国地名大词典》，第一至五卷，北京：商务印书馆，1998—2002。戴均良等主编《中国古今地名大词典》，上海辞书出版社，2005。

3 史培军主编《中国自然灾害系统地图集》（电子版），北京：科学出版社，2003。审图号：GS（2008）2626 号，参见董晓萍等《数字钟敬文工作站》，北京师范大学出版社，2009。

4 葛剑雄等主编《中国历史地理信息系统（CHGIS）数据》（光盘），第一版，上海：复旦大学历史地理研究中心，2002。

关系和地名释文等方面做了大量的研究工作，有利于现代传承的民间文艺在历史上找到空间原型和变化过程。

本书以全国数字地图行政区划界线，作为数字故事民俗地图的今地名行政区划界线，并适当利用数字钟敬文工作站地图已有成果；以历史地图行政区划界线，作为数字故事民俗地图历史地名行政区划界线，并作为数字故事民俗地图底图和地名定位参考标准；以《中国自然灾害系统地图集》中与民俗相关的地理要素图，配准后作为数字故事民俗地图的套图。

五、研究方法

（一）资料搜集方法

在本书中，针对本项研究，在搜集资料和理论探索上，主要采用了以下方法。

中国民间故事集成数据，由文化部民族民间文艺发展中心提供。

在故事民俗的相关民俗志资料搜集上，采用静态资料采集和动态资料采集相结合的方法。[1] 在处理民俗志文本时纳入民俗资料，注意静态资料的收集、比较和思考，进行数字化处理；在处理地理数据时纳入民俗志资料，注意调查资料的获取、情境和思考，建立动态资料与文本的联系。

静态资料采集方式，根据编绘数字故事民俗地图的学术目标，使用计算机技术，将静态纸介资料转换成数字资源，提取其中与故事民俗地名相关的历史文化信息，建立地名数据库。以下分别以故事集成、地理地图、历史文献和专家著作等静态纸介资料为例，讨论静态资料采集方式的具体操作方法。

从中国民间故事集成纸介原著采集资料的方法。首先，将中国民间故事集

1 静态和动态资料采集方式的提法，参考了廖泫铭等《GIS 于数据采集、分析与展现之应用》，引自台北施合郑民俗基金会编《中国地方社会比较研究》，台北：中央研究院，电子稿，2005。此文把 GIS 提取空间信息的方法分为静态和动态两种：静态法是把纸介质图配准叠加在 GIS 数字地图上和把调查报告中的绝对位置或相对位置描述转化为地理坐标的方法，动态法是采用 GPS 进行空间定位获取地理坐标的方法。

成的书面文本转换成电子文本；其次，以电子文本为基础，建立数据库，采集讲述人信息、讲述地点信息和故事文本信息。在本书编绘数字故事民俗地图中，采集故事讲述地点、故事叙述地点和故事遗产地地点，均采用这种方法（图 1）。

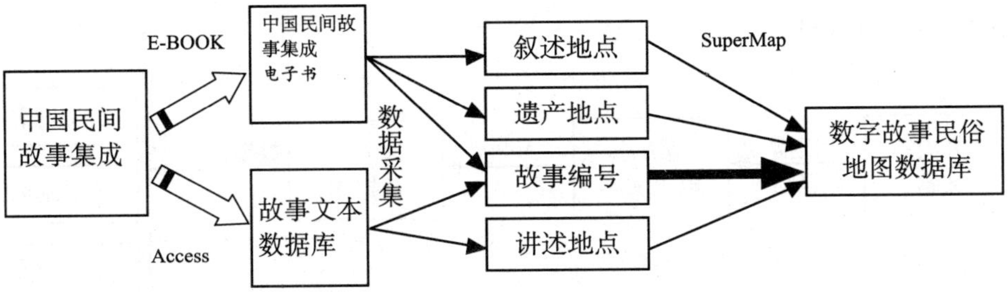

图 1　从故事集成纸介原著采集资料工作流程简图

从纸质地理地图采集资料的方法。首先，扫描纸质地理地图，转换成电子地图（或称扫描影像）；其次，进行地理坐标校正与配准；最后，采集其中相关的点、线、面的空间信息（图 2）。在本书编绘数字故事民俗地图和相关民间文艺地图与民俗学专题地图中，采用此种方法，采集纸质地貌地图和遥感卫片地图资料，转换为数字故事民俗地图的底图；采集地方提供的纸质县级地形图资料，转换为数字故事民俗地图的个案研究区域地形图；采集纸质古代地图资料，转换为数字故事民俗地图的历史地名数据库。

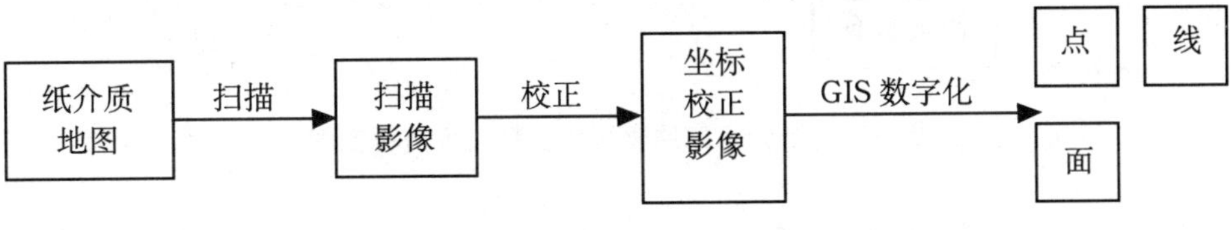

图 2　从纸质地理地图采集资料工作流程简图

从纸介历史文献采集资料的方法。首先，根据数字故事民俗地图的研究对象关键词，如故事、节日等，将纸介历史文献中的原文内容，使用扫描识别或 Word 录入的方法，转换成电子文本。其次，根据数字故事民俗地图的数据库设计，制作历史文献中的故事或节日记载数据库，并通过地名 ID 建立历史文献与数字故事民俗地图的链接。在本书编绘数字故事民俗地图中，从纸介历史文献中采集故事地名资料，从地方志中采集节日地名资料，均采用这种方法（图 3）。

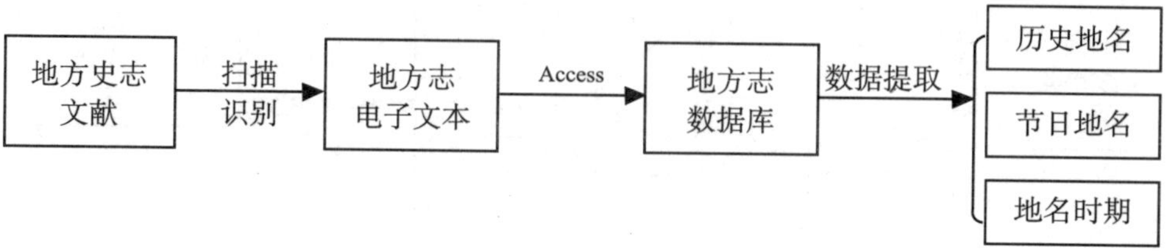

图 3　从纸介历史文献采集资料工作流程简图

从纸介专家原著采集资料的方法。首先，根据数字故事民俗地图的故事主题和故事类型，从纸介专家原著中采集相关研究内容，制成文本数据库索引。其次，提取专家研究地名，通过地名 ID 建立与数字故事民俗地图的链接，同时，数字故事民俗地图也可成为故事类型研究的工具，实现国际故事类型打通互查（图 4）。

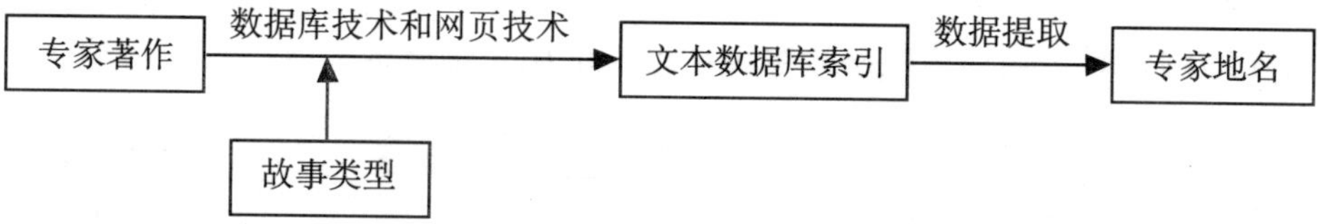

图 4　从纸介专家原著采集资料工作流程简图

动态资料采集方式，是在民俗学田野调查中，通过 GPS 空间定位数据与访谈资料的配合使用，补充活态资料。包括两方面的主要内容：一是对田野访谈中获取的边界、民俗标志物、活动场所、传承活动路线、人文历史地点等进行定位，二是对已知遗址、庙宇、道路、院落、讲述人所在地等民俗地理要素进行定位，并采集相片、录像等实景资料。具体做法是，利用计算机、录音笔、数码相机、GPS 等工具，对老住户和一般居民进行人物访谈，对重要人文地标进行现场勘查，用现今地图、事件发生年代地图、现今航空照片、卫星影像、历史航空照片等进行参考。GPS 记录资料的记录格式包括点资料、线资料和面资料，记录内容包括特定地标（如祠庙、住宅、遗址、旧址等）的位置、访谈对象的住所或访谈位置、历史文献资料存放的位置等。在本书编绘数字故事民俗地图相关的民俗学专题地图中，采用动态资料采集方式，对北京寺庙碑刻、河北栾城寺北柴村和河南宝丰马街书会做田野调查，采集故事讲述人地点、寺庙地点、村民口述的历史人文地点和民间艺人祭祀路线等。

动态采集民俗志资料的方法，主要是根据民俗学的田野调查理论，应用民俗学界普遍使用的方法，补充地理学者野外调查的仪器手段，进行资料采集。民俗学者与地理学者一起工作，进行地理地图资料的分析实践，这样获得的资料，能增加民俗学者的认同和可信度，如果方法正确，所得到的资料与民俗学者的调查资料互相印证，则能补充民俗学的田野研究方法，也能补充地理学的野外调查法。

（二）研究方法和关键技术

本书采用民俗传承理论与地理学地图理论相结合，以计算机为技术手段的方法。重点以钟敬文故事类型理论为指导，结合地图学制图理论、图谱理论和数字地图理论编绘数字故事民俗地图，同时，数字故事民俗地图本身又作为故事民俗研究的一种方法。

具体来说，本书从故事类型与地理空间两个视角，重新组织故事文本资料，提取其中的地名信息建立地图与故事文本的联系，并利用计算机数据库技术，建立数字故事民俗地图的数据库。利用 GIS 数字地图方法，在数字故事民俗地图数据库的基础上，编绘数字故事民俗地图，应用 GIS 图层叠加方法，将故事的历史信息和相关文化信息叠加在地图上，建立数字故事民俗地图与故事文本数据库的链接。在故事民俗传承的问题上，本书应用图谱的方法，叠加各个历史时期的数字故事民俗地图展现传承的历史过程，以期建立民俗传承中的文化空间概念。对于那些包含空间信息，但无法显示在地图上的故事民俗相关信息，本书利用数字地图集成的方法，实现地图、数据、文本的集成显示和相互检索查询。

本书应用的计算机关键技术，主要是GIS技术、GPS技术、数据库技术和网页技术。其中，GIS技术应用于数字地图编制、图层叠加和形成图谱系列，建立数字故事民俗地图与历史的联系，本书使用的GIS软件是MapInfo和SuperMap。GPS技术应用于民俗地标、访谈人、传承人、讲述人、传承路线的空间定位，建立数字故事民俗地图与文化的联系，本书使用的GPS为GARMIN公司生产的etrex Venture C型地面手持接收机。数据库技术应用于文本数据的采集、整理和数据库的建立，建立数字故事民俗地图与文本的联系，本书使用的数据库软件是Microsoft Access 2003和SQL Server 2000。网页技术应用于文本数据库和数字故事民俗地图数据库的编辑、管理，集成显示地图、数据和文本的超文本链接和检索界面，建立数字故事民俗地图与地图使用者的联系，本书使用的网页制作软件是Dreamwear MX和ASP动态网页技术。

六、本书研究的学术价值和社会意义

本书进行文理科交叉研究，补充民俗学理论与方法，在学术价值和社会意义上，主要有以下几点。

丰富民俗学的理论与方法论。本书进行民俗学与地理地图学的交叉研究，应用了民俗学、历史学、社会学、人类学、地理学等交叉学科知识，应用计算机技术，在当代全球化和数字化背景下，充分利用先进的科学技术，解决人文研究中的一些问题。民俗学研究中的地理环境因素分析和时空传承研究需要地理学的知识，但以往的分析往往只能从地理环境背景的描述出发，或用历史的方法排列传承过程中的时空变化情况。本书试图引入地理学的空间视角和地图方法，通过民俗要素与地理要素的地图套叠分析、民俗传承的时间序列图谱等方法，增加民俗学研究中的直观性，有利于进一步的环境背景分析和民俗传承研究。在学术史方面，本书的研究为民俗学史拓展了研究方法。本书作为民俗学研究的一部分，提供了一种具体的研究方法，并通过编绘数字故事民俗地图进行了实践探索。本项研究只是初步的，但在民俗学史上，从地图学的角度，解决民俗学的方法问题，为空间民俗学和数字民俗学的研究打下基础。

建立数字地图民俗志研究模式。本书通过研究和实践，尝试提出一套编绘数字故事民俗地图的方法，并就涉及的相关理论问题进行梳理和探讨，建立数字故事民俗地图应用于民俗学研究的模式。

增加数字民俗学的新成果，在一定程度上发展了应用民俗学。本书所编绘的数字故事民俗地图，在一定程度上，可以为政府文化管理职能部门的民俗资源评估提供参考，还能把民俗传承和保护的“文化空间”理念与形态，变成可视化的、可评估的成果形式，为中国的非物质文化遗产保护提供技术支持和研究个案。

开发数字中国民族民间文艺集成志书资源并开展民俗志研究。中国民族民间文艺集成志书的搜集编纂历经 30 年，已取得了显著成果。如何保护、保存、研究和开发利用这项重要的民俗资料，成为文化部门和民俗学界共同关心的话题。本书建立现代化条件下的民俗学研究成果展示模式，为研究成果的保存、再度研究和信息挖掘提供更有效的方法。本书的研究和教学实践，也为文理工学科交叉的人才培养，提供一种参考。

第一章 数字故事民俗地图的基本理论问题

本章重点论述在数字故事民俗地图的编绘过程中，所涉及民俗学、地理学和计算机应用科学等学科交叉研究的基本理论问题，包括两方面的内容：一是民俗学与地理学交叉研究成果对数字故事民俗地图所起的理论基础作用，讨论交叉学科研究的主要理论思潮和理论争论问题；二是数字故事民俗地图的编绘理念，它以计算机技术为工具，实现数字故事民俗地图的学术目标，讨论数字故事民俗地图的性质、类型、结构和人文要素。

题 解

数字故事民俗地图编绘的基本理论问题，是在民俗学与地理学交叉研究中的基本理论问题，主要是讨论在民俗学研究的框架下，进行数字故事民俗地图编绘需要解决哪些问题，可以为民俗学研究解决哪些问题，以及如何解决这些问题？要解决这些问题，需要民俗学与地理学交叉学科的理论成果。前人在民俗学和地理学有关民俗地图方面的研究成果，都有自己的学术渊源、学术传统和研究目标，虽然并没有直接探讨数字故事民俗地图的编绘问题，但它们对数字故事民俗地图的研究，从不同角度起到关键的指导作用和奠基作用。

在民俗学的学科理论中，需要关注民俗学在地图编绘所涉及的地方性、地方社会、民俗传承及其空间要素方面的研究成果，讨论它们在地方性、传承、时空等概念方面的区别与联系，从而使得数字故事民俗地图在地理地图基础上编绘，而又有与一般地理地图有不同的资料来源、研究目的和编绘原则，在这些方面，数字故事民俗地图的编绘需要解决空间单元、民俗地标、传承路线、时间序列和文化空间等问题，从而为民俗学的时空传承研究提供方法。

在地理学的相关研究中，首先，地理学中的人文要素研究，在研究对象上与民俗学研究有一定的交叉，其空间视角和空间分析方法，对数字故事民俗地图编绘和应用是一种借鉴。其次，地理学的地图制图理论，为数字故事民俗地图的编绘奠定了基础。但是，地理学与民俗学有各自不同的研究资料和学科任务，地图的编绘与使用均有不同的原则和目的，数字故事民俗地图使用地理学视角和地图学方法，不是直接的生搬硬套，而是有民俗学研究自身的特点。主要的区别在于：数字故事民俗地图与地理学对人文要素的处理标准不同，对空间概念的理解不同，数字故事民俗地图与地图学对地名等地图要素的理解不同。对于数字故事民俗地图编绘的基本理论问题来说，地理学研究成果的重要作用，主要是人文要素研究、历史地理研究和地图学的理论与应用。

数字故事民俗地图的编绘理念问题，是以民俗地图为研究对象，以数字化技术为手段，在民俗学和地理学交叉研究的理论框架下，主要解决编绘数字故事民俗地图的学术目标是什么？数字故事民俗地图所要表达的民俗要素是什么？数字故事民俗地图都有哪些表现方式和组织结构？数字故事民俗地图的地图要素都有哪些？数字故事民俗地图如何达到地图学规范？

编绘数字故事民俗地图的学术目标，是要直观表达民俗传承过程和民俗文化空间，一方面利用地理地图学的研究成果，将民俗学研究成果中的民俗要素转化为地图要素，另一方面利用计算机技术的应用成果，将民俗学研究成果中的民俗内容，通过链接在地图上的数据库、表格、图片、动画、音视频多媒体资料等，转化为可视化内容。数字故事民俗地图根据民俗学者的研究目标，采用一定的地图结构体现它与其他资料的配合使用，民俗学者在将数字故事民俗地图与其他资料配合使用时，选择一定的地图类型和组合结构来体现。它借鉴地理地图集编制的思想和方法，根据民俗学的资料特点、研究目标和使用地图方法，构建数字故事民俗地图的理论基础。

数字故事民俗地图是现代科学意义上的地图，需要符合现代地图学制图理论的规范，同时又要符合民俗学者的使用原则，以达到他们的研究目标。它借鉴地理地图学的地图要素，又与地图学制图理论相区别，主要地图理念要素有地名、地图符号、图例、投影、比例尺、底图和与数据库的合成使用，这些要素在数字故事民俗地图的编绘中，既符合现代地图学制图规范，又有自身独特的人文内涵和文化视角。

第一节　民俗学与地理学的交叉研究和数字故事民俗地图的内涵

在民俗学与地理学交叉研究中，对数字故事民俗地图的基本理论问题起基础作用的相关研究成果，主要有民俗学中关于民俗地方性、地方社会调查单元和故事类型的历史地理研究方法等方面的研究成果，自然地理学的环境演变研究和区域地理研究中关于人文要素和地图制图理论等方面的研究成果，历史地理学中关于历史文献或历史地名的文化内涵与自然地标和历史地图方面的研究成果等。所使用的资料，可以归纳为四个方面。

一是古代民俗史料对民俗事象地方性的描述和现代学者对这些史料的整理与评述，前者主要有先秦诸子的论著（如《荀子》、《管子》），后者主要有张紫晨的《中国民俗学史》等。[1]

二是交叉学科中的相关研究通论，民俗学中主要有钟敬文的《民间文学概论》和《民俗学概论》，自然地理学中主要有周廷儒关于环境演变中重视人文要素研究的相关论述，历史地理学中主要有谭其骧关于历史地理学学科性质的相关论述。[2]

1 张紫晨《中国民俗学史》，长春：吉林文史出版社，1993。

2 钟敬文主编《民俗学概论》（第二版），北京：高等教育出版社，2010。周廷儒《周廷儒文集》，北京师范大学出版社，1992。谭其骧《长水集续篇》，北京：人民出版社，1994。

三是有关民俗地方性、民俗传承、地图单元等方面的专题研究，主要有顾颉刚在孟姜女故事研究中关于历史地理相结合的研究方法；钟敬文在民间文学和民俗学方面关于地方性的研究著述，包括文集《钟敬文民间文学论集》、《钟敬文文集》和著作《建立中国民俗学派》；艾伯华（Wolfram Eberhard）和丁乃通（Nai-tung Ting）在故事类型流传的空间地域方面的论述。[1]

四是交叉学科中的相关个案研究，比较重要的有欧达伟（R.David Arkush）关于历史人文区域的论述和个案研究，劳格文（John Lagerwey）对客家传统社会的个案调查和方言圈与文化圈研究，董晓萍对历史人文区域的评述和在地方社会调查中的个案研究，史培军在区域自然灾害系统研究中关于自然与人文关系的论述和地图编制的研究，葛剑雄关于历史地图数字化的论述和个案研究等。[2]

本节在讨论数字故事民俗地图在利用和吸收这些学科的理论成果时，还需要对一些以往相关学科使用的关键性概念和术语做梳理，指出它们在应用到本书中时的区别与联系，例如民俗地图与地理地图的区别与联系，地方性、传承、时间、空间、空间单元和地名等概念，符号、比例尺、底图等地图要素在民俗地图与地理地图中的区别与联系，数据库、数字演示模型、数字博物馆、GPS定位等在民俗地图、民俗学与地理学、计算机应用科学中的区别与联系等。

---

1 顾颉刚编著《孟姜女故事研究集》，上海：上海古籍出版社，1984。钟敬文《钟敬文民间文学论集（下）》，上海文艺出版社，1985。钟敬文《钟敬文文集·民俗学卷》，合肥：安徽教育出版社，1999。钟敬文《钟敬文文集·民间文艺学卷》，合肥，安徽教育出版社，2002。钟敬文《建立中国民俗学派》，哈尔滨：黑龙江教育出版社，1999。[德]艾伯华（Wolfram Eberhard）《中国民间故事类型》，王燕生等译，北京：商务印书馆，1999。[美]丁乃通（Nai-tung Ting）《中国民间故事类型索引》，郑建成等译，北京：中国民间文艺出版社，1986。

2 [美]欧达伟（R.David Arkush）《中国民众思想史论——20世纪初期-1949年华北地区的民间文献及其思想观念研究》，董晓萍译，北京：中央民族大学出版社，1995。[法]劳格文（John Lagerwey）主编《客家传统社会》，北京：中华书局，2006。董晓萍《传统社会与民俗社会》，引自[法]劳格文（John Lagerwey）主编《客家传统社会》后记，992—1005页，北京：中华书局，2006。史培军《灾害研究的理论与实践》，载《南京大学学报》，1991（11）。史培军主编《中国自然灾害系统地图集》，北京：科学出版社，2003。葛剑雄《中国历史地图：从传统到数字化》，载《历史地理》，2002（18）。

一、民俗学与数字故事民俗地图

民俗学研究对数字故事民俗地图编绘的理论构建，主要体现在地方性、地方社会、民俗传承和空间要素等方面的研究，要解决的具体问题是：数字故事民俗地图体现民俗地方性选择何种地域单元？民俗学者如何确定民俗文化的共享范围？民俗传承研究的具体方法有哪些？从民俗学相关研究成果看，主要从以下几方面阐释地方性、传承、时空等概念，讨论数字故事民俗地图与地理地图的关系，解决地图编绘的单元和地图方法的应用问题：民俗史料记载的地方性和民俗学者对民俗事象地方性的阐释和研究、地方社会调查和研究对行政区域与自然区域关系的认识、故事的历史地理研究等。

（一）民俗的地方性特征研究

数字故事民俗地图编绘的前提是民俗事象具有地方性。“千里不同风，百里不同俗”这句中国古话，是民俗事象具有区域差异特点的概括，也大致能概括迄今为止中外人士对民俗事象的空间区域划分的看法。正是在这个意义上，数字故事民俗地图的研究需要与地理学的研究结合起来。数字故事民俗地图用以表达民俗事象的地方性，而地理学的主要研究任务是研究地球表面自然、人文现象的区域差异和地带性规律。在民俗事象地方性方面，中国古代学者很早就认识到这种民俗地域性特点，从先秦以来的丰富民俗志史料记载中，很容易找到他们的论述，如荀子在《正论》篇中的记述。

> 世俗之为说者曰：汤、武不能禁令。是何也？曰：楚越不受制。是不然。汤、武者，至天下之善禁令者也。汤居亳，武王居鄗，皆百里之地也，天下为一，诸侯为臣，通达之属莫不振动从服以化顺之，曷为楚、越独不受制也？彼王者之制也，视形埶而制械用，称远迩而等贡献，岂必齐哉！故鲁人以榶，卫人用柯，齐人用一革，土地刑制不同者，械用备饰不可不异也。故诸夏之国同服同仪，蛮、夷、

戎、狄之国同服不同制。[1]

古代学者认识到风俗的区域差异性，提出国家的管理方式在各地也应有不同的措施。“因地制宜”也是地理学规划研究中的常用词汇，这与民俗地方性的认识是一致的。还有些民俗志史料，明确指出了风俗与地理环境的关系，如管子《水地》篇中的记述。

> 夫齐之水道躁而复，故其民贪粗而好勇；楚之水淖弱而清，故其民轻果而贼；越之水浊重而洎，故其民愚疾而垢；秦之水泔最而稽，淤滞而杂，故其民贪戾，罔而好事齐；晋之水枯旱而运，淤滞而杂，故其民谄谀而葆诈，巧佞好利；燕之水萃下而弱，沉滞而杂，故其民愚憨而贞，轻疾而易死；宋之水轻劲而清，故其民闲易而好正。[2]

这些中国古代早期的空间风俗观念，在《山海经》、《尚书》、《礼记》、《史记》、《汉书》等典籍中还可以找出很多相关的记述，也有现代的民俗学者将之称为“地理民俗观”，并认为系统而全面的地理民俗观形成于汉代。[3]广义地说，由《史记》开始，整个二十四史都有对区域民俗的记载。历来大量的地方史料和笔记杂纂等，也都是以区域民俗为界限的。在我国，还出现以区域地名为题目描述民俗的一批古籍，如《荆楚岁时记》和《广东新语》等。

当然，上述认识，还只是一种时空整体观。在进行民俗学的空间传承观

---

1 《荀子》《正论》篇第十八。参见（清）王先谦《荀子集解》（三），上海涵芬楼据王先谦刻本，影印本，6—7 页，上海：商务印书馆，1936。

2 《管子》《水地》篇。参见戴望《管子》（附校正），据万有文库版本，铅印本，第十四卷，水地第三十九，76—77 页，上海：商务印书馆，1934。

3 张紫晨在《中国民俗学史》中，注意发掘古人的这种民俗观点，辑录了诸多民俗材料，并对其进行了评述，如《礼记 · 王制篇》、《荀子 · 强国篇》、《史记 · 货殖列传》、《汉书 · 地理志》等。参见张紫晨《中国民俗学史》，长春：吉林文史出版社，1993。

察和描述的时候，如果没有与地理学的研究结合起来，这种空间观察还只能是人文思想观念的描述。

现代民俗学者在建立现代民俗学的学科体系过程中，同样重视并研究地方性问题。钟敬文主编《民间文学概论》总结了民间文学的变异性特征，基本理念是，民间文学作品经常与空间范围和地理环境联系在一起，无论是传承还是变异，都有一个相对可描述的空间概念，以及在空间上的变化过程。[1]从数字故事民俗地图来看，标示民间文学的流传地点，并表现各地异文的差异，是反映民间文学基本特征所必要的。《民俗学概论》进一步归纳了民俗的基本特征，是集体性、传承性和扩布性、稳定性和变异性、类型性、规范性和服务性，并认为民俗的传承性和变异性研究，对弄清民俗文化的产生、发展、演变、流传以及同一民俗的地域分布具有重要意义。[2]可见，地方性可以作为一种视角，研究民俗集体性所表现的整体意识和价值取向的地域范围、民俗传承扩布的空间范围、民俗稳定性和类型性中变异的地域差异，以及民俗规范性和服务性的共享空间范围。在研究方法上，可以想见，地图是一种直观而有效的方法。这也是编绘数字故事民俗地图的出发点和最终目标，但具体的编绘原则和方法，以及解决地图编绘所关心的单元问题，还要与地方性的民俗资料和地理学制图理论结合起来。

在地方性民俗资料的专题研究方面，钟敬文最早开创了中国民俗学中的地方性民间文学资料研究。1931 年，钟敬文在《中国的地方传说》一文中，引用英国民俗学者班恩（Charlotte Sophia Burne）在《民俗学手册》中的观点，认为地方传说中大部分是带有对地方性特色的说明性和解释性的，是“地方化”了的民间故事。[3]《中国的地方传说》从自然的和人工的两类地方风物分类叙述地方传说，把地方传说的这种说明性和解释性分为解形态的、解语源

1 钟敬文主编《民间文学概论》（第二版），28 页，北京：高等教育出版社，2010。

2 钟敬文主编《民俗学概论》（第二版），10—22 页，北京：高等教育出版社，2010。

3 钟敬文《中国的地方传说》，引自钟敬文：《钟敬文文集·民间文艺学卷》，472—499 页，合肥：安徽教育出版社，2002。

的和其他三类，接着又跨越地方特色，从故事类型上举例叙述地方传说中的一些比较显著的类型，最后从地方传说与地方环境的关系出发，阐述地方传说中所体现的民众对地方风物的说明和解释，是时代文化阶段的真实反映。[1]

在民俗学者的眼里，讨论地方性，还应讨论区域亚文化特色。当然，当时民俗学讨论这个问题的出发点，是把地方传说作为一个体裁去全面研究的，并不是专门为了讨论地方性的确定地点，也没有进一步明确讨论地方风物说明性和解释性所涉及的地域范围。但是，尽管如此，民俗学者在这方面的理论认识，已经给本书研究的数字故事民俗地图所要表现的民俗地方性给予了重要提示，对使用数字故事民俗地图的方式，在地理地图所不表现的人文地名之外，增加表现民俗圣地和民俗遗产地等，是重要的启发。从数字故事民俗地图编绘的实践来看，数字故事民俗地图的研究要突破行政区界的地图单元，把文化自然遗产地作为地域单元来表现故事民俗的传承及可视化表达。当我们把牛郎织女传说故事作为主题，对其进行母题分析，检索故事卷电子书制作故事文本数据库，从中提取故事地名时发现，所选个案点的故事确实是和当地的遗产地相联系的。[2] 在同一类型的故事传承中，不同地域的民众把故事和当地的区域亚文化联系起来，和地方风物联系起来，有的便演变成地方传说。[3] 从这方面说，数字故事民俗地图的编绘需要与地理底图套叠，但与地理学把遗产地的确切位置点状分布在遗产地分布图上不同，数字故事民俗地图把遗产地理解成一种文化空间。

当然，数字故事民俗地图仅从民俗与遗产地的关系方面，提供给民俗学的辅助研究是不够的，地图的一个重要功能是能够提供直观的区域比较，而

---

1 钟敬文《中国的地方传说》，引自钟敬文《钟敬文文集 · 民间文艺学卷》，495 页，合肥：安徽教育出版社，2002。

2 本书研究所选的个案点北京、福建和云南，分别对应的故事遗产地颐和园、武夷山和苍山洱海。

3 从本次研究看，有部分牛郎织女故事被采录在原故事集成体裁分类的地方传说中，如北京卷中的《牛山》和《牛郎庙》，另有白蛇故事如《青塔的来历》等，也同样被采录在地方传说分类下。参见中国民间文学集成全国编辑委员会、《中国民间故事集成 · 北京卷》编辑委员会编《中国民间故事集成 · 北京卷》，230 页、388 页、336 页，北京：中国 ISBN 出版中心，1998。

根据地理地图学的制图理论，做民俗资料的区域比较，还要讨论这些资料在什么地域单元上去体现的问题。

在民间文学资料的地域比较研究方面，1934 年，钟敬文《老獭稚型传说的发生地》一文，以国家为单元，比较分布于中国、朝鲜和越南的同型传说的类型情节和流传历史，讨论了故事类型的流传地域。[1] 此文从分析故事中保留的原始形态入手，进行国家区域间的比较，并从这原始形态与国家文化的关系分析，推断这流布于三地的同型传说，发生的地域在中国境内，继而又从三国的地理位置、地理文化史关系和地理政治关系差异点方面，进行进一步论证和说明。[2] 这在当时是受了 20 世纪初期的国家民族观念的影响的，民俗学者在民俗文化的区域比较中，有时候国家是作为一个整体出现的。对数字故事民俗地图来说，协助民俗学者进行这种区域比较研究，便是建立专家系统，做专家地图来使用。作为地图本身来说，并不承担资料分析的功能，而是表现专家对资料分析的过程和中间结果，以便提供给民俗学者进行进一步的地理文化史、地理政治关系等方面的分析。

在钟敬文的地方性研究中，还包括方言研究。20 世纪 40 年代，钟敬文参与发起的华南方言文学运动，针对该地区民众的思想、文化素质与方言表达之间联系紧密的特点，开展推广民间文艺创作和民众教育活动。[3] 当时的情况，是响应了毛泽东《在延安文艺座谈会上的讲话》的精神，其目的主要是文艺大众化和民众的民主文化传统教育，即钟敬文在《方言文学运动的新阶段》中所说的“为着目前有效地教育广大人民”，“为着将来产生真正伟大的作品”，甚至“为着国民语言的富实”和“为着一般文化的进步”。[4] 但在事实上，

---

1 钟敬文《老獭稚型传说的发生地——三个分布于朝鲜、越南及中国的同型传说的发生地域试断》，引自钟敬文《钟敬文文集 · 民间文艺学卷》，500—521 页，合肥：安徽教育出版社，2002。

2 钟敬文《老獭稚型传说的发生地——三个分布于朝鲜、越南及中国的同型传说的发生地域试断》，引自钟敬文《钟敬文文集 · 民间文艺学卷》，521 页，合肥：安徽教育出版社，2002。

3 钟敬文《方言文学运动的新阶段》，引自中华全国文艺协会香港分会方言文学研究会编辑《方言文学》（第一辑），1—11 页，香港：新民主出版社，1949。

4 钟敬文《方言文学运动的新阶段》，引自中华全国文艺协会香港分会方言文学研究会编辑《方言文学》（第一辑），2 页，香港：新民主出版社，1949。

这项运动，促进了方言区中的民间文艺研究和方言与地区文化关系的理论研究，而且影响了国内其他地方的民间文艺工作者，用方言写作和讨论这种写作的问题。自然，方言是可以代表地域文化的，通常有一个相对的地域范围。这样以方言区为地域单元的地方性民俗研究，对数字故事民俗地图来说，其功能主要不是如有些学者那样，将同一事物的不同地方方言称谓排列在地图上进行比较，从而推导文化传播的规律，而是要协助民俗学者在处理来自方言区的民间资料时，采用民俗地标和边界等，表现不同层次的资料所反映的方言区传统文化、方言区边缘与邻近地域的文化交流，以及其他流动所带来的民俗文化的传承与变异。在这里，不得不要提到劳格文（John Lagerwey）自20世纪90年代起在华南客家方言区所做的调查，做进一步的补充说明，虽然他与钟敬文的华南方言文学运动很不相同，但他们在方言与地域文化关系方面的理论研究，对数字故事民俗地图编绘有某些相同的启示作用。劳格文调查研究的目的，是要在“整个客家大本营”里，建立一个尽可能广泛的资料基础，以利做不同地区的文化比较研究。[1]他在建立这个资料基础时，使用了独特的由本地人写民族志的方法，使得资料更加真实可信。他在分析这些资料时，注意到语群方言区与族群文化区并不是完全重合的。[2]

劳格文很注意讨论正确使用民俗资料，尽量根据学者对本地人认同的划分，使用这些不同层次的资料，在解释国家文化、客家文化、当地文化以及方言圈、文化圈、祭祀圈等不同层面上问题时的适用性，通过处理资料的方式，构建恢复民俗社会史框架的三种样式：处理成单元社会资料，恢复相对封闭的民俗社会；处理成二元社会资料，恢复移民和本地人相处的民俗社会；处理成三元社会资料，恢复跨行政区域的客家社会网络，从理论上建设这种国

1 ［法］劳格文（John Lagerwey）主编《客家传统社会》，中文序一，1页，北京：中华书局，2006。

2 ［法］劳格文（John Lagerwey）《序论》，引自［法］劳格文（John Lagerwey）主编《客家传统社会丛书》（十一），39页，香港：国际客家学会、海外华人资料研究中心、法国远东学院、岭南大学族群与海外华人经济研究部，2000。

家、移民和本地人共处的民俗社会。[1] 民俗学者赞同这种资料处理的方式，并进一步结合自己的田野调查和民俗资料，提出描述民俗社会史料适用性的三个层次：一是地方社会基本单元史料，由一些有人文历史的结合点构成，如家庭、宗族、寺庙、集市、会社、书院等；二是社会结构史料，呈线状分布，由地方社会世代传承的祭祖路线、朝圣路线、风水路线、通婚路线、贸易路线、供水路线、祈雨路线和说唱路线等组成；三是文化关系结构的史料，是某一整体地方社会的构成单位，能够连接多样的线状文化，呈现出方言圈等具有宏观性的整体地方社会特征。[2] 对数字故事民俗地图来说，协助民俗学者处理地方性资料，要根据民俗学者在使用这些资料时的层次，使用相应的民俗地标和地方社会空间的四至边界，选择相应的地域范围和地图单元，表达人文历史点、传承路线和文化圈的地图形式，并易于不同层次文化要素的叠加与分离，或与不同地理要素相互叠加分析，成为表达它们深度人文含义的直观辅助形式。

中国民俗的地方性，还在于它的民族性。《民间文学概论》在谈到中国各民族民间文学的交流和相互影响时就指出，各民族民间文学之间的联系和相互影响，是长期地、有条件地、自然而然进行着的，其特点是各民族民间文学往往按照自己民族的生活风习、思想愿望、心理情趣、艺术传统等进行改变再创造，使其具有鲜明的民族特色。[3] 钟敬文晚年的代表作《建立中国民俗学派》，认为一般民俗学是一国民俗学，或者说是单一民族的一国民俗学，而中国民俗学的独特性格，是多民族的一国民俗学。[4] 这包括两层意思：一是中国作为一个多民族的统一国家，在长期的社会发展中各民族文化相互交融，形成了一些大体稳定的共享文化；二是中国各民族相互之间的自然和文化环

1 董晓萍《传统社会与民俗社会》，引自［法］劳格文（John Lagerwey）主编《客家传统社会》后记，992—1005 页，北京：中华书局，2006。

2 董晓萍《传统社会与民俗社会》，引自（法）劳格文（John Lagerwey）主编《客家传统社会》后记，992—1005 页，北京：中华书局，2006。

3 钟敬文主编《民间文学概论》（第二版），79—83 页，北京：高等教育出版社，2010。

4 钟敬文《建立中国民俗学派》，27 页，哈尔滨：黑龙江教育出版社，1999。

境各有差异，各民族民俗也有差异点，这是由中国社会结构的特点所决定的。

对数字故事民俗地图来说，以民族分布区为地图单元，将民族分布图套叠在数字故事民俗地图之上，是中国多民族的一国民俗学的基本要求。从本书编绘数字故事民俗地图来看，我们提取故事中的行政地名和民族地名，对于进行行政地区和民族地区故事传承的比较，是有效的。另一方面，编绘数字故事民俗地图，帮助民俗学者进行民族间的类型和差异比较时，需要根据民俗学者的研究成果，适当调整地理学的制图原则，以便更恰当地表现各民族间民俗文化的交流和相互影响的特点。

以编绘中国多声部民歌地图为例，如果单从地理学制图方法出发，那么，既然多声部民歌的一级分类是民族，则只要在民族分布的底图上标注民歌传唱地区的标识点即可。但实际上，据专家研究，民歌与民族并不完全是一一对应的，而且多声部民歌在各民族中的传唱范围很不一样，它的流传受到生产方式、生活风俗、语言、自然地理条件、歌手素质和审美意识等因素的影响，且有一个流传、变化和消亡的过程，专家研究成果中包含的对多声部民歌的发现和认识也是在逐步加深的。[1]因此，民族分布图是必要的，但这对研究多声部民歌的专家来说是常识，他们更希望看到的多声部民歌地图，是能够反映各民族多声部民歌的实际传唱范围和它们与自然地理条件等的关系，以及不同时期的流传范围变化，当然，这里的范围是由专家系统给出的。这样，与地理学制图理论编制的标准民族分布地图相比，中国多声部民歌地图至少有三点是不同的。

第一，只显示有多声部民歌传唱的民族。以便突出主题，在与相关的地貌类型、河流、山脉等自然地理条件要素叠加时，更显主次分明，且易于看清关系。

---

1 关于多声部民歌的定义、基本特征、流传与消亡的影响因素等，可参见樊祖荫《中国多声部民歌概论》，北京：人民音乐出版社，1994。该书还对中国二十三个民族的多声部民歌的传唱范围和特点等做了全面介绍，在2008年出版的修订版中，存在有多声部民歌的民族数增加为二十九个，参见樊祖荫《中国少数民族多声部民歌教程》，北京：中央音乐学院出版社，2008。

第二，将某些点状民族分布单独放大或转换成区域范围。标准民族分布图是根据民族的聚居区范围，经过制图综合后编绘的。有些聚居区较小的民族，在全国地图上就成为点状分布。如果在点上标识有多声部民歌传唱的符号，便无法分清是该点状分布民族的多声部民歌，还是周围邻近地区民族的多声部民歌。如果将存在有多声部民歌的民族的点，单独放大比例尺或转换成区域范围，便能看清该民族多声部民歌的分类标志。在民俗学者眼里，分布地域范围小的民歌分类，与传唱范围大的民歌分类，是同等重要的，甚至更为重要。而且，中国民族“大杂居，小聚居”的特点，实际上有些民族多声部民歌的传唱范围，也会比民族分布图中的民族分布范围大。

第三，多个民族重叠分布地区的特殊处理。当这个地区传唱不同的多声部民歌时，与民族分布图的处理是一样的，即在大范围的民族上叠加小范围的民族，并在图例上要突出小范围的民族。当这个地区传唱同一种多声部民歌时，如湖南靖州县，从民族分布图上看，一半是侗族，一半是苗族，但这个地区传唱的多声部民歌，却是苗、侗、汉三个民族共唱的苗族“锹歌”。[1]在这种情况下，则整个地区处理成苗族。

在民俗地方性问题上，其他学者也做了一些具体的研究。与钟敬文早年有书信交往的艾伯华，在《中国民间故事类型》一书中，以浙江一带的民间故事流传地为例，从三个方面，补充了地方性研究。[2]

一是对故事搜集地点的关注，他提出，他所看到的故事流传地主要集中在中国南方。[3]这里的南方不是一个地理概念，而是一个文化区的概念，即东南和华南一带的文化传播范围，这和自然地理学中的量化指标分区是不同的。[4]

1 樊祖荫《中国多声部民歌概论》，298 页，北京：人民音乐出版社，1994。

2 [德]艾伯华 (Wolfram Eberhard)《中国民间故事类型》，王燕生等译，北京：商务印书馆，1999。

3 [德]艾伯华 (Wolfram Eberhard)《中国民间故事类型》，441—454 页，王燕生等译，北京：商务印书馆，1999。

4 自然地理学中的南、北方划分，因研究目的、划分原则和划分方法等不同而有所不同，但有几条重要的分界线是一直被关注的：1 月平均气温 0℃线、日平均气温≥ 0℃积温的 5000℃线和秦岭－淮海线等。

二是在故事类型索引的附注的“比较”中，提出并讨论同一母题的异文所流传的不同地点，这对编绘数字故事民俗地图也是有思考作用的。如“四、34 天鹅处女”型故事中的附注。[1] 书中还列出了不同地点异文中对应母题情节的差异和“扩展”情节中的差异。这些 70 年前的工作，至今对本书的写作有重要启发。从编绘数字故事民俗地图的情况看，对同一母题资源分布用不同的地点标示，是反映民间故事的传播规律所必要的，但需要突破地理学的一般地名概念，往往指一个文化空间的概念。同时，给地图上的标示点赋予数据库集成显示，以便使用者核对和进一步的对比分析。

三是在分析民间故事的共享范围时，使用了母题圈、主题圈、空间文化圈和空间传播圈等概念，并强调它们之间的交叉区域关系，指出这些不同的圈可以分组，构成原生态故事圈。[2] 这对编绘数字故事民俗地图也有特殊意义，让我不能不考虑地图表达民俗研究成果的复杂性。

数字故事民俗地图在表现民俗地方性时，需要地理地图的基础，更需要有民俗学乃至相关人文科学研究的规定性，在宏观上选择国家、民族、语言区、文化区等单元，依据专家研究的成果确定地域范围。

（二）民俗传承的空间要素研究

对于数字故事民俗地图来说，地图的图幅范围体现民俗传承研究的共享地域范围，不同图幅范围选择相应不同的地图单元。在民俗学研究中，传统的田野调查往往以行政省为单元，再选择一个村或几个村作为个案点，来代表某一个区域类型的研究，并根据传承人活动的行政区划范围来划定传承范围。对于长时段民俗传承研究，民俗学往往借鉴历史学调查研究中选择历史文化区域的做法，其中，施坚雅（G. William Skinner）率先提出了对中国

---

1 [德]艾伯华（Wolfram Eberhard）《中国民间故事类型》，61—63 页，王燕生等译，北京：商务印书馆，1999。

2 艾伯华在第二章《成果》中对故事的流传地区进行了讨论，详见[德]艾伯华（Wolfram Eberhard）《中国民间故事类型》，434—438 页，王燕生等译，北京：商务印书馆，1999。

乡村社会研究的“大区域”、“小区域”和生态“区位”等概念，把行政地理与民俗地理区别开来。[1]

施坚雅从自然区域的原则出发，采用贸易、经济、人口密度、农业、江河流域等综合途径，根据各地区中高级中心的腹地范围，将19世纪的中国划分为九个历史文化大区：满州、西北、华北、长江上游、长江中游、长江下游、云贵高原、岭南和东南沿海。[2] 从他的区划地图看，这种地区区划几乎是按流域盆地来确定的，这九个地区实际上包括了中国所有的农业区，在这部分土地上，中国人以传统的方法进行耕作的安土重迁的农业是适合中国国情的。[3] 中国传统农业社会中，河流、山脉和地貌是重要的地理因素，在此基础上形成了大致的文化区。当然，施坚雅的中国历史文化分区，主要是划分19世纪的中原王朝的领土，在自然区划的基础上，主要考虑了历史文化中心的地区核心作用，与自然区划也不是完全重合的，如西北地区并没有包括其作为划界河流上游的内陆干旱区或荒凉地带，云贵高原实际上没有河流可通航，其分区实际上是以昆明和贵州这两个1843年已形成大都会的经济、贸易和文化交流等的辐射范围。[4]

虽然施坚雅的中国历史文化分区，主要是从历史学的角度来分析19世纪中国的历史经济文化分区的，但对数字故事民俗地图的地图单元来说，有重要启示作用：将自然区划的科学标准分区作为背景图套叠，在此基础上结合

1 [美]施坚雅（G. William Skinner）主编《中华帝国晚期的城市》，中文版前言，1页，叶光庭等译，北京：中华书局，2000。

2 [美]施坚雅（G. William Skinner）主编《中华帝国晚期的城市》，245页地图1，334—335页，叶光庭等译，北京：中华书局，2000。

3 将施坚雅的历史大区与中国一级流域分区相比较，大致上说，满州包括辽河流域和海河流域的一部分，西北相当于黄河流域的上游地区，华北包括黄河流域的下游地区、海河流域一部分和淮海流域一部分，长江上游、长江中游和长江下游大致是长江流域，云贵高原包括藏滇国际河流域和长江流域的一部分，岭南是珠江流域，东南沿海是浙闽台流域。

4 在施坚雅的九大历史文化分区中，经济是一项重要的考虑因素，在这方面与中国当代的经济区划相比较，地区范围也大致是吻合的。但具体而言，施坚雅的历史文化分区界线以流域盆地的自然区域界线为基础，却又不是那么明显的，是相对模糊的；而中国当代的经济区划界线以行政省区界线为基础，在地图上表示是明确的。中国当代的经济区划参见李振泉主编《中国经济地理》，上海：华东师范大学出版社，1999。

民俗学者研究的历史文化关联分析，进行扩大和缩小划定文化区和地图图幅范围，是有效的一种方法。

在这个问题上，从欧达伟（R.David Arkush）划分中国现代民间记录的地理分布带所具有的历史文化性质方面，可以作进一步的说明。欧达伟划分的华北区域，是施坚雅划分的华北和西北的合称，实际上包括了河北、河南、山东、山西、江苏北部、安徽北部、甘肃和青海省区的一部分，与中国综合自然区划基本吻合，但没有包括在气候和地貌上属于自然区划的华北、在历史文化上却与满州文化有过充分交流的那部分地区。对于民俗学者来说，这样的认识具有历史文化的内涵，易于用来作为民俗文化研究的背景材料。[1] 民俗学者要研究民俗传承，研究传统社会，在历史文化区域认识上与历史学取得一致。对于数字故事民俗地图编绘者来说，需要认识这种历史联系，从而使数字故事民俗地图能够包含更多的历史文化信息，为民俗学者研究民俗传承提供一种方法。在民俗传承研究的方法方面，过去民俗学界擅长的，也是这种历史的方法。只不过这时的历史主要不是用来确定历史文化区范围，而是从历史文献中追寻民俗传承的脉络。

民俗传承的特点，除了时间上的稳定性和变异性外，在空间上具有扩布性。讨论民俗传承的空间地域问题，关注历史民俗在一定的空间内产生的文化意义，民俗学者往往采用历史与地理相结合的研究方法。在故事研究领域，历史上产生了著名的故事类型历史地理学派，或称芬兰学派。这种方法的缘起是 19 世纪末、20 世纪初期，芬兰民俗学者将许多异文按流传地区排列起来，做所有故事文本的比较，分析各种形式的故事和研究每一种形式的分布，以便调查每一种故事所流传的地理方向，以及在流传过程中的变化。他们第一次把历史—地理研究方法应用于民间故事研究，自从卡尔·科隆（Kaarle Krohn）的学生安

1 董晓萍《历史与民俗对谈录——美国历史学家欧达伟来华讲学及民俗考察活动漫述》，引自[美]欧达伟（R.David Arkush）《中国民众思想史论——20 世纪初期—1949 年华北地区的民间文献及其思想观念研究》，附录 2，107 页，董晓萍译，北京：中央民族大学出版社，1995。文中所说的斯金诺（G. William Skinner），另一译法为“施坚雅”。

蒂·阿尔奈（Antti Aarne）采用这套方法研究世界故事类型之后，产生了深远的影响。[1]在此之后，许多国家的民间故事学者采用了这种方法，现在还在世界上相当流行。[2]其中，著名的AT民间故事类型索引，就是在安蒂·阿尔奈故事类型索引的基础上产生的。

在使用历史地理方法用于故事类型研究时，一些学者也使用了地图或试图使用地图来作为分析工具，如汤普森（Stith Thompson）在提到自己所做的故事类型研究工作时说，地区图的界标为他澄清故事从一地到另一地的漫游线路提供了线索；[3]丁乃通（Nai–tung Ting）在评价芬兰学派和汤普森的工作时，也谈到用不同符号代表不同故事异文的型式标在地图上，可以看出故事传播路线。[4]他们使用地图的主要特点，是将同一类型故事的不同异文分门别类，其中与最早的原型型式完全相同或基本相同的归为基本类型，其他说法归为亚型，根据不同地区搜集的故事，用不同符号代表各种异文类型，标示在地图上，其目的是探究故事的流变过程和原始形态。

这种地图（即使有时只是存在许多民俗学者的理念中的），利用和发挥了地图的功用，对故事学的研究是有益的，是民俗地图的一种类型。但这种地图主要体现故事梗概的共同点和相异点，并不是本书研究所说数字故事民俗地图的全部。民俗学者所理解和要求的故事学，如钟敬文所说，“主要是对故事这类特殊意识形态的一种研究。它首先把故事作为一定社会形态中的人们的精神产物看待。研究者联系着它产生和流传的社会生活、文化传承，对它的内容、表现技术以及演唱的人和情景等进行分析、论证，以达到阐明这种民众文艺的

1 [美]斯蒂·汤普森（Stith Thompson）《世界民间故事分类学》(The Folktale)，476—477页，郑海等译，上海文艺出版社，1991。

2 钟敬文《中译本序》，引自[德]艾伯华（Wolfram Eberhard）《中国民间故事类型》，1页，王燕生等译，北京：商务印书馆，1999。

3 [美]斯蒂·汤普森（Stith Thompson）《世界民间故事分类学》(The Folktale)，23页，郑海等译，上海文艺出版社，1991。

4 [美]丁乃通（Nai–tung Ting）《历史地理学派及其方法》，引自北师大中文系民间文学教研室编《民间文艺学参考资料》第一集（上），267页、272页，内部资料，1982。

性质、特点、形态变化及社会功用等的目的”。[1] 在这种理论思想指导下，数字故事民俗地图的编绘，对民俗学者来说，至少在两个方面可加以展开。一是用数字故事民俗地图表达专家研究成果，二是通过地图方法继续进行研究。在本书的数字故事民俗地图编绘中，正是遵循这样的原则和目的，将数字故事民俗地图与故事专家研究、故事讲述人、故事讲述过程、故事节日民俗、故事历史传承以及故事流传地的自然文化环境等结合起来，进行综合和专题制图。

20 世纪初顾颉刚关于孟姜女故事的研究，是历史地理方法应用于专题研究的典型例子。在研究中，顾颉刚把故事作为“民众的想象和真实情感所在，通过纵向和横向的研究途径，挖掘出孟姜女故事所包含的多重价值及揭示社会历史的丰富资料库作用”。[2] 孟姜女故事的专题研究，进行时间与空间的关系分析，并从这个角度，涉及到与地理学相交叉，在这个意义上，地图被想象为一种人文研究工具。这种研究思路，在 1923 年顾颉刚关于孟姜女故事研究的第二次开始前的“启事”中，可以看出来。当时顾颉刚已进行了三年的孟姜女故事研究，并在北京大学《歌谣周刊》成立了孟姜女专号，钟敬文、刘策奇、常维钧等其他民俗学者也做了资料搜集和相关研究，在此基础上，顾颉刚面对新的材料，梳理研究思路，提出将孟姜女故事研究继续下去的二十四个研究论题题目。其中，一至九的论题是针对历史的系统，研究孟姜女故事的转变；十至十七的论题是针对地域的系统，研究孟姜女故事的地域差异，并提出孟姜女故事地域图的设想；十八至二十一的论题是孟姜女故事在戏曲、民歌中的比较，以及与其他故事的比较；二十二至二十四的论题是对研究的综述和参考文献，并提出用孟姜女故事演进图来概括。[3] 但最终这张孟姜女故事地域图和孟姜女故事演进图也没有完成，至今仍留在这位历史

---

1 钟敬文《序》，引自［美］丁乃通 (Nai–tung Ting)《中国民间故事类型索引》，5 页，郑建成等译，北京：中国民间文艺出版社，1986。

2 ［美］洪长泰 (Chang–tai Hung)《到民间去——1918—1937 年的中国知识分子与民间文学运动》，154—163 页，董晓萍译，上海文艺出版社，1993。

3 顾颉刚《顾颉刚启事》，90—91 页，引自顾颉刚编著《孟姜女故事研究集》，上海古籍出版社，1984。

学者的理念中。这种愿望，也停留在理想化的阶段，没有成为一种成熟的理论和方法论。

（三）民俗地图研究

在民俗地图的实际绘制方面，20世纪中期以来，日本民俗学者使用了一些地图表示法，称“民俗分布图”，并将之作为比较研究的附属方法。[1]总体来说，主要是民俗资源的区域分布图，用来做区域差异的比较。实际上，民俗词语的产生和传播，是受多种自然、人文和社会因素影响的，柳田国男的固定文化圈的说法是充满诗意的，不符合实际的。现代日本民俗学者福田亚细男在评价柳田的贡献时注意到了这点，对这位日本民俗学巨人的工作进行了反思，但福田还认为，除了克服主观想象，民俗学者还是可以把形成民俗地域特征的种种条件标示在地图上的，但他并没有提出具体的编绘方法，也没有进一步讨论民俗地图在表现民俗传承和研究成果等方面的更广泛的问题。

20世纪90年代初，在张紫晨组织编写的一部有众多中、青年中国民俗学者参加的编著中，也提到民俗地图的概念，主要也还是指在空白的行政区划图上表现民俗事象的区域分布，如服饰、饮食、居住、民具等，用于民俗分类和区域比较研究。[2]他所说的民俗地图，是另外一个问题：即利用自然地理地图，在其上做民俗事象的分布图，用来表示民俗学的一种工作手段，目的是表现在传承分类和区域研究（也就是通过显示民俗事物的区域差异，从而显示民俗的区域差异，再而解释这些差异时认识区域民俗特点）、对民俗文化的生存现状起到积极的展示作用。这种认识，大致反映了目前民俗学界应用“地图”的现状。从地理地图的角度看，这些民俗学成果的表达，都是最容易进入地图的部分，事实上，也是民俗学者所说的“民俗地图”的应用最

---

1 [日]福田亚细男《民俗学的研究方法》，高木立子、陈岗龙译，载《民俗研究》，1999（1）。另见何彬《民俗地图的学科依据——“民俗地图”与“文化传承图”体系系列论文之一》，载《民族艺术》，2010（1）。

2 张紫晨主编《中外民俗学词典》，176—177页，杭州：浙江人民出版社，1991。

初和最广泛的形式，他们用此来作为描述区域民俗特点的表现形式和了解民俗社会的入口，从这个意义上来说，这种“民俗地图”最初是被理解为区域民俗描述的有效工具之一的。但是，在本书的研究看来，这还不是真正的地图。本书要讨论的是，究竟怎样充分利用已在当前科学技术条件下进一步发展了的地理地图学的方法，结合民俗学研究自身的特点，编绘具有“独特的民俗地图研究法”的民俗地图，所以，这里有一个建立严格的、地理学与民俗学交叉学科意义上的“民俗地图”概念的问题。此外，我们还可以有更多的思考。民俗地图除了表现民俗资源的分布，是不是还可以表现民俗变化过程？是不是还可以表现专家研究的成果？民俗地图除了用来比较民俗资源的区域差异，是不是可以直接用来现民俗信仰的区域差异？是不是还可以用来比较民俗与环境（包括自然环境和人文环境）的关系？民俗地图对民俗文化的抢救与保护起到积极作用具体是怎样体现的？如何能达到民俗地图的形象直观、科学可信而又有动态变化？本书试图对这些问题，做一些初步的探索。

当然，从民俗学者的研究看，编绘数字故事民俗地图，不仅有可能性，而且也有必要性，它需要吸收地理地图学的理论和方法，又要坚持民俗学科本身的规定性，成为一种交叉研究的分支对象，它与地理地图既有联系又有区别。

从地理学的角度看，就地图本身而言，它是一个地理学的概念，用现代制图理论绘制的地图，包括数字故事民俗地图，从广义上说，都是地理地图。地理地图所规定的最基本的地图要素，也应该是数字故事民俗地图编制的基本地图要素。[1]而数字故事民俗地图从地理地图的概念中吸收的最主要两点，一是以图像的形式展现民俗学成果，二是以空间概念展示民俗事象和民俗研究与地理空间的关系。我们认识到这一点，再看民俗学者从前对“民俗地图”

---

1 [英]约翰斯顿（R.J. Johnston）在《人文地理学词典》中对地图的解释提出了不同的观点，认为地图是制图者把他对现实世界的编码用地图影像表示出来而已，最重要的是必须能够让读图者理解它，不管地图影像是否按照地图学原理作为制作依据。该词典还指出，地图可以绘制在泥土、木板、沙子甚至树木上，其中，生命周期最短的地图，是人们为他人指路时在空气中画的指南图。参见[英]R.J. 约翰斯顿（R.J. Johnston）主编《人文地理学词典》，413页，柴彦威等译，北京：商务印书馆，2004。

的界定，就不是严格意义上的民俗地图了。一方面，用文字形式记载或描述的空间位置和空间关系，必须转换成图像，或者和地图一起使用，才具有“地图”的意义，才成为“地图”工具。如北魏郦道元所著《水经注》，是一部历史地理学著作，也是编绘南北朝以前中国历史地图的主要资料之一，但它毕竟不是历史“地图”，因此有对《水经注》做过专门研究的学者如陈桥驿等，提出要编制一套新《水经注图》。[1]不过，也有学者认为，用带有空间描述性质的口头或文字介绍影像，也算作地图。[2]如果是那样，地图给民俗学研究带来的直观性就没有了。当然，这些图像存在的介质可以是多样化的，包括纸质、沙盘、木刻、石印和计算机屏幕等。另一方面，那些没有表示地理空间关系的绘图（图画），如妙善人物画，就不算在地图之列。但如果将不同地方的妙善人物画叠加在地理地图上，则可以称其为某种地图，当然，如果没有民俗学研究成果的支撑，就无法编绘数字故事民俗地图。

除此之外，总结以往民俗学者所谈的民俗地图，可以看到，民俗地图与地理地图的联系，有以下四个方面。

第一，民俗学者往往将地理地图作为工作底图，在上面填写民俗信息，然后称其为“民俗地图”。从地理学的角度看，这种工作包含两层意思，一是民俗地图的绘制需要一张高质量的标准底图，以便落实在地理空间上，而地理地图在这方面已有大量的成果可供选择；二是民俗学的研究需要地理环境（包括自然环境和人文环境）的套叠，从而有利于分析民俗与地理环境的关系，而地理地图在这方面也已有成体系的套图。

1 历代郦学研究者中有不少学者根据《水经注》编绘过地图，如清代黄仪、董祐诚、汪士铎、杨守敬等，现代学者陈桥驿对《水经注》和历代学者的校释及编图做专门研究，特别对汪士铎的《水经注图》做了校释，认为重新编辑整理《水经注图》，具有抢救古籍、方便披览利用的重要意义。详见［北魏］郦道元原著、［清］汪士铎图、陈桥驿校释《水经注图》，陈桥驿《后记》，162 页，济南：山东画报出版社，2003。另见阙维民《陈桥驿先生的〈水经注〉历史地图研究》，载《历史地理》，2003 (19)。

2 Susan Mayhew, *Oxford Dictionary of Geography*（《牛津地理学词典》）(英文第二版)，267 页，上海外语教育出版社，2001。另见［英］R.J. 约翰斯顿 (R.J. Johnston) 主编《人文地理学词典》，413 页，柴彦威等译，北京：商务印书馆，2004。

第二，民俗地图与地理地图在制图对象上有部分的交叉。地理学中的人文地理学也研究民俗、风俗、民间文化的区域差异，所做的民俗分布图或风俗分布图、民间文化区划图等，从广义上说，也可以作为某种民俗地图。当然，在民俗学者看来，这种民俗表达方式也不尽严格，民俗学者还要求反映民俗的历史变迁、民俗文化圈关系和田野现状调查等信息，这些就不是地理学者的本行了，地理学者因为研究重点不在这里而往往忽略这些信息。

第三，民俗地图的发展有赖于地理地图学和计算机科学的发展。民俗地图是民俗学与地理学相交叉发展的产物，在这个意义上，民俗地图利用了地理地图的成果，包括地理地图的成果图、制作方法、分析方法等。以往民俗学者甚至直接使用地理地图，稍作修改，标注上必要的人文信息，作为自己的民俗地图，现在仍然还很常见。近几年来，数字地图已在地理地图中广泛使用，民俗地图同样跟着地理地图步入数字化时代。

第四，民俗地图的发展反过来也能部分地补充地理地图学的方法和成果。民俗地图研究不仅使地图学扩大了使用范围，而且在具体的制作过程中，有许多因素是过去地理地图不曾考虑过的问题，往往在科学与人文之间接受挑战，也许可以让制图理论得到一些延伸。

从地理学、民俗学和计算机科学交叉研究的方面看，民俗学意义上的民俗地图，与地理学意义上的地图，又是有明显区别的。以往受到文理科差异、民俗地图理念和科学工具手段的限制，民俗学者制作民俗地图，一般都不考虑科学的标准，没有比例尺，没有图例，更没有投影，这样的地图根本无法叠加在地球模型里，这是与现代地理地图有区别的。此外，除因自然科学和人文科学的研究对象不同所决定的制图对象和地图系列的体系结构不同外，就现代科学的民俗地图的概念而言，还有三个主要的区别。

一是认识对象标准的区别。地理地图一般用定量标准，而民俗地图一般用定性标准。举例来说，专题图制作中符号设计的分级标准，地理地图一般采用数量指标（如人口密度、工业产值、学校个数等）；民俗地图一般采用定性指标（如故事母题类型、对民俗承担者的重要性程度、讲述者性别等），民俗事象的分级在主观评价的系统内进行，往往需要专家系统的支撑。虽然这种区别不是绝对的，但在实际制作民俗地图时，还是要将准备使用的定性指标，用可视化的或者间接可视化的图表等手段，有时要转换成定量指标，才能便于作图。

二是界定背景要素的区别。选择背景底图的要素，是绘制地图必须解决的问题。地理地图在选择背景要素时，讲究稳定的物理要素，并要求这些要素具有统一均衡性，而民俗地图在选择背景要素时，并不关心物理要素的大小，而是十分强调物理要素背后的人文含义，要求借此体现各地区和各民族的文化平等性和民俗文化本身的重要性。另外，地理地图在表现统一均衡性上，采用定量的方法进行制图综合；与之不同的是，民俗学者所要求的民俗地图，是要求用定性的方法决定取舍的。上文提到的中国民族多声部民歌分布图，仅选择与多声部民歌相关的民族分布显示，在一个区域叠加多种民歌种类时，强调突出分布范围小但很重要的民族多声部民歌种类，以体现民族的文化平等性。再如，从地理学和民俗学的角度看，都需要把山川河流作为底图要素，但在地理地图的方面，可能根据需要选择河流的定量分级，即如果选择只显示一级河流，则一级河流全部显示，而一级以下河流不显示。但是，在民俗学者看来，在民俗地图制图时，往往要求只选择与所研究的民俗事象相关的山川河流，至于这些山川河流是一级、二级、三级还是其他定量分级，就不重要了。民俗学者所要求实际呈现出来的，可能只选择一级河流里的几条，但不选择整个系统，而一个连五级都算不上的却具有神话意义的小溪，却要求显示在图上。总之，是以突显文化事象为主，背景要素是为文化事象服务的。

三是使用比例尺的区别。在地理学看来，比例尺是绘制地图的不可忽视的要素，没有比例尺，就没有地图。但从民俗学者所要求的成果表达看，一些专题民俗地图中的一些制图对象，在比例尺转换时，是无法按照地图学要求进行的。例如，中国民族民间文艺集成戏曲志的“戏曲剧种地域分布图”，从地理地图的角度看，用比例尺的概念，就变得无法操作，因为民俗学者要求在县域以下的更小区域范围内，要求在大比例尺的地图上，表现呈面状分布的剧种，而从实际操作看，难度是相当大的。因为，在大区域范围内的小比例尺地图上，这些剧种分布可能变成点状，而当比例尺进一步缩小时，这个点状物就可能被“地图概括”掉了。这种结果，是地理学者自然要接受的。但民俗学者不能接受，他们所要求的理想的民俗地图，是要表现具体、实在的戏曲资源分布状况的，是不能由于任何技术原因被省略掉的，有些濒危的剧种，分布地区只是一个很小的范围，但由于文化遗产保护上的重要性，或由于要表达国家政府长期坚持执行的地区平等、民族平等和文化平等的政策，都必须表现，这时无论比例尺变得多小，都被要求表达，要表示这种戏曲种类始终存在，不应该被忽略。

二、地理学与数字故事民俗地图

数字故事民俗地图研究，需要与地理学的交叉研究，在于地理学的研究对象中也包含民俗事象，同样面临地方性问题。地方性是地理学研究的基础，正是由于地表现象具有区域差异性，才使得地理学研究需要探究这些差异形成的机制，从而发现地理现象的地带性规律，继而认识地球。地理学研究的另一重要观点是系统的观点，认为任何区域内地球表面的形成都是自然和人文因素综合作用的结果。因此，地理学从来不曾忽略过人的因素，认为地球表面是由巨大复杂的无机质、生物和社会现象所统一组成的，并存在相互关联的各地变异的统一体，通过探究自然和人文现象的区域规律，认识自然与人之间的相互影响和作用。从这个方面说，地理学与民俗学的研究对象具有一定的交叉，地理学从空间视角和使用地图方法分析人文要素，对民俗学的空间要素研究和数字故事民俗地图的编绘与应用来说，有重要理论意义，同时又有许多不同之处。

（一）自然地理学中的人文要素研究

自然地理学重视人文要素研究，但对人文要素的处理标准，主要是将人类活动的影响作为一个整体，并往往将之量化处理为自然现象变化的驱动力之一。

例如环境演变研究，周廷儒在20世纪80年代初，非常明确地强调开展环境演变研究中的人文因素研究，包括自然环境的变化给人类活动造成的影响和人类活动对地理环境的作用，阐释自然演变的规律之上又叠加了深刻的人为作用，并提出将人类活动历史的考古研究作为重要课题。[1]

正如民俗学者认识到民俗的传承与变异受地理环境的影响，需要关注地理学的研究成果一样，地理学者认识到自然地理规律受到人类活动的影响，需要关注人文因素的作用。当然，自然地理学在考虑人文因素时，主要还是从人类活动所表现出来的生存行为和经济行为来考虑的，至于行为背后的民众观念和运行机制，不是自然地理学的学科任务，却是民俗学关心的内容，跨学科的综合研究显得越来越迫切。

在环境演变研究中，20世纪90年代以来，史培军通过对灾害系统的研究，加强了自然地理学的综合研究。

1991年，史培军从系统论角度阐释环境演变，首次提出“区域灾害系统”的概念，研究与人类生活密切相关的灾害，认为灾害系统是由孕灾环境、致灾因子、承灾体与灾情共同组成的复杂的地球表层自然与人文（社会）相互作用的变异系统。[2]区域灾害系统思想认为人既是承灾体，也是致灾因子，将自然灾害与人的经济活动、社会行为和社会政策联系起来。

1996年，史培军再论区域灾害系统思想，研究总结1991年以来国内外灾害研究的理论与实践，关注人类的不同反应使灾情程度不同的观点，更强调人类在灾害面前的选择，并结合自己的研究实践，提出决定灾情大小的三个因素是孕灾环境（包括自然环境和人文环境）的稳定性、致灾因子（包括自然致灾因子、人为致灾因子和环境致灾因子）的风险性和承灾体（包括人类及其财产和资源）的脆弱性。[3]

2002年，史培军《三论灾害研究的理论与实践》，总结分析了1996年以

1 周廷儒等《关于开展地理环境演变与预测的研究》，载《地理学与国土研究》，1985（2）。

2 史培军《灾害研究的理论与实践》，载《南京大学学报》，1991（11）。

3 史培军《再论灾害研究的理论与实践》，载《自然灾害学报》，1996（4）。

来国内外灾害研究的最新进展，进一步完善了“区域灾害系统论”的理论体系，从可持续发展的角度，理解资源开发与灾情形成的关系，提出生态安全的区域发展对策。[1]其中，他对区域灾害的形成过程研究，更强调将孕灾环境和承灾体变化与经济一体化联系起来，并提出从宏观、中观、微观三个方面，加深对区域灾害形成过程的认识。[2]

2005年，史培军《四论灾害系统研究的理论与实践》，从综合灾害风险管理的角度，完善灾害系统的结构与功能体系，认为区域灾情形成过程中的脆弱性与恢复力是有着明显区别的，脆弱性主要取决于区域的经济发达程度与社区安全建设水平，恢复力则主要取决于区域综合灾害风险行政管理能力、政府与企业投入和社会援助水平，并提出由政府、企业与社区构成的区域综合减灾范式。[3]

2009年，史培军《五论灾害系统研究的理论与实践》，突出强调“区域灾害系统”就是地球表层系统中的“社会生态系统”，从灾害与人类社会的关系方面，把当前的研究工作重心由“治灾”转移到“防灾”，建立“灾害风险科学”的新型交叉学科体系，在二级学科上集中在灾害科学、应急技术和风险管理等三个方面进行重点研究。[4]

可见，自然地理学的研究，越来越关注微观社会人文现象的因素分析，也做了一些相关的研究工作。[5]从这方面说，自然地理学研究与民俗学研究的交叉显得更密切了。区域灾害系统的研究从自然现象的规律研究分析人与环境的关系，并在致灾因子和承灾体脆弱性的分析中深入考虑人口、经济、民

---

1 史培军《三论灾害研究的理论与实践》，载《自然灾害学报》，2002（3）。

2 史培军《三论灾害研究的理论与实践》，载《自然灾害学报》，2002（3）。

3 史培军《四论灾害系统研究的理论与实践》，载《自然灾害学报》，2005（6）。

4 史培军《五论灾害系统研究的理论与实践》，载《自然灾害学报》，2009（5）。

5 例如史培军等《土地利用变化对农业自然灾害灾情的影响机理（二）——基于家户调查实地考察与测量空间定位》，载《自然灾害学报》，1999（3）。周武光等《家户土地对洪涝灾害的经济响应研究——湖南省洞庭湖区案例分析》，载《自然灾害学报》，2000（1）。王瑛等《地震灾害对中国农村居民的影响研究——以云南省大姚县为例》，载《自然灾害学报》，2005（6）。

间抗灾能力等人文因素。

灾害研究对民俗学研究的主要贡献在于，以民间文学为例，一是历史灾害的科学推论和验证，为民间文学中的灾害情节提供历史背景的参考；二是区域灾害系统研究中对人与环境的关系研究，为民间文学异文中的相关情节比较提供线索。有不少民俗学者研究民间文学中的灾害问题，如钟敬文在1931就曾对中国的水灾传说进行了开创性的研究。[1]当然，由于学科性质的不同，民俗学的灾害故事研究与自然地理学的灾害系统研究，是不尽相同的。我们知道，民众讲述故事的内容，并不一定就是当时发生的事情。但是，故事又是一定社会形态的精神产物，我们在研究中将“传说中”的灾害与“科学上”的灾害联系起来考察，不能说是没有意义的。

对于数字故事民俗地图的编绘来说，区域灾害系统思想的主要理论贡献在于，在区域灾害系统论的理论基础上编制的《中国自然灾害系统地图集》，用地图集阐释区域灾害系统思想和展现区域灾害系统研究成果的方法。[2]虽然学科性质不相同，但理论与方法是可以相互借鉴的，数字故事民俗地图从中得到启示，并加以民俗学的延伸和扩展，主要有三点。一是从灾害图谱方法得到启示，根据故事研究的具体情况，建立故事民俗地图索引和故事节日地图、历史文献地图的时间序列演示（历史演示）；二是从灾害地图集思想得到启示，根据人文科学数据描述强的特点，采用地图集成的思想，将地图与相关文字表格、描述信息、文献资料和数据库等集成表现，适当弥补地图在表现人文数据时的部分局限；三是从灾害系统的孕灾环境论得到启示，选择地貌图、地势图和卫星影像等自然环境底图，表现故事遗产地、故事历史传承等的地理环境背景。

虽然区域灾害系统的研究，已经开始关注在自然地理的研究中，加入人文要素的定性分析，如国家政策、宗教信仰、用水习惯、民间自救组织等，但从

1 钟敬文《中国的水灾传说》，引自钟敬文《钟敬文文集·民间文艺学卷》，441—471页，合肥：安徽教育出版社，2002。

2 史培军主编《中国自然灾害系统地图集》，北京：科学出版社，2003。

总体上说，自然地理学更偏重于定量分析，以便于用数学公式和地图的方法进行关系推导和规律研究，尽可能选择一些可以量化的人文要素，如人口密度、经济指标、农业指标、用水量等，或者通过数学方法建立定性因子与定量指标的对应关系，如水土保持政策的变化与耕地变化的对应关系，用水习惯的城乡差异和时间变化与生态用水量动态变化的对应关系等，并将其看作一个整体，作为灾害发生、加重或减轻的一种驱动力分析。近年来在环境演变研究中开展的土地利用／覆盖变化（LUCC）研究，可以进一步说明这个问题。

举例来说，在城市化方面，有地理学者用建成区面积和非农业人口作为定量指标构建城市发展类型指数，[1]还有些学者用土地景观的类型和面积百分比构建人为影响强度参数，分析人们的城市建设行为、政策体制转变下的经济增长和个人的就业与消费选择对城市及周边地区土地利用／覆盖变化的驱动力。[2]在人类活动与土地利用格局的关系方面，地理学者往往将人口密度作为一个重要的指标，分析人口密度与耕地的显著相关性。[3]在人类活动与旱灾的关系方面，有地理学者通过人口数量、粮食产量与降水量之间动态变化的匹配关系，分析人口和粮食产量的增加在降水量减少中挤占生态用水的量，从而探讨人类活动对干旱化的贡献率。[4]这些研究中，无一例外地都应用地图作为分析工具，用地图表现规律、格局、匹配关系等，无疑是直观而且科学的。

对数字故事民俗地图编绘来说，可以借鉴自然地理学中将定性评价转化为定量指标、用地图方法表现空间分布规律的方法，但需要注意的是，正因为民俗学与自然地理学的研究资料与研究目标的不同，使得数字故事民俗地图在处理民俗资料时，不是所有的资料都能转换为定量指标，或者能明确表

1 徐霞等《中国东部南北样带城市发展类型指数的构建及其应用》，载《北京师范大学学报》（自然科学版），2001 (2)。

2 王静爱等《北京城乡过渡区土地利用变化驱动力分析》，载《地球科学进展》，2002 (2)。

3 王静爱等《NSTEC 土地利用格局的人口密度变化驱动力研究》，载《自然资源学报》，2004 (1)。

4 周俊菊等《中国北方人口、粮食和降水量的时空变化》，载《北京师范大学学报》（自然科学版），2004 (4)。

示在地图上的，而且对地图的利用和分析，主要不是直接分析它在空间上的分布规律并作为民俗传承的规律，而主要是用地图展现专家研究成果，并为民俗学者的进一步研究提供一种民俗与环境关系的线索，以及为民俗传承研究做资料整合的作用等。

环境演变研究，并不是自然地理学研究的全部，但它是自然地理学中与数字故事民俗地图编绘关系最为密切的部分，它对于数字故事民俗地图编绘所涉及的基本理论问题，可以代表自然地理学研究与数字故事民俗地图研究交叉所涉及的基本理论问题。

通常人们认为地理学中的人文地理研究，具有地理学与人文科学交叉研究的性质，似乎与数字故事民俗地图的研究关系更密切。但从实际效果看，人文地理研究成果对数字故事民俗地图的主要贡献，在于人文地理研究中的人文现象分布地图成果，可以直接为数字故事民俗地图的底图和套图所用，用以分析文化背景和进行民俗文化区域、语言区、民族区、宗教区、经济区、文化区等比较研究，但要注意的是，这些民俗地理地图（或风俗地理地图），并不能直接作为民俗地图。

（二）地图学研究

在数字故事民俗地图与地图学的关系问题上，有两个方面的基本理论问题，需要进行阐释和分析，一是对地图要素基本概念的理解，二是人文学科使用地图的基本理念。其中，地图要素基本概念问题，是编绘数字故事民俗地图的关键问题，主要包括空间、空间单元和地名。

空间概念对地理学具有基础作用，一般被认为有绝对空间和相对空间两个概念。绝对空间是一个清晰、自然、真实的实体，相对空间是事件之间的关系。[1]因此，地理学既要描述地球表面的情形，又要解释其形成的原因，也

1 Susan Mayhew. Oxford Dictionary of Geography（《牛津地理学词典》，英文第二版），391 页，上海外语教育出版社，2001。

就是说，往往从空间结构和空间过程两方面进行研究。地理学者认为，这种空间两分法，只是认识世界的途径和方法，真实世界的绝对空间和相对空间是结合在一起的，而空间结构只不过是长期发展的空间过程的一个阶段。美国地理学者哈特向（Richard Hartshorne）认为，地理学应该是“方志学”，而不是“分布的科学”，地理学者要力图做客观描写，大量使用地图，不仅表现所看到的地方特征，还要表现事物和现象之间的关系，他认为这是与“画家和文学家从某一景观或地区获得并希望传达给别人的主观印象”所不同的。[1]在地理学的研究中，对事物和现象的描写与关系分析，所使用的主要方法是考察其空间排列关系。这种空间排列关系表现的是事实，地理学者关于空间几何属性和几何关系的描述，还具有对纯粹自然过程的解释作用，其规则在形式上等同于自相关结构，但并不简单适用于解释人类行为的作用。为解决这个问题，地理学者通过赋予空间几何关系以经济、社会、自然或生物学意义，扩展空间分析方法的解释范围，他们将空间几何关系与地理现象的类比，不是一种解释的演绎，而是通过具体的逻辑结构，在人文地理学的研究中，这种结构一般被认为是社会结构。《人文地理学词典》归纳了20世纪80年代以来Gregory、Urry、Thrift、Williams等大部分欧美人文地理学者的观点，认为“社会空间分析已经不是越来越多地强调它的抽象几何形态，而是越来越多得注重阶级、种族和性别的关系，这些关系根植于它的地方、区域和景观之中（并且部分地通过它们而构成），在这个意义上，空间分析实际上就成了社会分析，反之亦然”。[2]

民俗文化在一定程度上也是人－地关系相互作用的结果，具有一定的空间自相关性，有时通过民众对空间的认识反映出来，从而也可以从空间分析的角度入手，描述和解释民俗社会的内在逻辑，用地图来表达也就成为一种

1 [美]理查德·哈特向（Richard Hartshorne）《地理学的性质》，146页，叶光庭译，北京：商务印书馆，1996。

2 [英] R.J. 约翰斯顿（R.J. Johnston）主编《人文地理学词典》，667页，柴彦威等译，北京：商务印书馆，2004。

可行的方法。从人文地理学的概念上看，民俗现象也包括在地理学的研究对象范围之内，但地理学主要是看其“现象”的，也就是说，大多为所见的事件，然而要看到诸如民众的内心世界和民俗社会的运作，只能再进一步用民俗学自己的方法了，比如口述史。而且民俗学研究空间要素，认为民众对空间的规划，是先有思想观念，再有空间格局的形成，而不是相反，因此，民俗学者更注重民众观念中的空间。当然，这种空间规划，不是建筑师刻意追求的某种效果，也不是地理学者认为的区位论，而是祖祖辈辈传下来的“礼”数，是民众的生活文化。民俗学者很少直接从“空间”的字眼来谈定义和概念问题，总是从包含空间问题的民俗文化，从某一角度来阐释民俗学研究中所理解的空间概念。如有学者从民居文化的角度来谈住房中的民俗，[1]也有学者从村落建筑空间来谈民众宗族观念和民俗思想。[2]民俗学研究中的空间范畴，也与地理学所研究的空间不同，不仅仅是绝对的位置、范围、距离和相对的事件的关系，可能更接近于联合国教科文组织为了更好地保护非物质文化遗产而提出的文化空间的概念，[3]但仍有民俗学自己的特色。如民众在神灵信仰中的空间认识和空间描述，虽然也可以认为这是对现实世界的反映，但如果把它们单列出来，并纳入空间的概念之中，也许会有值得推敲的意义。

在空间单元的问题上，以往民俗学的调查一般以行政省为单元，选择村落为个案点进行，而在民俗文化共享范围方面借鉴历史学的做法，给自然区划赋予历史文化含义。在地理学中，以行政县域作为基本地理单元也是最常见的，但根据研究目的，有时也选择地貌单元和土地斑块等作为基本地理单元进行研究。但是所获取资料（自然属性信息和人文属性信息）来源的基本单元，往往不一定与研究目标相一致，这样，在研究中就遇到单元信息的转换问题，在这方面地理学者已研究了转换的方法。[4]在研究的地域范围方面，

1 董晓萍《说话的文化——民俗传统与现代生活》，114—133 页，北京：中华书局，2002。

2 [日]铃木满男主编《浙江民俗研究》，176—188 页，杭州：浙江人民出版社，1992。

3 UNESCO,Conventin for the Safeguarding of the Intangible Cultural Heritage,Paris,17,October,2003.P2.

4 史培军等《生态区评价中的空间范围确定及其对全球变化的响应——自然单元、社会单元与信息单元的复合》，载《第四纪研究》，2001（4）。

区域地理研究也经常以行政省区为单元进行，但也根据研究目标选择自然带、气候带、农业区、经济区等进行区域研究。区划是区域地理研究的重要内容，总体来说，主要是用一个或多个量化指标进行划定和分区，如在本书《绪论》中，提到的自然区划、气候区划、农业区划、经济区划、灾害区划、综合区划等。近年来备受地理学界关注的地理样带研究，也主要是考虑了其中可量化的自然指标，如中国东北样带主要是考虑了水分的梯度变化，中国东部样带则主要是考虑了热量的梯度变化。但无论如何，对于地理地图和数字故事民俗地图来说，地图空间单元的划定都是必要的。地理学中不同单元之间的信息转换方法，是编绘数字故事民俗地图时值得借鉴和利用的，但在区划问题上，数字故事民俗地图更注重单元之间的内在文化关系，在一定的量化标准分区中，要进行定性分区的调整。

关于地名的问题。地理学有专门的地名学分支学科，它对地名的基本定义是“地名是人们对具有特定方位、地域范围的地理实体赋予的专有名词”。[1]通俗地说，地名是人们对聚居点、地区、场所以及自然和文化景观特征的名称。[2]国家对地名进行管理，国家民政部地名司专门负责地名信息的存储、分析、标准化和编码，进行数字化信息管理，有学者专门撰写了此类工作的成果。[3]该成果主要对标准地名进行编码，从标准地名的专名、通名及相互关系进行分析，[4]主要是从今地名来说的。也有学者从历史文献中找出地名，分析中国历代地名命名与更名的原则，试图找出古代地名的规律，挖掘其历史信息。[5]这些都是地名学方面的专题研究，而地理学对这些研究成果的应用，主要是用于分析地名信息，即认为地名可以为命名时的环境、居住和社会条件

---

1 王际桐主编《地名学概论》，39 页，北京：中国社会出版社，1993。

2［英］R.J. 约翰斯顿（R.J.Johnston）主编《人文地理学词典》，513 页，柴彦威等译，北京：商务印书馆，2004。

3 浦善新《数字地名：地名信息系统的理论及其应用》，北京：新华出版社，2000。

4 关于专名和通名的解释，如河北省，“河北”是专名，“省”是通名。详见浦善新《数字地名：地名信息系统的理论及其应用》，北京：新华出版社，2000。

5 华林甫《中国地名学史考论》，北京：社会科学文献出版社，2002。

提供证据。在地理学者看来，这之所以可能，是因为很多地名是由具有地形、居住或社会含义的要素构成，而且它们的大致年代可以确定。因此，地理学往往将地名证据与古环境研究结合，注重对聚落地理、林地开拓和农业扩展、领地组织和聚落间关系的贡献。[1]R.J. 约翰斯顿（R.J.Johnston）主编的《人文地理学词典》归纳了地名的地理分析所要解决的四个主要问题：地名记录受语言变化和发展影响、某些地名要素释义的不确定性、地名命名最初期与景观或社会特征关系的时间性和移民有可能沿用原地名。[2]这些问题也是民俗学者对待地名问题时所关心的，但却不是研究的重点，地理学在这方面的研究成果可为民俗学者所用。

本书所要讨论的地名，对数字故事民俗地图来说，是将民俗事象落实到地图上的桥梁，是作为一个地图要素来看待的，因此，要根据具体的研究目标做地名的分类。民俗学者看待地名，往往认为地名在民众的眼里，会成为一个政治、经济、文化、等级等概念的代名词，数字故事民俗地图通过这些民俗志地名（包括专家总结的地名）落实在地图上，只有那些能与地理学所谓的“标准地名”相符的，可以落实在地图上，而且也需要赋予文献来源、原文内容等信息的配套；而那些不能落实在地图上的地名，需要用其他方式（如列表）与地图配合使用，目的是能让民俗学者清楚地名的来源、含义及其空间位置，通过对地图、列表、文字信息、数据库等地图集成形式的互文观察，分析民俗文化空间。

在人文学科应用地图的理念方面，在本书的《绪论》中，对中国古代地图借鉴人文思维的绘制特点和以往人文学者使用地图的角度与方法，做了初步分析和简单归纳。如果进一步深入分析，可以发现人文学科应用地图的理念特征，主要有以下三点。

1 [英] R.J. 约翰斯顿（R.J.Johnston）主编《人文地理学词典》，513 页，柴彦威等译，北京：商务印书馆，2004。

2 [英] R.J. 约翰斯顿（R.J.Johnston）主编《人文地理学词典》，513 页，柴彦威等译，北京：商务印书馆，2004。

第一，使用地图进行比较的理念。我们通过对古代北京城图的分析，可以看到古代地图中所表达出来的长时期比较，是将在同一中央集权地点的最高政府行政管理思想和城市规划的地区面貌加以展现的同时，又从不同时期、不同管理侧面，对这一地区在画图人心中的地位做比较。例如，通过街衢系统、胡同系统、水道系统、名胜古迹或建筑系统等，来反映北京，让人能认识北京社会历史的最高层次性和丰富性。[1]还有些绘制北京的旧地图，是作为直隶府、河北省或全国地图中的一个首都位置，以大区域图的重点辅图的形式，插在其他地图中间或背面，用放大比例尺的方法，反映北京，突出展现北京的重要地位。[2]这些都是人文学者所希望看到的，对数字故事民俗地图的编绘者来说，如何突出民俗学者所关心的比较要素，而不是严格按照地图学制图理论，均衡地将同一类型的地理要素全部显示出来，同时又要不违背基本的制图规范，是必须要考虑的问题。而且地图的规范化，也是图谱分析和叠加分析等数字化处理能够得以进行的保证。

第二，使用地图找生活主题的理念。无论是传统的手绘图，还是采用先进数字化技术的遥感图，都需要加上人文研究信息，才能成为我们表现生活主题的工具。以遥感卫星影像为例，其成像原理是通过传感器将不同地物反射回来的光谱进行假彩色合成，然后利用计算机自动识别或人工判读的方法，转换成我们习惯的真彩色。不同地物的反射光谱有可能相同，而同一种地物在不同区域、不同气候条件下又可能不同，这样必然会导致计算机识别或人工判读上的

1 在这方面搜集的地图主要有法国国家集美博物馆藏《乾隆京城全图》(1750)，台湾中央研究院傅斯年图书馆藏《新测北京内外城全图》、《新测北京内外城地图》(1912，内务府职方司绘制)，由陆康提供电子版，2004—2006。《北京市街图》(1927，日本陆地测量部绘制)，《北平城内外水道系统图》(1935，整理运河讨论会绘制)，《最新北京市街地图》(1939，日本森芳雄绘制)，《北京名胜旧迹案内图》、《北京市街图》(选自日本安藤更生编《北京案内记》，北京：新民印书馆，1941)等，扫描电子版于2005年9月在台湾中央研究院傅斯年图书馆搜集。《北京街衢坊巷坊巷图》(民国时期)，电子版由范华提供，2005。特此说明，一并致谢！

2 在这方面搜集的地图主要有《清十八省舆地全图》(1874，含翠堂藏版)、《清国舆地全图》(1879，京都产院文库藏书)、《河北明细地图》(1940年代，武昌亚新地学社)、《京兆直隶省》(民国时期)等，扫描电子版于2005年9月在台湾中央研究院傅斯年图书馆搜集。《北京》(1907，直隶警务处绘图局)，由陆康提供电子版，2006。特此说明，一并致谢！

误差，形成的遥感图直接却不直观，不易于辨认，只有那些经验丰富的地理学者，才能识别图像上反映的地物是什么。另一方面，卫星影像从某种意义上说，只是地面景观的照片，并没有任何经济社会和其他人文信息，连地名都需要我们辨认后将其标上。因此，人们需要采用 GIS 技术，把地方经济社会信息叠加在遥感图上。对于数字故事民俗地图的编绘来说，利用遥感图和 GIS 技术等现代先进科学技术的同时，需要将民俗学者所关心的人文信息附在数据库中，遥感图和数字地图也要按人文分类进行存储，让科技为人文服务。

第三，使用地图建立微观空间的理念。相对而言，地理学研究使用地图表达空间分布，在宏观上把握规律，而人文学者使用地图表达资料的主题，做微观社会的结构分析。两者是对立的，至少是矛盾的。人文学者在科学研究中，总是希望利用地图来表达微观社会，包括重要历史事件、历史人物和风俗习惯，地理地图很少这样表达。数字化技术的发展，把这一种对立或矛盾变成了可能。使用数字地图技术，可以对人文学者的个案研究成果做十分精细的表达，实现人文学者把微观成果建成一个独立的精神空间的梦想。但对数字故事民俗地图的编绘者来说，在这一过程中，要将地图学、计算机科学和人文科学紧密结合，要真正了解人文学者的思路和成果特征，同时也要恰到好处地使用地图工具，使两者真正做到互补。

（三）历史地理学的相关研究

历史地理学研究对数字故事民俗地图来说，在利用地理学的研究成果、确立数字故事民俗地图的学术规范和制图原则方面，是一座理论和方法的桥梁。这主要是由民俗学在某种意义上是历史的科学和历史地理学的历史与地理相交叉性质共同决定的，包括两方面的原因。一是在表现民俗传承的时间与空间关系方面，不仅民俗传承的地名的历史变化情况可以在历史地理研究中，得到同时段的考证，而且在历史地图表现历史人文要素及其数字化问题上，与数字故事民俗地图表现历史民俗要素有类似的情况。二是在表达地方志和民俗史料方面，历史地图和数字故事民俗地图都面临历史地名的处理问题，而历史地理研究利用历史文献确立历史地名，又结合地理方法确立了历史地名的标准，为数字故事民俗地图的历史地名处理提供参考。

所谓民俗学是历史的科学，实际上是指民俗学研究中的历史科学方法，即钟敬文所说的民俗学是一门“带有浓厚的历史意味的现代学”。[1] 其中的历史意味，主要包括两个含义。一是民俗学研究中采用的历史经验论。中国民俗文化的一个特点是历史文献比较丰富，这些前代民俗资料的记录，虽然不是纯粹科学的资料，但毕竟是先人的直观记录，将它们与现代资料相互比较，可以作为现代民俗学者田野调查的历史佐证。二是以历史科学为指导描述民俗事象，在这方面，钟敬文创立了民俗史和民俗学史的研究。研究民俗学，如果不知道民俗的过去，就无法理解民俗的今天。钟敬文指出，所谓“现代学”，指“它的基本资料和观点的形成，是需要由当前的事实现象提供的”。[2] 民俗学者的研究，往往是采取历史文献法与田野作业法交叉进行的，这是民俗学与历史学的联系，而数字故事民俗地图需要与地理学相结合，则历史地理学自然成为这种结合的桥梁。

关于历史地理学的性质，20 世纪前半段，大多学者将它归为历史学的分支；现在的历史地理学者取得了共识，认为是地理学的组成部分，其研究方法是历史的方法与地理的方法相交叉使用的。1962 年，侯仁之《历史地理学刍议》一文，便对这种观点进行了阐明，认为历史地理学是现代地理学的一个组成部分，主要研究对象是人类历史时期地理景观的变化，历史地理学研究需要历史学的训练与地理学的训练“同时并进”。[3] 在此之后，谭其骧和史念海均发表了类似的看法。谭其骧认为，历史地理学的研究对象是历史时期的地理，既要“重视地理学的研究方法”，同时他也强调运用历史学方法和历史文献资料的重要性，指出“至少应该说运用历史学方法的重要性不下于运用

---

1 钟敬文《建立中国民俗学派》，135 页，哈尔滨：黑龙江教育出版社，1999。

2 钟敬文《建立中国民俗学派》，135 页，哈尔滨：黑龙江教育出版社，1999。

3 侯仁之《历史地理学刍议》，原载《北京大学学报》（自然科学版），1962（1）。收入侯仁之《侯仁之文集》，8—9 页，北京大学出版社，1998。

地理学的方法”。[1] 史念海认为历史地理学是一种跨学科的研究，“固然属于地理学的范畴，可是它又是历史不可轻易分割的部分”，同样强调治史的方法，以文献记载为主；同时认为历史地理学作为地理学的组成部分，应该兼用地理学的方法从事研究。[2]

对数字故事民俗地图的编绘来说，历史地理学研究成果的主要贡献在于以下三点。

1. 历史地理学中的地名考证研究

地名考证、历代疆域和政区研究，作为传统沿革地理的主体，在历史地理研究中有悠久的历史，可以追溯到一千九百多年前的《汉书 · 地理志》甚至更长的历史。现代历史地理学发轫于沿革地理，却在研究内容和研究性质方面与沿革地理有所不同。[3] 只不过沿革地理研究仍是现代历史地理学的重要部分，自乾嘉以来从未间断，积累了丰富的研究成果。与传统的沿革地理研究相比，“虽然并不一定需要新的方法，主要只能依靠文献资料，但在有条件的情况下进行实地考察是弥补资料不足、判断记载是否正确的重要步骤，对于边疆和偏远地区尤其具有重要意义”，而“相关学科的研究结果也给历史地理学者以巨大的帮助，其中考古学的作用最大”。[4] 在这个问题上，葛剑雄在谈到现在仍然要重视沿革地理研究的问题时，谈到了两点认识，对数字故事民俗地图在处理历史民俗史料时的类似问题有重要借鉴作用。

一是针对历史资料的盲目信从问题，葛剑雄认为，历史行政区划和历史地名经常变化，“一个朝代中的某一年代无论是多么有代表性，也不能等同于整个朝代的不同阶段”。[5] 他从历史地理学的角度，阐释地方史志文献中地名考证的处理原则和重要性。编绘数字故事民俗地图过程中，在处理地方志文献

1 谭其骧《在历史地理研究中如何正确对待历史文献资料》，原载《学术月刊》，1982（11）。收入谭其骧《长水集续编》，235—236 页，北京：人民出版社，1994。

2 史念海《河山集》（三集），自序，8 页，北京：人民出版社，1988。

3 葛剑雄等《二十世纪的中国历史地理研究》，载《历史研究》，2002（3）。

4 葛剑雄等《二十世纪的中国历史地理研究》，载《历史研究》，2002（3）。

5 葛剑雄等《二十世纪的中国历史地理研究》，载《历史研究》，2002（3）。

提取民俗要素时，也有类似情况。在这个问题上，董晓萍组织课题对福建明清以来的地方志和笔记杂纂进行了研究，发现地方志文献的两种情况：一是抄录旧志，述而不作；二是接续历史，并增加个人体验和采风见闻。[1]对数字故事民俗地图来说，处理地方史志文献中的历史地名，可以利用历史地理学在这方面的研究成果。

二是针对沿革地理在历史地理研究中的重要性问题，葛剑雄认为，虽然沿革地理不等于历史地理，却是它重要的组成部分，也是它的其他分支的基础。[2]沿革地理对历史地理学的重要性在于为历史地图底图编绘提供保障。

> 就像我们从事当代地理学的研究离不开一张精确的普通地图一样，任何历史时期任何历史地理分支学科的研究离不开一张精确的当时的普通地图，而不掌握当时的政区和地名，这张地图是绝对画不出来的。而且中国20世纪以前的全部地理资料几乎没有以经纬度式的地理坐标来表示地点、方位的，都是以具体的政区和地名来作描述的，不准确断定这些地名的地理坐标，这些资料就毫无空间概念可言。[3]

数字故事民俗地图同样也需要精确的历史时期的普通地图作为底图，而历史地理研究在这方面的成果正可以为我所用。在数字故事民俗地图的编绘中，谭其骧主编《中国历史地图集》和复旦大学历史地理研究中心提供数字化历史地图，[4]是重要的历史地图底图，对表现地方史志文献中的故事和历史上

---

1 董晓萍《传统社会与民俗社会》，引自［法］劳格文（John Lagerwey）主编《客家传统社会》后记，992—993页，北京：中华书局，2006。

2 葛剑雄等《二十世纪的中国历史地理研究》，载《历史研究》，2002（3）。

3 葛剑雄、华林甫《导论：20世纪的中国历史地理研究》，引自葛剑雄、华林甫编《历史地理研究》，13页，武汉：湖北教育出版社，2004。

4 谭其骧主编《中国历史地图集》（共八册），北京：地图出版社，1982—1988。葛剑雄等主编《中国历史地理信息系统（CHGIS）数据》（光盘），第一版，上海：复旦大学历史地理研究中心，2002。

的故事民俗传承有重要作用。在北京地区的数字故事民俗地图底图方面，侯仁之主编《北京历史地图集》，是我国第一部地区性历史地图集，其中又有相当大的篇幅是显示北京城区的，是一部城市历史地图集，该图集以北京市的政区和北京城自金朝建都以来至民国时期的城区演变为主；[1]徐苹芳编制《明清北京城图》，以清《乾隆京城全图》为基本底图参照，并根据民国时期地图和相关历史文献，缩小比例尺，重绘清乾隆北京城图，并绘制了明北京城复原图，[2]这些都为北京数字故事民俗地图的历史地名考证提供了重要参考。

2. 历史地理学研究中处理历史文献的方法

在表达历史人文要素方面，历史地图和历史地理学对历史人文社会地理要素的研究，不仅为数字故事民俗地图表现民俗传承提供了历史人文背景，而且历史地图主要利用历史文献处理地图资料的原则，也为数字故事民俗地图利用民俗史料处理地图资料提供参考。

在地理学的学科体系中，历史地理学包括历史人文地理研究、历史自然地理研究和历史地图的编绘研究三个方面。[3]相对而言，中国历史人文地理研究更具中国特色，与民俗学研究的关系更加密切。20世纪90年代，历史人文地理研究处于起步阶段，谭其骧就指出中国历史人文地理需要并可能研究的方面与门类颇为广泛，比外国要丰富得多，其中相当大一部分是中国所特有的，并认为“历史人文地理将是历史地理研究中最有希望、最为繁荣的分支之一”。[4]葛剑雄认为，由于历史人文现象研究的文献法、人文地理现象变化快、延续性、继承性及其与人类活动关系密切等特点，使得中国人文地理研究对于现代化建设具有重要性和独特意义。[5]

在近二十年的时间里，历史地理学在历史人文地理方面开展了大量研究，

---

1 侯仁之主编《北京历史地图集》，北京历史地图集编委会，1986。侯仁之主编《北京历史地图集》(二集)，北京出版社，1995。

2 徐苹芳编著《明清北京城图》，北京：地图出版社，1986。

3 葛剑雄等《二十世纪的中国历史地理研究》，载《历史研究》，2002 (3)。

4 谭其骧《积极开展历史人文地理研究》，载《中国历史地理论丛》，1991 (1)。

5 葛剑雄等《二十世纪的中国历史地理研究》，载《历史研究》，2002 (3)。

取得了丰厚成果，如历史农业地理研究、历史人口地理研究、历史城市地理研究、历史军事与交通地理研究、历史社会文化地理研究等，其中也包括风俗地理的历史背景、方言与民俗和历史区域风俗等与民俗相关的内容。[1]这些都为数字故事民俗地图将民俗相关的历史文化背景落实在地图上提供了基础。

在历史地图的编绘研究方面，葛剑雄认为，“历史地图的研制和编绘是中国历史地理学最富特色的领域，也是中国历史地理学取得最大成就的一个方面”。[2]中国古代的历史地图一般是以表示人文社会地理要素为主的，虽然在历史地理学者看来，由于前人在绘制历史地图时，几乎很难直接利用当时的地图，主要只能根据传世的书籍和其他资料，认为“早期的历史地图是相当粗略的，时间的跨度较大，并没有严格的断限”，[3]但有些古代历史地图表达人文思维的绘制方式，却很值得现代的数字故事民俗地图编绘时所借鉴。例如，西晋裴秀绘制《禹贡地域图》，将历史上发生过重大政治活动的“盟会”地点标绘在地图上，[4]这些地点很多都是县级以下的小地名，却具有重大政治文化意义。

从资料学角度上说，现代科学绘制的历史地图，可以作为数字故事民俗地图的精确底图。从方法论上说，历史地图的编绘过程和原则，为数字故事民俗地图确立编绘原则提供参考。例如，谭其骧主编《中国历史地图集》给数字故事民俗地图的启示，主要有以下两点。

第一，在处理民族人文要素的问题上，《中国历史地图集》确定了以19世纪40年代清朝版图为历史上中国的基本范围，然后分析历史上所有在这一范围内活动的民族所建立的政权，包括虽有部分辖境在此范围之外但其政治中心在此范围内的政权，无论是汉族还是其他民族，都毫无例外地绘入图中。这种认识，与中国多民族的一国民俗学的认识是一致的，数字故事民俗地图在处理民俗的地域性与民族性时，除考虑地域上的自然人文环境外，还要考

---

1 葛剑雄等《二十世纪的中国历史地理研究》，载《历史研究》，2002（3）。

2 葛剑雄等《二十世纪的中国历史地理研究》，载《历史研究》，2002（3）。

3 葛剑雄《中国历史地图：从传统到数字化》，载《历史地理》，2002（18）。

4 葛剑雄《中国历史地图：从传统到数字化》，载《历史地理》，2002（18）。

虑到民族的历史活动范围。

第二，在处理图幅和比例尺的问题上，《中国历史地图集》采用了按各历史时期的大行政区（或监察区、地理区域）分幅，各幅又按其内容的密度采用不同的比例尺，必要时插入比例尺特大的局部图的方法解决这个问题。这对数字故事民俗地图来说，在处理民俗事象地域极不均衡，或在表现地方事象时需要局部放大比例尺的情况，采用主配图的思想有所启发。

3．历史地图的数字化研究

历史地图和数字故事民俗地图同样使用历史文献这一研究资料，它们在处理方式上有相似的地方，主要有以下几点。

第一，在文字与地图结合方式上。历史地理学者认为历史地图需要将文字考证与地图相结合，以便使用者了解具体的史料根据。民俗学者认为数字故事民俗地图需要将文献来源和原文内容与地图相结合，以便使用者了解地图背后的文化含义。

第二，在表达研究成果的方式上。由于人文现象相对于自然现象变化较快，而且变迁复杂，历史地图和数字故事民俗地图作为表达研究成果的一种方式，随着研究的深入和新的历史信息的发现，其修改补充的频率较高。

第三，在计算机处理人文数据方面。在建立地图数据库的过程中，人文数据的特点在更多的情况下，空间对象与属性信息往往不是一一对应的关系。如历史地图中，空间上同一点的地名在不同时期有多种情况，而同一个地名在不同时期可能有不同的空间对象，如辖区范围的变化，有时候变化可能还是微小的，却依然要处理成不同的数据记录。[1]这与数字故事民俗地图中，同一个地区有多种故事类型，不同故事类型在空间上相互叠加却又不完全重合的情况，有些类似。

以上三点，都是传统纸质地图无法解决的问题，也是与自然地理学研究有所不同的地方，而历史地理学研究利用地理学的 GIS 技术和数字地图理论，

1 满志敏《关于 CHGIS 第二阶段数据模型的定义问题》，载《历史地理》，2003（19）。

进行了历史地图的数字化研究，提出了相应的解决方式，对数字故事民俗地图来说，是可以借鉴的。

历史地理学研究在地名考证、历史文献处理和历史地图数字化方面的成果，为数字故事民俗地图编绘的理论构建具有重要作用，但在这些结合点上，民俗学与历史地理学又呈现不同的学科特点。

在地名考证方面，数字故事民俗地图与历史地图在对待历史文献的取舍和对待民俗志地名方面有所不同。历史地图为要达到准确恢复历史时期自然人文环境的目的，尽量采用正史和官修地方志，反复推敲历史文献记载的正确与讹误的地方，“不要把传说当作真实史料”，[1]这对历史地图来说，无疑是认真并且科学的。数字故事民俗地图为要分析民俗传承中的历史文化空间，除采用地方志外，更多地使用风土笔记和民间文学作品作为原始资料处理，表现其中与民俗相关的地名。这样，不可避免地会包括许多无法确定其标准位置和历史地理学者认为“讹传”的民俗志地名，这在历史地图的编绘中是不予表现的。但对数字故事民俗地图来说，除在地图上表现那些历史地图已考证的历史地名外，还将这些与之相关的民俗志地名用数据库、列表等其他形式结合表示，以供民俗学者的研究参考。这些民俗志地名，特别是可认为是口头资料中的民俗志地名，是民俗学者了解民众对历史地名的认识和分析民俗传承文化空间的重要途径。即使是那些“真实”的民俗志地名，历史地图和数字故事民俗地图对其使用的理念也是不同的，这是历史地理学和民俗学的研究目的不同所决定的。如在传说中，一些历史人物经常和一些真实地名联系起来，历史地理学考证这个历史人物是否真到了此地，而民俗学却关心民众将历史人物与此地联系起来的民俗意义。这也是本书前文所述的，不能轻易将地图上体现的“分布规律”直接作为民俗传承规律的原因之一。再如，在北京的数字故事民俗地图编绘中，《乾隆京城全图》表现了绘图人的等级观念和比较理念等文化含义，我们在使用历史地理学者的地名考证的同时，尽

1 谭其骧《在历史地理研究中如何正确对待历史文献资料》，载《学术月刊》，1982（11）。

量保量原图的文化信息，不做刻意的现代科学的纠正，避免将一些历史信息“扁平化”。在处理方法上，我们将原图的信息作为一个图层原样保存，其中的错误、缺漏等也尽量不做纠正，通过现代的科学历史地图纠正和修补的地名信息另作一个图层保存，另外，还建立了通过档案补、通过口头访谈补和通过其他史料补的地名信息等图层，分别存放，同时将资料来源和比较信息赋在地图数据库中，以便民俗学者的比较分析研究。

在表达人文要素方面，数字故事民俗地图与历史地图所表现的要素内容不同，这是民俗学与地理学的学科任务不同所决定的。历史地图所表达的人文社会要素，主要是行政疆域等地理要素。以谭其骧主编《中国历史地图集》为例，葛剑雄认为，它的内容只包括历史时期各个政权的疆域政区、重要地名和有地名意义的建筑、具有政区性质的民族分布，以及作为地图必不可少的框架海岸、河流、山脉。[1] 从历史人文地理的研究来看，所研究的“人文地理要素”，主要是农业、人口、城市、交通、文化等方面的历史情况。其中，与民俗内容最相关的“文化”要素，也主要是某种社会文化要素分布的地域背景、某一时期某种人才地理分布和历史区域社会文化地理分布等研究内容。[2] 从这个意义上说，数字故事民俗地图对历史地图的利用，主要是作为背景底图，而不是直接使用。

在数字化方面，数字故事民俗地图数字化与历史地图数字化所处理的对象不同。历史地图数字化主要处理历史地名，葛剑雄指出：“制定一套完整、系统、全面、精确的编码系统，将所有能够发现并确定（包括能够部分确定）的历史地名全部编码，做到一地一码，即一个地名在空间和时间上的任何变化都将在基本码不变的条件下生成新的代码。”[3] 数字故事民俗地图数字化主要处理民俗事象与地名的关系，通过确立故事编码、地名编码和节日编码及其相互关系，整合民俗资料，建立相互查询和互文观察，并与相关地理要素相

1 葛剑雄《中国历史地图：从传统到数字化》，载《历史地理》，2002（18）。
2 葛剑雄等《二十世纪的中国历史地理研究》，载《历史研究》，2002（3）。
3 葛剑雄《中国历史地图：从传统到数字化》，载《历史地理》，2002（18）。

叠加分析，建立地图、数据库、文献来源信息、文字信息、音视频资料和地名检索等的数字地图集成系统。

第二节 数字故事民俗地图的编绘理念

数字故事民俗地图的编绘理念问题，例如，编绘数字故事民俗地图所要达到的学术目标是什么？数字故事民俗地图所要表达的民俗要素是什么？数字故事民俗地图都有哪些表现方式和组织结构？数字故事民俗地图的地图要素都有哪些？数字故事民俗地图如何达到现代地图的规范？针对这些问题，本节围绕数字故事民俗地图的目标和性质、类型和结构、制图理念与人文要素等关键词进行讨论。同时，为更好地实现数字故事民俗地图的编绘理念，我们使用数字化技术为编绘研究的手段。数字故事民俗地图研究主要是民俗学与地理学的交叉研究，借用地理学方法，又具有民俗学规定性，在表现研究成果和辅助研究方面，有一定的作用也有一定的局限，需要通过计算机技术做一部分的弥补，以发挥数字故事民俗地图的更大功能。

一、数字故事民俗地图的目标和性质

编绘数字故事民俗地图的学术目标，从民俗学研究方面看，通过民俗地名的地图表现形式，直观表达民俗传承过程和民俗文化空间，它一方面利用地理地图学的研究成果，将民俗学研究成果中的民俗要素转化为地图要素，另一方面利用计算机技术的应用成果，将民俗学研究成果中的民俗内容，通过链接在地图上的数据库、表格、图片、动画、音视频多媒体资料等，转化为可视化内容。数字故事民俗地图的性质，借用地理学方法为民俗学研究所用，但对民俗学研究来说，地图方法又具有一定的局限性，主要表现在对民俗事象、历史事象和地方事象的体现与局限等三方面。

（一）数字故事民俗地图对民俗事象的体现与局限

数字故事民俗地图对民俗事象的体现，一是呈现民俗文化的地方性，二是呈现民俗传承的地理历史状况。但这也有一些具体问题，如对中国典籍中的原始地图和现代地图的关系的正确把握，以及对行政地名和民俗社会地名的正确认识等。以下拟就目前学术界所涉及到这方面问题的历史地理学、自然地理学、民俗学和人类学的一些观点进行讨论，然后确立本书在这个问题上的研究起点，梳理这方面的研究文献史，对数字故事民俗地图编绘的可能性和地图表现的局限进行讨论。

1. 呈现民俗文化的地方性

地理学和民俗学都关注的一个中国古代文化现象，就是很多中国历史典籍是有绘图的。《山海经》就是一个有图画的重要典籍，在中国文化史上，它既被归为地理类，也被归为子部杂纂类，后来也被民俗学者归为民俗典籍，可见它受多学科门类关注的程度。

钟敬文早在20世纪30年代初就开始研究《山海经》，他的研究确立了民俗学界将此书定为民俗典籍的立场。[1]在现代民俗学史上，甚至有一段佳话，就是历史学者顾颉刚曾劝说钟敬文把这一研究写成一本书，钟敬文似也有志于此，于1929年确定了此著的名字为《〈山海经〉之研究》，惜因后来其他研究繁忙和赴日留学未能最终成书。但钟敬文还是在晚年的执教中，由一位弟子继续进行了这方面的工作，撰写了研究《山海经》的博士学位论文。[2]

与钟敬文同时代的其他著名学者，如鲁迅、周作人等，也有讨论过《山海经》。[3]今天看来，这种众多著名现代人文学者对《山海经》中的"民俗图画"

1 钟敬文《〈山海经〉是一部什么书——〈山海经研究〉的第三章》，引自钟敬文《钟敬文民间文学论集》（下），340页，上海文艺出版社，1985。

2 刘宗迪《论〈海外经〉与〈大荒经〉与上古历法月令制度的关系》，打印本，北京师范大学博士学位论文，2001。博士生导师：钟敬文教授、董晓萍教授。

3 详见钟敬文《作为民间文艺学者的鲁迅》，引自钟敬文《钟敬文民间文学论集》（上），373页，上海文艺出版社，1982。

的讨论，已成为一种学术文化现象，它扩大了这种古图在现代人群中的影响。此后，还有其他民俗学者从神话学的角度对《山海经》及其图画做了研究。例如，袁珂提出，《山经》主要本于九鼎图，《海经》是一种“招魂”图像，大概是古代巫师使用的巫书的形式。[1] 比较晚近的研究是马昌仪的《古本山海经图说》，她说：“古之为书，有图有文，图文并举是中国的古老传统”，“历代注家和研究者对《山海经》古图的推测，大致可以归纳为禹鼎说、地图说、壁画说和巫图说四种。”[2] 她还提出了这种概括的依据。不过，此书的贡献还在于搜集了 2000 多幅图，这种资料的丰富性，有利于我们观察民俗学者据此界定古图的视角。我们看到，在这一点上，此书没有突破鲁迅、钟敬文等的观点，还是把《山海经》的古图当成神话学图说看待的。

《山海经》的绘图方式，是中国古图描述人文事象的一种特点。直到 1936 年 Frank Dorn 绘制的《老北京风俗地图》，[3] 也是将代表各种民俗活动的人物形象或动植物形象直接画在北京城图上。有的日本学者和中国民俗学者认为，采用符号代替实物形象的地图，可命名为“记述的地图”。[4] 总之，我们看到，民俗学者并没有直接把《山海经》一类的绘图称为“地图”，他们是强调其神话含义和民间宗教仪式的痕迹的意义的，但他们也没有说明这种古图与地图的差别。即便少数现代民俗学者把这类图叫作“记述的地图”，也还是基于人文事象的界定，还不是本书所说的地图概念讨论。

历史地理学者在讨论这类古图时，采用了地理地图学的立场，因而对使用“地图”的概念十分谨慎，他们称之为“古地图”或“古代的地图”。[5]

今天，对这类地图，还需要从历史地理学和民俗学两个角度讨论。从历史地理学角度看，他们把这种地图界定为“古地图”，也称“原始地图”，他

---

1 袁珂《袁珂神话论集》，15—18 页，成都：四川大学出版社，1996。

2 马昌仪《古本山海经图说》，1、3、12、14 页，济南：山东画报出版社，2001。

3 [法] Frank Dorn《老北京风俗地图》，北京：学苑出版社，2004。

4 何彬《民俗地图小论》，载《民间文化论坛》，2005 (1)。

5 葛剑雄《中国历史地图：从传统到数字化》，载《历史地理》，2002 (18)。

们提出，古图中所描述和绘制的画面，是早期地方和多民族报告的情况、朝圣的路径、日常避兽或难以通行的地方，而这些内容所产生的时间未必就是当时绘图的时间，“这应该是一种年代久远的传统”，“并非过去的地图或历史时期的地图都属于历史地图”，而“严格说来，在不具备在地图上即时显示地理状况变化的条件下，所有地图所表示的内容都属于过去”，[1]因此，他们认为，这种古图不是地图，是“以表示人文社会地理要素为主”的古图。但从民俗学的角度看，历史地理学也正是在这里遇上了民俗学。从民俗学角度看，这种古图的真相正是长期存在的，约定俗成的、经本土集体认同的地名集成，不过一般地理学者无法解释，它需要利用民族志、民俗志和相关地方知识做工具，与民间解释相沟通，才能获得地名的原来含义。

从自然地理学的角度看，绘制人文地理地图是必要的，在这种地图的绘制中，也可能多少涉及民俗事象，主要是采用了与民俗社会看重的地名相重合的行政地名。他们的看法是通过古图地名上的人文社会地理要素，与古地理环境相叠加分析，认识人类活动的历史和地理环境的发展历史，研究人类影响下的地理环境自然演变规律，从而了解它的演变前景。[2]在地理学者看来，这类古图中的地名并不是准确的，无法直接与地理环境背景图相叠加，但是，可以通过考古等转换成行政地名，将其中的人类活动信息提取出来。从这个角度来说，自然地理学的考察，也要应用历史地理学研究的成果。

在民俗学研究的范围内，民俗学者发现，许多民族共同体所拥有的共同历史民俗事象往往被地名化，然后获得跨历史的传承，流传到今天。在现代民俗学史上，钟敬文、胡愈之、赵景深、徐蔚南等都做过讨论。[3]也有民俗学者对这方面的地名做了初步分类，指出，它们包括祖先开基地名、地方风物

1 葛剑雄《中国历史地图：从传统到数字化》，载《历史地理》，2002（18）。

2 周廷儒等《关于开展地理环境演变与预测的研究》，载《地理学与国土研究》，1985（2）。

3 钟敬文《中国的地方传说》，引自钟敬文《钟敬文民间文学论集》（下），77—78页，上海文艺出版社，1985。

地名、民俗圣地地名、口述文学地名、知名物产地名和名匠工艺地名等。[1]这些地名不仅有对本民族成员巨大的精神向心力，也因为这种精神向心力而对地名产生了稳固的作用，使这种地名比行政地名更难改变。当然，在我国长期的多民族多地域发展历史中，这类地名被吸收为行政地名的现象是很多的，如河北栾城县寺北柴村就是这种情况，它是由一个寺庙背后的村庄地点变成地名的。[2]自现代民俗学兴起以来，还有一些地名的出名是由现代人文学者发掘出来的，它们原来是行政地名，但被人文学者指出了其中的丰富民俗内涵。[3]我们调查的另一个地点“香山”，据人文学者研究，全国有 9 个，我们所调查的香山位于河南省宝丰县，学者指出了它是中原地区的妙善观音信仰圣地，我们看到，民俗学也正是在这里与历史地理学相遇了，他们的看法是：

> 传说中的地点名称经常与山脉、岛屿、寺庙结合在一起，有时也把寺庙想像成山。在妙善传说中，香山的名称可以使虔诚的信徒赋予这个地点以双重地位：既是一所信徒可以朝拜的真正寺庙，又是一座圣山。[4]

总之，这类地名，尽管在行政地名上不重要，但在民俗学上特别重要。它们中间有一部分已经被行政地名化了，但同时还享有民俗观念和民俗行为的滋养。也有一部分不是直接地但是间接地与行政地名有关，是通过一个文化圈、一个语言圈或者一个原生态社区的内在民俗相关的行政地名构成的地

1 民俗学者关于这方面地名的复杂性的详细讨论，参见董晓萍《说话的文化——民俗传统与现代生活》，199—200 页、202—210 页，北京：中华书局，2002。

2 [美]欧达伟（R. David Arkush）、董晓萍《一个城边渠畔旱作联族村庄的调查报告——以河北栾城县寺北柴村刘姓家族契约与相关访谈资料为例》，1 页，内部资料，未刊稿，2005。

3 钟敬文《中国的地方传说》，引自钟敬文《钟敬文民间文学论集》（下），79—82 页，上海文艺出版社，1985。

4 董晓萍《田野民俗志》，174 页，北京师范大学出版社，2003。另见[英]杜德桥（Glen Dudbridge）《妙善传说》，123—124 页，李文彬等译，台北：巨流图书公司，1990。

名链，这种地名链一般不在地理学者的视野之内，但它却对一个国家民族的自我认同传统和文化遗产的确立，起到至关重要的作用，甚至有时还起到地理认同的作用。在这方面，人类学者也有讨论，他们关注地名，但不为地名所羁绊。劳格文经过在闽、粤、赣三省交界的客家社会研究中，发现客家地区至少要分成四片，即闽西、赣南、粤东、粤北，并认为客家语言于元朝在闽赣交界区形成之后，很快就向粤东发展。从明中叶开始，这两个地区的移民把它带到粤北和整个赣南。因为粤北和赣南在清初之前不能算是客家，他们的文化与北方的赣文化有很多共同点，他们与客家的关系，更多地同属于一个语群，而非族群。[1]

对此，民俗学者进一步指出，人文学者关心地名和地名链上面的人际关系、社会关系与文化关系，也要考虑到托举着这些关系的数十年、数百年没有变化的地名本身，同时还要考虑到地名与种种人文社会关系复杂变迁构架，所以，他们倾向于将行政地名和人文社会关系地名分层表达，建立多样化的表达样式。[2]

我们从他们的讨论中可以看到，历史地理学者、自然地理学者和人文学者对地名的讨论，虽然有学科背景、学术传统和研究目标的差异，但毕竟都在说地名，也都提到如何看待地图，这对后来的研究者来说，就是一个让人兴奋的挑战。差异是有的，但无论怎样，有一点是共同的，就是行政地名和人文学者讨论的地名在人文社会地理交叉要素上，都会涉及地方区划、地名、道路、山川、河流、水渠、湖滨、建筑物、民用和军事设施等，对那些变动特别剧烈和社会原因特别复杂之处还都有不同形式的详细记录或民俗民间文学资料，而本书所谈的数字故事民俗地图，就是要在这种复杂程度足以反映地理与民俗社会的双重关系，又有可以有研究成果做界定的地方，开展尝试

1 [法]劳格文(John Lagerwey)主编《客家传统社会》，中文序二，494页，北京：中华书局，2006。

2 董晓萍《传统社会与民俗社会》，引自[法]劳格文(John Lagerwey)主编《客家传统社会》，后记，1003—1005页，北京：中华书局，2006。

性的探索。本书努力将这些学术讨论和前人成果积累变为一个起点，在其中找到双方的交叉点，再发现数字故事民俗地图使用地名和相关制图要素的要点，然后向前迈进一步。总结这些研究成果，编绘数字故事民俗地图，在呈现民俗文化地方性方面，主要体现在以下三点。

第一，采用民俗地标体现民俗地方性。民俗地标，是民俗学与地理学的交叉概念。在地理学中，进行遥感制图和卫星影像判读时，需要建立一些如色调、形态、组合特征等判读标志，以便提取遥感图像中的专题信息。[1]我们可以将地理学中的地标，理解为能够确定标示地图、卫星影像和航片上的图形与实际地表相联系的明显标志物。而在民俗学中，“民俗标志物”的概念，一般被理解为是能够代表某地民俗事象特点的典型事物或行为事件。[2]

本书所说的民俗地标，与上述两种概念均有联系，但又有不同。民俗地标，是指在某次的民俗田野调查和民俗学研究中，与具体的研究内容密切相关，可以体现历史人文内涵的地理实体，其目的是建立地图、地物和民俗含义间的相互联系。它可以是具体的地物，如寺庙、井、河流、水渠等，也可是一种具有文化关联性质的地名，如护国寺、武夷山等。从地图的表现形式来说，它表现的不是民俗事象的资源本身，而是与民俗事象相关的地点、场所和环境，当这种地点和场所显得相当重要的时候，在某种意义上就可能成为“圣地”，构建了民俗文化空间。

第二，采用相关民俗的组合地图方式表现民俗地方性。民俗作为一种文化现象，从来不是孤立的，它作为一种民众的生活文化，更是融合在一起，多种民俗事象相互黏合，成为民众生活的活态文化。

第三，采用专家系统地图体现专家对民俗地方性的研究。数字故事民俗地图不仅要体现民俗事象和民俗资源的地方性，更主要的是要体现民俗学者对民俗地方性的研究成果。相对自然现象来说，民俗事象的产生和发展规律

---

1 张力果等编著《地图学》，67 页，北京：高等教育出版社，1983。另见蔡孟裔等编著《新编地图学教程》，251 页，北京：高等教育出版社，2000。

2 董晓萍《田野民俗志》，422 页，北京师范大学出版社，2003。

要复杂得多，使用地理方法编绘等值线图可以看出地表干旱程度的递变规律，但简单使用地理方法编绘民俗志词语的方言地图，就不一定代表了民俗文化的中心与周圈传播规律。通过建立专家系统，使用专家系统地图体现民俗地方性，既可以表达专家研究成果，同时又成为相互验证比较的工具。

从民俗地图的学术史来看，体现民俗资源地方性的民俗分布地图，在基础资源描述和原始资料分级分类方面，对民俗学者研究有重要作用，它也是在民俗地图的起步阶段，最容易利用地理方法制作、数量最多的一种。

当然，要将其作为研究资料使用，这种地图尚显不足，还要用其他手段改造和利用，以便与其他资料结合使用。例如采用 WebGIS 的数字地图展现模式，将其中包括的行政地域分类、民族分类和专业分类信息用逐步显示和交叉查询的方式包含在地图中，而讲述人（或表演者）信息和搜集数量等通过点击查看数据库的形式展现出来。

2. 呈现民俗传承的地理历史状况

在现代民间文学传承研究方面，芬兰学者开创了历史地理研究方法，他们关注的重点，是民间文学作品的体裁与情节内容。中国学者顾颉刚关于孟姜女故事的研究，同样采用了历史与地理相结合的研究方法，但他把故事作为民众的想象和真实情感所在，梳理故事的历史的系统和地域的系统，进行民俗传承中时间与空间的关系分析，并从这一角度，涉及到与地理学相交叉，把地图想象为一种人文研究工具。

钟敬文在 20 世纪 80 年代回顾了顾颉刚的研究，并对其学术史贡献做出评价，同时进一步提出，作为民俗传承研究来说，还需要理解作为人们意识形成的民间传说的产生和演变跟广大群众社会地位和现实生活的密切关系，他在说明孟姜女故事内容情节大转变的原因时，提出必须找出导致这个传说大转变的社会背景。[1] 这里所说的社会背景，包括了历史的地理环境和人文社会环境，是在一定时间和空间中形成的民俗事象传承的地理历史状况。为了

1 钟敬文《为孟姜女冤案平反》，引自钟敬文《钟敬文文集 · 民间文艺学卷》，545—546 页，合肥：安徽教育出版社，2002。

分析民俗传承的社会背景，民俗学和历史学产生了必然的联系，并从历史文献的记载中找到这些历史事实的根据，我们在今天看过去，似乎也从他们的描述中，看到了一幅幅历史变迁的地图。

历史地理学研究把历史时期的社会背景变化作为主要的研究内容，“历史地图问世的前提是古今地理环境的变化，正是这类变化才使人们不得不需要看到直接反映古代地理要素的地图”，[1] 因此，历史地图在空间上表现时间变化。从民俗学的角度来说，历史地图的时空变化，成为了民俗传承时空关系分析的背景。当然，历史地理学的研究，除了考证山川等自然地理要素的变化，也表现人文、社会地理要素的变化，其中也多少涉及民俗事象的内容。历史地图采用地理地图的方法，按各历史时期的地区分幅，呈现时间的变化过程。

从自然地理学的角度看，分析时间上的空间动态变化过程是必要的，主要是分析与民俗传承的社会背景相重叠的自然因素，而且形成了一套地学信息图谱的分析方法。地理学者认为对自然因素的时空分析，可以比较相关地理要素之间的关系，从历史时期的空间格局变化规律，做趋势预测，得出影响自然因素变化的机制。例如，有地理学者使用图谱方法，分析 18 世纪中叶以来不同时段的中国水灾格局。[2] 地理学者使用了图谱的方法，分析地理要素的空间格局变化。在他们看来，图谱“能够反映自然、社会经济要素和分布现象的相互制约、相互联系及其区域历史发展的过程”，可以“应用地学分析的系列多维图解来描述现状，并通过建立时空模型来重建过去和虚拟未来”。[3] 因此，“图是某一时刻凝固的谱，谱则是某一特征流动的图；图与谱合一所形成的图谱，是空间与时间动态变化的统一表达”。[4]

从民俗学的角度看，在民间文学和民俗学的研究中，民俗事象的特征之

1 葛剑雄《中国历史地图：从传统到数字化》，载《历史地理》，2002（18）。

2 王静爱等《18 世纪中叶以来不同时段的中国水灾格局》，载《自然灾害学报》，2001（1）。

3 陈述彭等《地学信息图谱研究及其应用》，载《地理研究》，2000（4）。

4 王静爱等《基于灾害系统论的〈中国自然灾害系统地图集〉编制》，载《自然灾害学报》，2003（4）。

一是具有传承性和扩布性，"使民俗文化的传承成为一种时空文化的连续体"。[1]在民俗学的研究范围内，这种民俗文化附着在地名上，通过时空的纵横比较，寻找地域和民族文化的同源及彼此间的差异性。这种时空比较研究，贯穿在上述顾颉刚、钟敬文等所做的研究中。钟敬文晚年提出的"多民族的一国民俗学"学说，则是把这种民俗的时空传承特点和研究要点做了理论总结。

我们从他们所做的研究中可以看到，历史地理学者、自然地理学者和民俗学者对时空的讨论，虽然有学科背景、学术传统和研究目标的差异，但毕竟都在说时间与空间的关系，也都提到研究方法的问题，这对后来的研究者来说，就是一个非常重要的启示。我们认为，差异是有的，但无论怎样，有一点是共同的，就是他都关心地理要素在历史上的变动情况，都会寻找一种历史与地理相结合的研究方法，使用地图或把地图想象为一种研究工具，而本书所谈的数字故事民俗地图编绘，就是要在这种不同学科间相通的研究方法中，借用地理学已有的一些方法，又可以适用于民俗学研究成果的特点，开展尝试性的探索。在些研究成果基础上，编绘数字故事民俗地图，在呈现民俗传承的地理历史状况方面，主要体现在以下三点。

第一，体现民俗传承中有人文历史的结合点的历史变迁。对于数字故事民俗地图来说，这些结合点是民间叙事文本中的民俗志地名，体现民众对民俗的空间认同，有些地名确实存在，世代相传，不断重复，形成文化空间中的网络结点。

第二，体现民俗传承中流布地的扩展线。对于数字故事民俗地图来说，这些变化路线是由民俗传承中的流布地地名连接而成的，有些地名存在于历史文献的记载，有些地名存在于民众的记忆中，它们在时间的纵向上，连成横向的扩展线，构成文化空间的中心线或边界。

第三，体现民俗传承中文化空间的扩布范围。对于数字故事民俗地图来说，文化空间是由民俗传承中区域性地名构成的，是结合点连成的不规则三

---

1 钟敬文主编《民俗学概论》（第二版），12 页，北京：高等教育出版社，2010。

角网，是扩展线围成的多边形。

不过，数字故事民俗地图，要符合现代制图规范，通过符号、颜色等地图要素表现出来的，只是反映民俗传承的地理状况的一些地名的历史变化，而地名背后的民俗文化含义及其历史信息，无法通过地图直接呈现，地图表现有一定的局限，这可以通过数据库等其他形式的配套使用，做适当的弥补。

（二）数字故事民俗地图对历史事象的体现与局限

民俗学研究使用的历史方法，一是民俗学研究中采用的历史经验论，二是以历史科学为指导描述民俗事象。数字故事民俗地图对历史事象的体现，主要通过民俗事象的历史地名呈现。在这个问题上，需要讨论如何理解地方史志文献中的历史地名考证问题和如何认识行政历史地名与民俗社会地名的问题。民俗学研究使用历史文献，主要目的在于研究民俗传承。对数字故事民俗地图的编绘来说，主要面临处理历史地名的问题，以表现历史事象为内容的历史地图为底图，讨论数字故事民俗地图对历史文献的处理与体现的问题。

带着这些问题，我们再来看顾颉刚的孟姜女故事研究。顾颉刚利用历史文献研究故事，重视口头文献，开创了当时中国历史学界的新史学派。从民俗学的角度来说，他通过对故事的研究，分析民俗文化的传承，使用历史文献（包括口头文献），一方面分析故事中承载的民众情感、生活与社会文化背景的历史变化和地域差异，一方面分析故事文本的流传地域，两方面是相互联系、相互影响的。他具体分析了故事承载的民俗文化，并做了社会背景分析和地域差异的比较描述。[1]这些社会背景和地域差异，是他从历史的系统和地域的系统梳理的历史文献的描述内容中分析得出的，以民间文学与民俗文化的关系为主线，把它们穿起来。在故事文本流传地域的分析方面，他当时有以下一段论述。

---

1 顾颉刚《孟姜女故事研究》，引自顾颉刚编著《孟姜女故事研究集》，67—68 页，上海古籍出版社，1984。

> 就历代的文化中心上看这件故事的迁流的地域。春秋战国间，齐鲁的文化最高，所以这件故事起在齐都，它的生命会日渐扩大。西汉以后，历代宅京以长安为最久，因此这件故事流到了西部时，又会发生崩梁山和崩长城的异说。从此沿了长城而发展：长城西到临洮，故敦煌小曲有孟姜寻夫之说；长城东至辽左，故《同贤记》有杞梁为燕人之说。北宋建都河南，西部的传说移到了中部，故有杞县的范郎庙。湖南受陕西的影响，合了本地的舜妃的信仰，故有澧州的孟姜山。广西、广东一方面承受北面传来的故事，一方面又往东推到福建、浙江，更由浙江传至江苏。江浙是南宋以来文化最盛的地方，所以那地的传说虽最后起，但在三百年中竟有支配全国的力量。北京自辽以来建都了近一千年，成为北方的文化中心，使得它附近的山海关成为孟姜女故事的最有势力的根据地。江浙与山海关的传说联结了起来，遂形成了这件故事的坚确不拔的基础，以前的根据地完全失掉了势力。除非文化中心移动时，这件故事的方式是不会改变的了。[1]

对这些历史文献中记载故事的历史地名，他做了历史、政治、文化地位的历史比较，看故事文本与流传地域的关系。当然，仅从这些历史文献描述和记载的历史地名，去分析故事的民俗传承是不够的，顾颉刚提出，还需要从民众的感情与想象上看故事的酝酿力，从民间故事口头性的变异与稳定因素看故事的散乱情状，从民众对传说的解释上看故事的变迁的样子，从故事的意义看民众与士流的思想的分别等。[2]这是由故事传承的特点决定的，从民俗学的角度使用历史文献，关注文献本身流传的时间和空间，也关注文献中

1 顾颉刚《孟姜女故事研究》，引自顾颉刚编著《孟姜女故事研究集》，67 页，上海古籍出版社，1984。

2 顾颉刚《孟姜女故事研究》，引自顾颉刚编著《孟姜女故事研究集》，69—70 页，上海古籍出版社，1984。

承载的历史文化现象，民俗学者看待历史地名，也从这两个方面去把握，同时从民俗传承的特点把握它“史实上的地位”与“传说上的地位”的认识。与顾颉刚同一时代的其他著名民俗学者，如钱南扬、赵景深、钟敬文等，也对中国著名的传说故事进行了研究，虽然研究方法，有些相同（如钱南扬的祝英台故事研究、[1] 赵景深的白蛇传故事研究 [2]），有些不同（如钟敬文天鹅处女型故事研究 [3]），但对使用历史文献的关注点是相同的，对历史地名的认识也是类似的。钟敬文《中国的地方传说》同样也表述了这种认识。[4] 这些研究中的观点与看法，对编绘数字故事民俗地图的重要启示在于，要考虑民俗学者对历史文献中历史地名的理解与使用特点。

历史地理学者则主要关注历史文献中历史地名的历史真实性。他们的看法是，地方史志文献中或多或少保留了一些不见于其他记载的原始史料，但在使用时必须对每一条进行审慎的考核，因为旧方志中有许多是“靠不住”的。[5] 因此，他们注重对历史文献中历史地名的考证，并标注在历史地图上，对于中国 20 世纪以前的历史地理资料，只用政区和地名描述，几乎没有以经纬度式的地理坐标来表示地点和方位，他们要用现代科学方法进行精确考证，认为“不准确决定这些地名的地理坐标，这些资料就毫无空间概念可言”。[6] 在数字故事民俗地图的编绘中，当然也包括了这些可以考证的历史地名，在这方面正可以利用历史地理学的研究成果。

---

1 钱南扬《祝英台故事叙论》，原载《民俗》周刊，1930 年 93—95 期，收入王秋桂编《中国民间传说论集》，125—135 页，台北：联经出版事业公司，1980。

2 赵景深《白蛇传考证》，引自王秋桂编《中国民间传说论集》，159—189 页，台北：联经出版事业公司，1980。

3 钟敬文《中国的天鹅处女型故事——献给西村真次和顾颉刚两先生》，引自钟敬文《钟敬文文集·民间文艺学卷》，581—619 页，合肥：安徽教育出版社，2002。

4 钟敬文《中国的地方传说》，引自钟敬文《钟敬文文集·民间文艺学卷》，484—485 页，合肥：安徽教育出版社，2002。

5 谭其骧《地方史志不可偏废，旧志资料不可轻信》，引自谭其骧《长水粹编》，393—396 页，石家庄：河北教育出版社，2000。

6 葛剑雄等《二十世纪的中国历史地理研究》，载《历史研究》，2002 (3)。

地理学者使用历史文献中的历史地名，主要关注地理历史事象的“分布区域”。地理学者认为，相对来说，自然地理要素的变化较缓慢，我们现在正处在长时段自然演变规律的一个阶段，而现代科学技术的发展又使大时间尺度的地理环境演变研究和探索成为可能，例如，遥感技术和人造卫星的结合，使人类具有了能作全球性监测的手段；深海勘探和极地冰盖钻探技术的发展，对研究全球性的气候和洋面变化提供了意想不到的新资料；显微技术的进步使人类有可能从微观世界的研究中解决以前不能解决的难题；年代学特别是放射性同位素与古地磁测年技术的进步对确定环境演变中重大事件的确切出现时期提供了强有力的武器；大容量快速计算机的使用，使大量资料的综合处理以及环境变化的模拟试验等有了可能等等。不过，我们现在所面对的自然环境，是“叠加了人类活动影响”的自然规律，因而，要开展人类活动历史的考古研究和古地理综合制图研究，需要历史文献的记载和考证。[1]

民俗学和地理学都讨论使用历史文献和考证历史地名的问题，在行政历史地名的认识上是相同的，对数字故事民俗地图来说，就是要在前辈学人在各自领域创建的基本理论基础上，充分利用交叉学科的互补优势和研究成果，在民俗学研究方法论方面做一些初步探索。当然，但它们有各自不同的学术性质、研究资料和研究目标，对历史事象的体现和研究有不同的视角，对不同考证的民俗志地名的使用是不同的，这也是在编绘数字故事民俗地图时要特别注意的地方。

数字故事民俗地图对历史事象的体现，主要通过使用地方史志文献资料，原因在于，一是地方史志文献在体例上对某一地域的故事、节日、习俗等做综合描述，二是地方史志文献往往按行政区域地名记述，容易将民俗社会地名与行政历史地名相比较考证，也容易将故事文本的流传地域与社会环境背景联系起来。数字故事民俗地图通过历史地名的处理，表现出对历史事象的体现与局限，主要包括以下两点。

---

1 周廷儒等《关于开展地理环境演变与预测的研究》，载《地理学与国土研究》，1985 (2)。

第一，界定并提取历史文献中的描述地名。主要指当民俗学者使用历史文献进行专题研究时，在历史文献的原文中出现的地名信息。民俗学者主要关注地名中承载的民俗文化。在顾颉刚的孟姜女故事研究中，为了说明“长城”的情节始于唐代，他翻阅唐代文献关于妇女哀怨的记载，发现那些兵士的妻子们“魂梦中系恋着的，或是‘玉门关’，或是‘运阳’，或是在‘渔阳’，或是在‘黄龙’，或是在‘马邑、龙堆’，反正都是在这延亘数千里的长城一带”。[1]不过，如洪长泰说，“仅用唐朝妇女不满于政府徭役政策的一条孤证，去证明哭倒长城的变化情节的由来，是很困难的”[2]。

数字故事民俗地图体现这些描述地名，为民俗学者分析历史事象和民俗传承，评价这些历史地名的“传说上的地位”，提供了空间概念，但同时又无法看出相关的地域文化信息，具有一定的局限性。而且，这些地名，虽然有一定“狭义的历史性”，但却不能总将其与实际地名一一对应看待。弥补这种局限性，一是要建立数字故事民俗地图体现描述地名的历史序列，放在历史和地域的背景下来体现；二是给数字故事民俗地图赋予数据库等表现文献来源、原文内容及相关研究等内容，供民俗学者配套使用。

第二，界定和体现历史文献中的记载地名概念。主要指历史文献所记载区域的地名，如福建《宁化县志》中的“宁化县”，这种情况以各类地方志为居多。在民俗学者使用历史文献进行研究时，记载地名是判断民俗传承的历史区域的一项依据，这似乎已形成一种共识。数字故事民俗地图根据民俗研究的专题，表现其相关历史文献的记载地名，不仅可以体现民俗传承的历史区域情况，而且也可以体现历史文献本身的情况。

不过，地方志所记载的地区，只表示这个地区可能有这种民俗活动的传承，但并不一定代表了民俗传承的地域范围，在这方面，也可以通过数据库

---

1 顾颉刚《孟姜女故事的转变》，引自顾颉刚编著《孟姜女故事研究集》，14 页，上海古籍出版社，1984。

2 [美] 洪长泰 (Chang-tai Hung)《到民间去——1918—1937 年的中国知识分子与民间文学运动》，159 页，董晓萍译，上海文艺出版社，1993。

等方法做适当的弥补。例如，有些地方志直接引述前人著作进行民俗事象的描述，“述而不作”，这些引述内容原来有可能是描述其他地域的。因此，数字故事民俗地图对于通过这种地名体现历史民俗事象，一种方法是，将原文内容、原文引述和原文评述分图层存储，并在数字故事民俗地图中叠加呈现，同时配套数据库做文献原文的注释，供民俗学者查阅。

（三）数字故事民俗地图对地方事象的体现与局限

数字故事民俗地图通过历史地名体现历史事象，同时，它还要体现民俗学田野调查中的地方事象，主要通过民俗地标、地图单元和共享地域范围体现。

民俗学对地方社会的研究，往往从民间的社会组织入手，构建地方的民俗社会，重点研究社会组织的形成、结构、仪式和组织间关系等，对传统地方社会进行深描。在《民俗学概论》中，对以血缘关系为主的宗族组织民俗、以业缘关系为主的社团组织民俗和以地缘关系为主的社区组织民俗，作了系统描述，并认为，中国传统社会的基本社会单位是宗族，宗族制度体现了中国基层组织及其传统文化，家庭作为宗族的一分子，主要是生育单位和经济单位。[1]社团组织如行会，一般有固定的交易地点（行的所在地或其他固定场所），凡有交易或雇佣，供需双方皆于一定时间会集于行的交易地点进行，谓之“上行”。[2]在社区组织的地域单元方面，《民俗学概论》认为社区组织是在宗族范围之外更广泛的互助关系，包括村落组织和联村组织两种空间尺度。[3]

在这个问题上，董晓萍在《民俗学导游》中，对民间社会组织的空间问题，作了更具体的描述，指出地方社会从血缘、地缘和社缘关系组织，相对应的家族、村落和社区的概念及其与自然地域的关系。[4]其主要观点是，第一，家族村落是中国农业社会中，体现民众生存与生产活动的基本组织形成，既是人们

1 钟敬文主编《民俗学概论》（第二版），78—101 页，北京：高等教育出版社，2010。

2 钟敬文主编《民俗学概论》（第二版），93 页，北京：高等教育出版社，2010。

3 钟敬文主编《民俗学概论》（第二版），98—99 页，北京：高等教育出版社，2010。

4 董晓萍《民俗学导游》，127—145 页，北京：中国工人出版社，1995。

获得繁衍发展的自然单位，也是群体取得社会性认可的文化单位，其最基本的结构要素是家庭。第二，自然村家庭共同体，是家族村落的第二个结构要素，由同一姓氏的家庭拥有村落特定的居住区域、耕田和祖坟等祖产形成，是血缘与地缘的历史结合。第三，村落组织是由血缘家族亲属之间的临时性互助发展而来的小型民间组织。第四，社区组织是地缘性质的大、中型组织，以某民俗圣地或农资集散地所在的自然村为中心点，以若干相邻村落相毗连的自然区划为范畴，形成历史上的民间结社。第五，社区集团进一步发展，使各种职能、技能、艺能人员的地位阶层化，身份固定化，就产生了超越血缘、地缘的会、党、帮、社等社缘组织，民间行会组织是这种社缘组织在我国传统社会的普遍存在形式之一。董晓萍《现代民俗学讲演录》讨论了宗教组织民俗，认为宗教民俗的物质形态有宗教寺庙、圣地民俗和碑刻民俗等几种，[1] 由此认识到民俗社区组织的微观文化空间概念和胡同社会的社区文化空间概念。

上述研究指出了社会组织民俗不同层次的空间地域关系。数字故事民俗地图在体现地方事象方面，需要根据民俗学者的研究，选择相应的地域范围（或图幅范围）、地图单元和民俗地标。由此，数字故事民俗地图可以表现的最小地域范围是自然村落，最小的基本民俗单元是家庭，按每户的情况做比较和统计，反映的是村落的地域空间，代表的是以血缘关系组织的家族。数字故事民俗地图所能够表达的地方事象，主要有以下三个方面。

一是提供村落内部民俗资源的数量和空间结构特征，辅助分析家族之间的关系。如村落中家族姓氏分布与历史，水车户、纺车户和织布机户的家族分布和家族联盟关系等。

二是提供反映社会组织的各人文历史结合点，如祠堂、寺庙、集市、会社集会场所、书院等，和地方社会传承路线，如祭祖路线、朝圣路线、风水路线、通婚路线、贸易路线、供水路线、祈雨路线和说唱路线等的空间位置关系。

三是提供村落文化共享地域范围的线索，构建地方文化空间。如将民俗

---

1 董晓萍《现代民俗学讲演录》，267—274 页，南宁：广西师范大学出版社，2007。

点、文化线以及相互联系的村落范围与行政单元、民族单元、语言单元、自然单元（地貌、地势、气候等）等地理单元相叠加，提供给民俗学者，结合其他文献资料和民间材料，分析地方文化网络的特点和共享范围，分析它与地理单元重合或不重合的特点。

数字故事民俗地图对地方事象的局限，主要有以下两点。

第一，相对来说，地理学较少关注微观社会，可直接利用为数字故事民俗地图底图的相关地理学研究成果较少，需要数字故事民俗地图的编绘者借鉴和利用地理学野外测量技术，重新编绘底图。数字故事民俗地图编绘，使用地理学野外测量技术，主要包括地图草测技术和 GPS 定位技术，[1] 再以地理学的大比例尺地形图做配准。但与地理学不同，数字故事民俗地图在使用这些技术进行测量时，主要资料来源是田野访谈资料，地图所体现的，是当地民众对民俗地标、村落单元和地域范围的地理认同和历史认同，从这个意义上说，数字故事民俗地图，同时又成为了民俗学者分析地方民俗资料的一种方法。

第二，数字故事民俗地图表现地方事象，必须放在地方背景和相关民俗资料中，否则便失去了它作为研究工具的意义。在这方面，需要将一些无法用比例尺衡量的重要文化地标的实景与数字故事民俗地图配合使用，让人直观感受到地方社会的背景；需要将地方社会的实时记录图标与数字故事民俗地图配合使用，让人能知道数字故事民俗地图在使用民俗资料时的过程和方法，确定它用于分析地方社会是可行的。

二、数字故事民俗地图的类型和结构

数字故事民俗地图对民俗事象、历史事象和地方事象的体现，是民俗学者研究时可以利用的一种新方法，但对于民俗学者的研究目标来说，也有一定局限性。这些局限性，大多是地图本身无法克服的，需要利用数字化技术，通过与其他资料的配合使用做部分弥补，同时，针对不同资料来源、研究性

1 王静爱主编《乡土地理教程》，37 页、86 页，北京师范大学出版社，2009。

质和成果形式，采用相应的地图结构形式。从人文学者使用地图的方式、角度和理念，民俗学和地理学在使用地图方面的联系与差别，以及数字故事民俗地图对民俗事象、历史事象和地方事象的体现与局限来看，就目前研究而言，数字故事民俗地图的结构形式主要有四种类型：主配地图论、组合地图论、数字地图论和集成地图论。

数字故事民俗地图的类型和结构，是针对一定的民俗资料来源、研究过程性质和研究成果形式，为体现地图所要表达的逻辑结构，所采取的地图表现形式和技术手段，包括多幅地图组合关系和地图与数据库、文字、表格等的配合使用等，它与地理地图学中的地图集、系列地图、地图集结构等概念有联系，也有区别。地理学的地图集基本概念，是“围绕特定的主题与用途，在地学原理指导下，运用信息论、系统论、区位理论，遵循总体设计原则，经过对各种现象与要素的分析与综合，形成具有一定数量地图的集合体”。[1]地图集不是简单意义上多幅地图的任意叠加，而是科学研究成果的综合总结。数字故事民俗地图，在一定意义上是一种小规模的地图集，类似于地理学中的专题地图集，[2]但数量上没有达到地图集的规模，编绘原则与体例也有所不同，相当于一套地图系列。地理学中的系列地图的概念，一般是指同一比例尺的多张反映某一主题相关内容的一组地图，如全国1∶50000系列地图，包括地形、地质、水文地质、土壤、土地利用、土地利用潜力等多种地图。[3]简言之，数字故事民俗地图的结构，在数量规模上类似于系列地图，在思想体系上类似于地图集，它包括地理学中地图集结构所指的主要技术参数（开本、比例尺、纸张、用色数、印数等）、图组、图幅顺序、地图分幅等内容，[4]但主要是指地图表现的逻辑结构和技术实现。

---

1 蔡孟裔等编著《新编地图学教程》，234页，北京：高等教育出版社，2000。

2 关于专题地图集的概念，可参见廖克《现代地图学》，44页，北京：科学出版社，2003。

3 廖克《现代地图学》，45页，北京：科学出版社，2003。

4 蔡孟裔等编著《新编地图学教程》，236页，北京：高等教育出版社，2000。

（一）主配地图论

数字故事民俗地图的主配地图论思想，有两层含义。一是为弥补同一比例尺图幅难以表现民俗资源地区民族分布极不均衡情况的不足，采用局部放大比例尺的配图方法。二是为弥补地图符号难以表现民俗学研究过程和民俗志地名难以定位的不足，采用制作图表与主图配合使用的方法，主要包括工作方法图表、民俗志地名列表和相关数据库等。主配地图的理论与方法，借鉴了地理地图学中关于地图集的地图分幅和图面配置设计的理论与方法。

在地理学的地图集编制中，地图分幅是指确定各图幅的制图区域范围、占用的幅面及拼版形式。[1]地图分幅设计的目的是使主题所在区域保持完整，主要考虑图面配置的问题，包括内容的重要性及详细程度、装帧形式、小图幅的安排，以及多幅相同主题图在同页中的组合等内容。地图分幅的目的在于表现研究内容的结构体系，它的图面配置设计主要内容是处理主图组合、主图与配图的关系问题。例如，谭其骧主编《中国历史地图集》，在处理全国行政区划范围的完整性和各区域中地名密集程度的不均衡性问题上，采用地图分幅和主配地图的形式解决问题，成为该图集的特点之一。它采用了按各历史时期的大行政区（或监察区、地理区域）分幅，各幅又按其内容的密度采用不同的比例尺，必要时插入比例尺特大的局部图的方法。[2]

对于数字故事民俗地图的编绘来说，地理学中采用地图分幅方法表现不同地区资源分布不均衡性，是数字故事民俗地图的主配地图论内容之一。但是，数字故事民俗地图采用主配地图结构，还有更重要的一部分原因，就是要制作民俗学者的研究方法补充图表，把研究方法贯彻其中，通过补充图表的配合，用图表的形式表达如何将历史文献资料、统计资料、口头访谈资料融入到民俗社会的文化空间中，结合历史地图信息建立属性信息与空间信息的联系，进而进行地理空间分析和社会历史文化分析，包括民俗分析，使得

1 蔡孟裔等编著《新编地图学教程》，237 页，北京：高等教育出版社，2000。

2 葛剑雄《中国历史地图：从传统到数字化》，载《历史地理》，2002（18）。

研究过程一目了然，也让人感到其研究方法是可信的。有时，民俗学者还可以根据理论假设抽取的主题，将对所调查研究地方的民俗社会的理解，通过地图、文字、表格的配合，给人以直观而深刻的印象。

（二）组合地图论

数字故事民俗地图的组合地图论的核心思想，是民俗事象的文化关联性。多种民俗事象之间是相互关联的，在民俗学的研究中，需要将它们组合起来综合考察，在民俗学研究中使用数字故事民俗地图，经常需要用一组相关的民俗地图体现，以适当弥补单张地图中缺乏地名背后民俗文化含义的局限。组合地图论的理论与方法，借鉴了地理地图学中关于地图集的图组的理论与方法。

在地理学的地图集编制中，“图组”的概念是相当重要的，尤其在体现自然和人文要素综合影响的地理现象时。地理学中的图组概念，主要是指为了更好地表达地图集的科学研究成果和主题思想，所要考虑的图组设计和图幅顺序安排，“每个图组包括哪些图幅，其先后的顺序如何排列，并不是单纯的技术问题，其体系与组合，体现了图集的科学性与逻辑性，直接影响图集的传递效果”。[1] 因此，图组的设计和图组内的图幅组合，是由编制地图集的理论基础所决定的。史培军主编《中国自然灾害系统地图集》的结构，是由区域灾害系统论的理论基础决定的，同时也表达该理论的研究成果，它的图组设计如下所述。

> 《中国自然灾害系统地图集》由中国综合自然灾害系统图系与主要自然灾害系统图系两部分组成。第一部分由中国自然灾害系统中的孕灾环境图组（地图 7 幅）、承灾体图组（地图 19 幅，统计图 11 幅）、致灾因子图组（地图 5 幅）、灾情图组（地图 20 幅，统计图 4 幅）、减灾图组（地图 5 幅）组成，总计地图 56 幅、统计图 15 幅。第二部分由地震灾害图组（地图 67 幅，统计图 6 幅）、水灾图组（地

1 蔡孟裔等编著《新编地图学教程》，237 页，北京：高等教育出版社，2000。

图 137 幅，统计图 12 幅）、台风灾害图组（地图 54 幅，统计图 10 幅）、雪灾图组（地图 21 幅，统计图 3 幅）、沙尘暴灾害图组（地图 41 幅，统计图 3 幅）、冰雹灾害图组（地图 20 幅，统计图 1 幅）组成，总计地图 396 幅，统计图 50 幅。[1]

其中，中国综合自然灾害系统图系着重反映形成中国自然灾害系统各要素的时空分异规律，中国主要自然灾害系统图系反映地震、洪水、台风、雪灾、沙尘暴、冰雹等 6 个主要灾害的时空分异规律，而每个图组中的图幅选择与组合，也均是按照灾害系统的原理进行体现的。例如，洪水灾害图组的设计思想如下。

本图组中，孕灾环境图主要反映了中国降水日数、降水量、降水强度的时空分异格局，以及中国河川水文网与径流系数的空间格局，从而体现了季风气候与西高东低的地势对中国洪水灾害孕育过程中的决定性作用。中国洪水灾害承灾体的图件除了与前一图系中的承灾体图组一致外，还特别考虑了城乡差别对洪水灾害的影响，为此增加了中国耕地分布、城市化程度等图件。中国洪水灾害承灾体主要是分布在大江大河中下游两岸及河流三角洲地区的广大的城镇与农村。洪水灾情图主要反映了以省为单元的洪水灾情统计结果，特别是因洪水造成的农作物受灾与成灾面积的年际变化，以及因洪水造成的受灾人口、死亡人口、倒塌房屋、直接经济损失的年际变化。从这些图中可以看出，中国洪水造成的死亡人口在减少，而直接经济损失在增加。为了能够更深入地了解中国洪水灾害的地域差异，选择了代表中国季风区南部的珠江流域、中部的长江流域、北部的松花江流域，对其洪水灾害形成过程中的地势与地貌格局、地

1 史培军主编《中国自然灾害系统地图集》，《编制说明》，6 页，北京：科学出版社，2003。

表覆盖状况、降水与河流水文的时空变化、洪水发生范围、洪涝灾情与动态及其强度等进行了系统性的表现。从中可以看出，中国大江大河洪水灾害深受流域土地利用格局变化的影响，其中低湿地所占面积、流域防洪工程规模、设防水平直接决定了流域水灾灾情大小。[1]

在反映理论框架和研究成果的原则与方法上，地理学的图组思想，可为数字故事民俗地图编绘时所用，但考虑到民俗学者使用地图，所关注的民俗文化地方性和民俗传承历史性，数字故事民俗地图采用了组合地图的方式。它的组合方式和组合内容，要表现民俗事象的特点，表现民俗传承论所研究的民俗文化关系。它的核心思想，是对民俗资料中提取的地名属性进行分类，进而分组分类别编绘组合地图。数字故事民俗地图组合地图的理论基础，是钟敬文“一国民俗学”的学说理论体系和故事类型研究理论，把故事作为民俗文化遗产进行研究，在故事民俗地方性、故事民俗传承的历史性、故事民俗与自然和文化遗产地的关系、故事民俗与节日的关系、故事文本与民众精神世界的关系等方面，进行地图的分组和编绘。

（三）集成地图论

数字故事民俗地图的集成地图论思想，是要将地图与故事讲述的原生态实景环境、田野调查资料、实时记录图标、故事文本和历史文献数据库等在同一画面的不同层次上综合呈现，这种要求是民俗学者使用地图的目的与特点所决定的，在理论与方法上，借鉴了地理地图学中的多媒体地图传输理论。

在地理学中，多媒体地图是20世纪90年代以后，是多媒体技术与电子地图相结合的产物，利用计算机技术，将文字、图形、图像、色彩、声音、动画等多媒体信息与地图逻辑地连接并集成一个有机的、具有人性化操作界

1 史培军主编《中国自然灾害系统地图集》,《编制说明》, 7页，北京：科学出版社，2003。

面的空间信息传输系统。[1]多媒体地图传输模式突破了传统地图语言系统传输理论，特点是实现声音、录像、图像、动画等媒体的导读传输、实景传输和动态过程传输等与地图的有机结合，其作用和目的，是要更生动丰富地表现地图所要表达的内容，以及地图内容的背景知识和相关科学研究。在这个问题上，王静爱等对自然灾害多媒体地图进行设计、制作和研究，提出自然灾害多媒体地图的语言系统，包括文本、声音、图表、地图符号、动画、图像、录像、交互（即按钮控制）和编号（即界面控制）等，并认为多媒体地图使编图者、制图者与读图者之间的关系更贴近，“三者可以根据自己的需要，选择地图，修改地图，更新地图素材，实现角色互换及其相应的信息传输”。[2]目前，在地理学界，多媒体地图与互联网地图已成为制图技术发展的两大趋势。[3]总体来说，其主要目的是扩大地图信息量，增加地图检索方式，加强地图的科学分析功能，使综合表现的内容更接近客观现实。

数字故事民俗地图的集成地图形式，可以借鉴多媒体地图传输模式的理念，利用多媒体地图传输的技术手段。但地理学中使用多媒体地图的主要目的，是对地图表达对象信息的一种扩展和补充，是“锦上添花”之举，而数字故事民俗地图使用集成地图，却是必不可少的，它的主要目的，是要表现那些必须与地图一起表达却难以用地图语言表达的民俗资料，例如，无法用比例尺衡量的重要文化地标，非常重要的地方社会实时记录等。民俗学者通过使用集成地图，实现对民俗资料的重新整合，但这些民俗资料的原始状态也予以保留。

（四）数字地图论

数字故事民俗地图采用集成地图方式，需要数字化技术的应用才能得以实现。纸介地图无法将多媒体资料赋在上面，无法将文字、图表等要素分层

---

1 王建华《多媒体地图——90 年代地图学的新变革》，载《地图》，1996（4）。

2 王静爱等《自然灾害多媒体地图传输功能研究》，载《自然灾害学报》，1999（4）。

3 廖克《现代地图学的最新进展与新世纪的展望》，载《测绘科学》，2004（1）。

显示，如果在幅面上显示所有要素，则很难清楚表达，可能造成喧宾夺主。采用数字地图，还能更有效地实现主配地图论和组合地图论的思想，降低分幅、分组地图的印刷和制作成本。数字故事民俗地图的数字地图论思想，主要借鉴地理学的 GIS 理论与技术，尤其是 WebGIS 理念。

在地理学的概念中，WebGIS 是基于网络的分布式地理信息系统，[1] 主要特点是将系统分析功能与数据管理分布在开放的网络环境中，主要目的是减小对系统造成的压力，为广大用户提供数据信息和计算机软件共享的环境与机制，核心思想是网络共享。

数字故事民俗地图的数字地图论，借鉴 WebGIS 理念，借用 WebGIS 的技术框架形式，适当应用 WebGIS 技术。但是，远程地图阅读和数据共享，只是数字故事民俗地图的功能之一。数字故事民俗地图使用数字地图的主要目的，是要通过计算机技术，将主配地图、组合地图和集成地图通过网络的方式发布，建立地图索引、地图查询、数据库检索和地名检索的联合检索方式，构建数字故事民俗地图的演示模型。在数字故事民俗地图的编绘中，数字地图论的主要功能有以下三点。

第一，采用 WebGIS 技术，实现民族分类、行政地区分类和专业分类的交叉查询和逐层显示，同时在地图上实现国家—省—地—县的四级查询。

第二，采用数字地图和网络技术，集电子书、数字地图和精神地图的动画演示于一体，将文本检索、地图查询（包括地区、民族、讲述者年龄、讲述者性别等）和故事类型教学动画联系起来，使故事类型教学更加可视化。

第三，采用 WebGIS 的形式，主要采用数据库和网络技术，将故事民俗地图体系、地图、制图说明、图层叠加要素、数据库和地名检索等通过网络发布，既体现故事民俗传的研究成果，又可查看地图底图数据库，还能通过地名 ID、故事类型 ID 和节日 ID 与文本库、节日库相链接。

---

1 陈述彭等编著《地理信息系统导论》，176 页，北京：科学出版社，1999。

三、数字故事民俗地图的理念要素

数字故事民俗地图的理念要素，借鉴地理地图学的地图要素，符合现代地图学制图理论的规范，但它有自己的特点，要符合民俗学者的使用原则，以达到他们的研究目标。数字故事民俗地图的主要地图理念要素，包括地名、地图符号、图例、投影、比例尺、底图和与数据库的合成使用等。本节拟对这些主要理念要素进行讨论，一方面借鉴地理学已有成果，如《中国历史地图集》和《中国自然灾害系统地图集》，另一方面与民俗学者使用和讨论数字民俗地图的民俗学著作展开对话，如《全球化与民俗保护》和《数字钟敬文工作站》。[1]

（一）地名要素

地名对于数字故事民俗地图的意义，在于它提供了民俗要素的空间信息。

在地理地图学的理论中，地名要转换成空间经纬度坐标才有意义，它是地图表示的前提条件，编绘地图所考虑的基本构成要素，包括图形要素、数学要素、辅助要素和补充说明。其中，地图设计的主要内容是图形要素设计，一般是指制图对象的符号表示，[2]主要是表示自然和社会经济现象的数量、质量、空间或时间状况的数据或指标。在自然地理学的专题图中，主要指经数学统计和计算后的数据或指标。如在《中国自然灾害系统地图集》中，中国综合自然灾害系统图系中的指标有：自然致灾因子多度、自然致灾因子相对强度、自然致灾因子被灾指数、自然致灾因子综合指数、自然灾害成灾多度、自然灾害频次、自然灾害灾次比、自然灾害成灾综合指数、受灾和成灾等，中国主要自然灾害系统图系中的指标按灾害专题不同，有不同的指标体系，以地震灾害指标为例，包括地震震级和地震烈度。[3]

在历史地图的编绘中，虽然历史上的地貌、水文、气候、经济、政治、

1 董晓萍《全球化与民俗保护》，北京：高等教育出版社，2006。董晓萍等《数字钟敬文工作站》，北京师范大学出版社，2009。

2 蔡孟裔等编著《新编地图学教程》，6页，北京：高等教育出版社，2000。

3 史培军主编《中国自然灾害系统地图集》，北京：科学出版社，2003。

军事、文化等方面的内容，也是必不可少的，[1]但从目前的研究来看，其制图对象主要是历史地名。从这个意义上说，历史地图的编绘成果更接近于数字故事民俗地图的编绘目标。但历史地图是从历史地理学角度进行的，因此无须解决不固定地名问题，数字故事民俗地图的研究却需要增加对不固定地名的讨论，主要是从民俗学的角度，重新界定历史地名和民俗志地名等，揭示它们如何既附着在确实的行政地名上，又有其他的地方知识和民俗内涵。

在数字故事民俗地图的编绘中，地名要素是主要的制图对象，是民俗要素能否在地图空间上表达的最关键因素，但有些不能在地图空间表达的地名也很重要，不能被忽略，需要使用补充图表和数据库配套实现表达。数字故事民俗地图的图形表示，主要是对地名分类的符号表示，当然也包括在地名上的民俗事象分类的符号表示。相对来说，地理学者更关注定量化或符号表示故事地名数据，如故事讲述地点的搜集故事数量，或者节日记载地点的分类数量；民俗学者更关注故事地名在空间上的位置情况，以及它在历史传承中不变或变化的情况。如《全球化与民俗保护》中使用的全国采茶戏分布示意图等，采茶戏分布的地点是最重要的制图对象，在地图上以圆点的形式表现出来，而不同的采茶戏二级分类，用不同颜色的图例表示。[2]在《数字钟敬文工作站》系列数字地图中，地名均是重要的制图对象，如钟敬文学术传记数字地图（1923—2002），把钟敬文学术生平最重要的治学活动地点地名标出，连线显示治学活动轨迹。[3]

从制图原则上来说，所有故事地名进入数字故事民俗地图数据库处理。其中，凡与行政区划图今地名或 CHGIS 历史地名相符或部分相符，有相对确定的空间位置或空间范围的故事地名，表达在地图上，同时与数据库相链接；

1 葛剑雄《中国历史地图：从传统到数字化》，载《历史地理》，2002（18）。

2 董晓萍《全球化与民俗保护》，示意图 2，北京：高等教育出版社，2006。需要说明的是，《全球化与民俗保护》一书出版时间采用了示意图性质，所使用文化部民族民间文化发展中心与北京师范大学数字民俗类实验室合作编绘的中国民族民间文艺集成数字地图，保留了数字地图特点，尚未发表。本书对《全球化与民俗保护》示意图的引用与评述均与此同，不再另作说明。

3 董晓萍等《数字钟敬文工作站》，图 1，北京师范大学出版社，2009。

其他地名用列表的形式作为辅助说明。

（二）地图符号与图例要素

从地图的构成要素上来说，符号是地图图形要素的重要组成部分，是地图的语言系统，而图例是对符号进行解释和说明的辅助要素。地图符号的主要变量是形状、大小、方向、亮度、结构与色彩，分点状、线状和面状图形符号三类。[1] 在地理学的实际地图表示中，在分析制图对象的性质和分布形式基础上，根据地图的内容和用途，相应采取不同的表示方法，一般有个体符号法、线状符号法、运动符号法、范围法、质底法、量底法、等值线法、点值法、网格法、定点统计图表法、分区统计图表法、分区分级统计图法 12 种。这些方法可以为数字故事民俗地图编绘设计所用，相对来说，数字故事民俗地图的符号设计和图形表示，在一定程度上更具有描述性质和富含文化内涵。总体来说，以个体符号法居多。

在自然地理的符号设计方面，《中国自然灾害系统地图集》充分利用原有已形成的不同灾种的统一符号，[2] 又利用地图学的最新发展成果和软件技术发展成果，增强符号的多样性、科学性、交互性和表现力，主要原则是符号与现象之间的内在联系。例如，用发光球符号表达地震，不仅具有圆形符号的震中定位意义，而且还表达从中心向外能量递减的变化；点状符号的透明效果不仅解决了多个符号重叠问题，而且表达出灾害现象的空间群聚性特点。[3] 在地图表示法方面，主要考虑灾害类型的特征和原数据的基本单元两个基本因素，原则是，既直观形象表现灾害现象的自然规律，又在逻辑上符合区域灾害系统论的研究成果。[4]

---

1 廖克《地图概论》，108—110 页，北京：科学出版社，1985。

2 张兰生主编《中国自然灾害地图集》，北京：科学出版社，1992。

3 史培军主编《中国自然灾害系统地图集》（编制说明），10 页，北京：科学出版社，2003。

4 王静爱等《基于灾害系统论的〈中国自然灾害系统地图集〉编制》，载《自然灾害学报》，2003（4）。

对于数字故事民俗地图来说，如何在直观形象与科学抽象、地图美化与文化内涵之间找到平衡点，是一项比较重要的工作。它的符号设计与地图表示，主要需要考虑以下三个问题。

第一，表示行政区划相关信息的符号。在这方面，要考虑地理学在行政区划背景图表示方面的已有成果，民俗学在行政区划单元上叠加的特殊信息等。其中，行政区划界线形状和等级等符号表示，采用国家标准的地图符号表示；县域单元上叠加的民族分布等符号，也尽量采用国家民委和地图出版社的地图所使用的符号；行政区划各级地名的文字标注、形状、等级符号等，采用国家颁布的行政区划地图所使用的标准地名；具有特殊意义的政府评估地点符号，采用地图学方法与民俗学原则相结合的符号设计原理，例如，用星级或量级表示对民俗承担者的重要性程度，用等级（世界级、国家级、省级、县级）表示濒危文艺种类等的文化保护重要性级别。还有一些带有专业评估性质的行政地点符号，根据专业专家的研究和评估策略而定，如表示“节日＋故事＋器乐物质”的符号等。

第二，表示民俗传承要素的符号。在这方面，要考虑历史地理学在历史地图表示方面的已有成果，民俗学在表达历史与现实的民俗传承方面的相关规定等。其中，表示现状的符号，以民俗学界的集成为标准。表示历史的符号，以历史地理学界的地图符号为标准，在时间系列方面分两种情况：公元时间，按历史地理学界的朝代时间划分；民俗时间，按民俗学界研究的时间民俗方法划分，用数据库和图表链接表达，含人生时间（如三代以上的传承时间、岁时节日时间和仪式时间等）和表演时间（如连台戏或折子戏）两种。表示地名或地名组合的符号，行政地名以学术界公认的集成讲述人地名兼国家颁布行政区划标准地名为依据，历史地名以学术界公认的历史地理学专家所研究绘制地图中的标准地名为依据，专家地名以学术界公认的民俗学者著作中的民俗事象（含民间文学流传地）地名为依据，民俗志地名以学术界公认的集成文本中的民俗事象（含民间文学）叙事地名为依据。

第三，表示文化空间要素的符号。在这方面，要考虑自然地理地图在表示自然环境方面的已有成果，民俗学在表示环境与地区关系的文化空间方面的特殊需要等，有三种情况。一是直接可借用自然地理地图的文化空间符号，如地形地貌、农业分区、特殊河流山川和特殊交通路线等。二是以自然地理地图和图表共同表示的文化空间符号，如特殊公共建筑（寺庙、会馆、戏院、书场、庭院、郊外、井台）和地方文献所在地等。三是在自然地理地图符号的基础上，结合以数据库链接形式补充信息的文化空间符号，如集成文本、手工艺（品）、传统生产地点、行业（文化服务业）、器具、墓地、圣地、节日、神祇、仪式（包括路线：茶道 / 盐道 / 蜂道 / 祭道 / 神道）、医疗（健康观）、宗教、饮食、服饰、戏曲、民歌、舞蹈等内容。

在数字故事民俗地图的地图表示中，除了符号图形外，还包括地图色彩和文字说明。

地图色彩主要是运用色相（色系）、色调、纯度（色度或饱和度）以及明亮度的不同变化与组合，结合人们对色彩感受的物理心理特征，建立起色彩与制图对象之间的一定联系。[1]在地图学制图理论中，色相或色调主要用来表示和区别质量特征，设色原则主要是：一是尽可能与制图对象的天然颜色相接近，如土壤图中的黑钙土、褐土、棕壤、黄壤、红壤等类型，分别选用深灰色、褐色、棕色、黄色、红色等表示。二是利用色彩学中的暖色（黄、红、橙）和冷色（绿、蓝、紫）之分，来取得相应温暖和寒冷的对比效果。三是采用习惯用色或国际标准用色，如国际地质大会通过的统一色标，侏罗纪用蓝色，第四纪用黄色等。四是相同类别与种属采用同一色系的不同色调。亮度或饱和度主要用以表示和区别数量差异，设色原则主要是：亮度与色度的强弱变化与渐变效果与制图对象的数量变化成正比关系。[2]简言之，地理学地图主要表达客观世界的现象，强调尽量与天然色保持一致；人文地图主要表达文化现象，强调尽量与文化含义相一致。一般来说，蓝色在地理学中代表水体，在东方文化中代

1 廖克《地图概论》，110 页，北京：科学出版社，1985。

2 廖克《地图概论》，110—111 页，北京：科学出版社，1985。

表知识、平和，在西方文化中代表浪漫或者忧郁；绿色在地理学中代表植物、低地、未受污染区，在文化中代表植物生命的象征；黄色和黄棕色在地理学中代表荒漠、干旱地、中等高程，在文化中代表皇权；棕色在地理学中代表山地、等高线，在文化中代表行政权力、贵人之气；红色在地理学中代表严重污染、重要地物等，在文化中代表血、动物的生命、喜庆、热烈、革命等。

在《中国自然灾害系统地图集》中，考虑了地图学制图理论中的设色原则，同时考虑到表达区域灾害系统论的体系结构的需要，分层次选择颜色与组合显示：第一层通过页眉图标和文字的色彩表达 6 个图系，第二层用 6 种颜色系列分别表达综合自然灾害系统（灰色）、地震（红色系）、洪水（绿色系）、台风（蓝色系）、雪灾（灰蓝色系）、沙尘暴（黄棕色系）和冰雹（青紫色系）等重要的自然灾害系统，第三层的色彩依专题图内容而定。[1]

在《中国历史地图集》中，采用了两套颜色系统，分别表示今地名和历史地名的差别。这种做法，可以追溯到唐贞元十七年（801 年），在贾耽绘制的《海内华夷图》中，使用的“古墨今朱”的标识方法，既坚持了古今对照的原则，又解决了历史地理要素与今要素混淆不清的矛盾。但不同的是，贾耽将不同历史时期的各个阶段的历史地名，均作为历史地理要素，在同一张图上体现，使得古内容混淆。而《中国历史地图集》中，按历史阶段分幅显示，将历史上某一阶段与今地名相对照，在一张图上只比较两个时期的地理状况，使得图面更加清晰明白。这种古今对照的方法，始见于北宋时期税安礼所编绘的《历代地理指掌图》。[2]

在民俗学者看来，颜色是民俗文化的一种符号，人们对颜色的审美观念和文化理解，是在长期的社会实践中形成的一种社会生活文化环境，主要体现在不同国家、不同民族和不同时代的人们，对颜色或色彩的象征意义的认识不同。例如，有学者对民族在历史进程中的空间观念进行研究，认为色彩

1 史培军主编《中国自然灾害系统地图集》（编制说明），10 页，北京：科学出版社，2003。
2 葛剑雄《中国历史地图：从传统到数字化》，载《历史地理》，2002（18）。

可以代表民众观念中的空间方位。[1]有学者比较中西方文化中颜色词语和颜色使用的差异，认为颜色及其含义的背景是民俗与文化。[2]也有学者通过民族中颜色所代表的特殊意义分析，比较不同民族间的民俗文化现象差异。[3]这些研究虽不涉及地图色彩的内容，但对数字故事民俗地图的编绘都有启示作用，即需要考虑民俗要素的颜色所代表的文化意义。此外，数字故事民俗地图中的自然地理要素图形色彩，尽量与自然地理学的研究成果保持一致，历史要素的图形色彩，与历史地图的设色原则一致。

在文字说明方面，在地图学制图理论中，作为地图的辅助要素，文字说明以少量为原则，主要包括必不可少的地理要素名称注记、数值数字标注、图例类型代号字母标记和地图图名等说明性文字。[4]地理学多媒体电子地图的功能之一，就是利用计算机技术，使这些说明文字和注记的解释功能得以延伸，通过少量的文字展现丰富的内容，解决地图与文字的平衡问题。相对来说，历史地图需要较多的文字说明，以保证可信的史料根据。《中国历史地图集》采用了文字考证和说明文字另撰《释文》，作为地图附件的方法，既保证了地图内容的可信度，又避免了图上注记过多、干扰主题的弊病。但这样又带来查找不便、无法与地图上的符号相对应，以及考释文字的详略不易掌握的缺点。随着研究的进展，CHGIS 采用 GIS 技术和数字地图的方法，将释文作为数据库赋予地图，解决了这个问题。[5]对于数字故事民俗地图来说，存在与历史地图类似的问题，而民俗学者需要了解地图背后的资料来源和文化内涵，可能比历史地图还需要更多的文字说明，必要时，还需要讲述环境和表演情景等的图像、音、视频材料的实景传输。同样，为了保持地图的整洁清晰和完整性，可以通过数字地图的数据库配套等，有时还需要配套更多的资

1 白庚胜《纳西族空间观念之色彩表象》，载《西北民族研究》，2003（1）。

2 赵军《颜色与民俗：另一视角的中西比较》，载《民俗研究》，2004（4）。

3 阿布力米提·买买提《维吾尔族色彩审美观及所表现的民俗文化现象》，载《青海民族研究》，2004（2）。另见仇保燕《纳入信仰民俗的红、白、黄》，载《西藏民俗》，2001（1）。

4 廖克《地图概论》，112 页，北京：科学出版社，1985。

5 葛剑雄《中国历史地图：从传统到数字化》，载《历史地理》，2002（18）。

料，用地图集成模式得以解决。

在图例方面，在地图学制图理论中，地图图例是阅读地图的钥匙，用以说明地图上各种符号和颜色所代表的内容与指标。图例的整饰设计，与上述所说的符号图形和颜色设计是密切相关的，地图上的符号和图形表示，应以图例为标准，与图例完全一致。图例的结构，一般包括行列式和表格式两种形式，行列式又分为一级制和多级制，表格形式主要是同时反映并列的多项指标。[1] 从地图的角度来说，数字故事民俗地图，根据数字故事民俗地图和地图内容（如故事遗产地级别）等分类体系，适当采用多级的行列式图例，根据数字故事民俗地图上表现的多种文化事象，适当采用图表式的图例。有时为了突出重点，将民俗要素与地理要素的图例区分表示。从数字地图的角度来说，采用数字故事民俗地图集成的形式，适当延伸图例的多种形式和多种功能，如通过数据库使图例地图化等。

（三）投影和比例尺要素

在地图学制图理论中，投影和比例尺是地图构成要素中主要的数学要素。数字故事民俗地图的编绘使用科学的投影和比例尺，成为现代科学意义上的地图，同时，在一定程度上，对投影和比例尺又有民俗学特殊的用途和理解。

在地理学中，地图投影是指将地球球面展开为平面形式的方法，其实质是建立地球的经纬度坐标与平面直角坐标之间相对应的函数关系。[2] 地图投影的种类繁多，各种投影有适合于不同用途的特点。

对于数字故事民俗地图来说，工作底图一般都采用自然地理学或历史地理学已有的标准地图成果，只是通过地名的联系将民俗数据附在地图上，一般情况下，保持工作底图的投影信息即可。在使用 GPS 动态搜集资料的情况下所编绘的数字故事民俗地图，制图区域较小，无论选择什么投影，制图范围内各

---

1 廖克《地图概论》，128—129 页，北京：科学出版社，1985。

2 蔡孟裔等编著《新编地图学教程》，45—46 页，北京：高等教育出版社，2000。

处变形不大。对民俗学者来说，使用地图投影的主要目的在于，可以进行不同历史时期和不同民俗要素地图的相互叠加分析，因此，需要做投影变换，采用统一的投影方式，才能进行叠加。经过投影变换后，地图区域的面积和长度等会发生变形，但对于民俗学者来说，距离和面积等数量特征并不是主要的，叠加后产生的空间位置偏移误差，也是可以理解的。民俗学者想要看到的，是文化空间的变化与不变的情况，而不是科学测量或准确定位的结果。

在地理学中，地图比例尺一般是指地图上的尺寸（长度、距离）与地表的实际尺寸的数学比例关系，其实质是用图形表示地表物体的详细程度。但由于采用地图投影时会产生变形，特别在制图区域很大的情况下，地图上不同地方的长度缩小比例是不一样的，这时地图上所注明的比例尺含意，实质是指在进行地图投影时，对地球半径缩小的比率，通常称为主比例尺。随着数字地图的出现，由于计算机数据库可以存储物体的实际长度、面积、体积等数据，并且可以根据需要很容易地按比例任意缩小或放大这些数据，因此，地图数据与比例尺的固定关系发生了变化。但是，数字地图并不是不考虑地图比例尺的概念，因为在数字地图的资料搜集时，数据来源的比例尺对精度和详细程度有重要影响。[1] 由此，在地理学者看来，数字故事民俗地图的比例尺，实际上是指所用地理学工作底图的主比例尺。

在《中国自然灾害系统地图集》中，为了保持地图集印刷的统一标准，根据专题内容的需要，采用了四种比例尺标准，分别对应于图集的展开页、单页、1/2 单页和 1/4 单页。[2]《中国历史地图集》为了协调行政区划范围的完整性和地名密集程度的均衡性，采用了主配图的结构方式，局部地区还采用了比例尺特大的地图，作为比例尺的特殊情况处理。

对于数字故事民俗地图来说，作为地图显示的比例尺，在地理学工作底图方面，采用地理学比例尺的概念和标准，必要时，需要借鉴地图学的比例

1 蔡孟裔等编著《新编地图学教程》，47—49 页，北京：高等教育出版社，2000。
2 史培军主编《中国自然灾害系统地图集》（编制说明），9 页，北京：科学出版社，2003。

尺转换和特殊处理的方法，如主配图结构等。但在表现某些民俗要素和民俗地标时，根据民俗学者的研究目标，对于比例尺的理解和使用方面，有一些民俗学特点，主要体现以下几个方面。

第一，文化关系空间与比例尺。相对于民俗地标的客观地物来说，数字故事民俗地图在采用民俗地标符号表示文化关系空间时，需要放大比例尺处理。从民俗学的角度来说，这种文化关系空间，多数情况下，是通过民俗和民俗信仰构筑起来的。地理要素是有形的，民俗文化是无形的，数字故事民俗地图要通过地理要素空间边界来表现民俗文化空间范围，它的比例尺并不是严格的数学关系。

数字故事民俗地图在表示文化关系空间的一种处理方法，是使用“民俗圣地”来表现民俗信仰空间。董晓萍《说话的文化》认为，民俗信仰是以某民俗圣地为中心形成的区域群体信仰行为。“一般人有一种心理，一些被看作很灵的神，因为出了村，罩得远，反而声望更高，人们趋之若鹜”。[1] 书中列举了河南宝丰马街书会的例子，分析其作为区域圣地中心在华北民间的影响力。在数字故事民俗地图的实践中，可以把马街书会作为民俗圣地的地标，标示在地图上，但它所表示的民俗文化空间，并不只是马街这个点上，至少还包括香山、白雀寺、风穴寺等妙善信仰的网络空间，甚至整个华北地区，相对于民俗圣地的空间位置和文化空间范围来说，马街书会的实际地物的形状和大小并不重要，实际上消解了比例尺的意义。

董晓萍在《乡土地理教程》一书中，分析了村落的三层空间结构，提出三种村落管理模式的空间标记：家庭村落祖居地、同乡衍生聚居地、异乡人口散居地。

> 家庭村落祖居地。它以家族祖坟所在地为地理上的归属地点和精神世界的向心地点，以原村落家族聚落为家乡故土，形成祖居地

1 董晓萍《说话的文化——民俗传统与现代生活》，221—222 页，北京：中华书局，2002。

的空间范围。

同乡衍生聚居地。它在乡土社会的更大空间内，以祖居地区性群体认同，以当地民俗圣地为共享朝圣地，形成地理文化空间。

异乡人口散居地。它以广义的祖先文化发祥地为文化空间，以纪念祖居地为凝聚力，在各个不同的地理区域内，乃至在各个不同的社会历史时期，形成爱乡土、爱祖国的民族共同体意识和跨时空的价值整合取向。[1]

对数字故事民俗地图来说，在处理以村落为空间单元的民俗文化关系空间时，要根据民俗学者所研究对象的空间结构和管理模式，选择相应的民俗地标作为地图要素，而在不同的研究框架中所代表文化关系空间的比例尺是不同的。同样，民众在故事的讲述与传承中，也会将故事中的重要地点，与自己熟悉或信仰的地点联系起来，并放大比例尺叙述，如故事中相关的自然文化遗产地，这样，遗产地实际上不仅仅是地理意义上的一座山，一个湖，或一条河，而是成为了它们的文化空间。

第二，社会关系社区与比例尺。在表示社会关系社区空间时，数字故事民俗地图采用社会组织实体的地图符号，与实际地物的社区范围不一定成比例关系。从民俗学的角度来说，数字故事民俗地图所要表达的社会关系，在农村主要是血缘和地缘关系，在城市主要是业缘关系。董晓萍《民俗学导游》认为，社区组织是“地缘性质的大、中型组织，它以某民俗圣地或农资集散地所在的自然村为中心点，以若干相邻村落相毗连的自然区划为范畴，我国各地庙会，集中体现了社区组织的特点”。[2] 董晓萍在《乡土地理教程》一书中，对村落和社区的地理特征进行了描述，并对其社会关系空间做了分析，认为，在农村，“血缘关系是基于出生所形成的纵向家族谱系”，“地缘关系不是单纯

1 王静爱、董晓萍、苏筠、岳耀杰等编著《乡土地理教程》，231—232 页，北京师范大学出版社，2009。

2 董晓萍《民俗学导游》，142 页，北京：中国工人出版社，1995。

的空间地点排列，而是附加了血缘关系的情感倾向、价值观和文化符号”；[1]在城市，“业缘的社会关系要远远超过血缘关系”。[2]对数字故事民俗地图的编绘来说，采用社会组织实体的地图符号，如宗祠、集市和庙会等为民俗地标，表示社会关系社区空间，其所要表达的空间范围，不仅仅是所在地的地物景观，而是要扩大到其他地区。在城市，以作坊、会馆、坊局等为民俗地标，表示行业组织社区，也有可能形成跳跃式的，由各民俗地标连接形成的文化生态网络，而不是简单地按照居住地形成的社区来扩大比例尺。

第三，人生历程传承与比例尺。数字故事民俗地图采用故事讲述人居住地表示故事讲述地点，是一种缩小比例尺的处理。故事讲述人的居住地和活动范围，在某种程度上可以确定民俗资料的传承区域。但作为个体与社会的联系来说，故事讲述人所联系的社会文化空间是更大范围的，它的个人生活史是数字故事民俗地图所需链接的数据库内容之一。人的一生是在一系列人生仪礼中体验和完成的，总体特征是个人体验与社会传承的混合，[3]人生仪礼也是“村落空间与乡土社会空间发生认同的社会通道”。[4]个人在家庭、家族和社会的多级体系中，带着血缘关系、姻亲关系和地域关系的影响和印记。在这个意义上说，如果仅用故事讲述人所在地点标示的数字故事民俗地图，理解为讲述人的个人活动路线，或者反之，理解为故事传承的实际范围，都容易将数字故事民俗地图的“科学客观”标准绝对化了。

（四）底图要素

在地图学制图理论中，地理底图是专题地图的地理基础，专题地图是反

1 王静爱、董晓萍、苏筠、岳耀杰等编著《乡土地理教程》，229—231 页，北京师范大学出版社，2009。

2 王静爱、董晓萍、苏筠、岳耀杰等编著《乡土地理教程》，221 页，北京师范大学出版社，2009。

3 董晓萍《民俗学导游》，148 页，北京：中国工人出版社，1995。

4 王静爱、董晓萍、苏筠、岳耀杰等编著《乡土地理教程》，243 页，北京师范大学出版社，2009。

映某专题信息的空间特征及分布规律的图形表示，但专题信息本身并不具有空间特征，只有将专题信息以地图符号的形式，落实到具有地图基本特性的地理底图上，才显示了专题信息的空间特征。在地理学中，地理底图的选择原则主要包括精度、底图要素和专题信息等方面。[1]

一般来说，地理底图分为工作底图和出版底图两种。工作底图的内容比较详细，利于转绘专题内容，出版底图往往比工作底图的内容简略，主要是体现专题内容与有关地理要素的相互关系。有时候，为了表达专题要素之间的关系，还将其他专题图作为底图，又称背景图。如在《中国自然灾害系统地图集》中，为了表达孕灾环境、承灾体、致灾因子和灾情的相互关系，增加地图的可读性，设计了多种专题地图，既是独立的专题地图，又可作为其他专题图层的背景分析图。最常用的有两类：地貌孕灾环境地图作为地震、洪水和冰雹致灾因子的背景图，人口、城市和区域经济等承灾体地图作为致灾因子或灾情的背景图。[2]

《数字钟敬文工作站》中的钟敬文使用中国民间文学三集成资料地图，根据民俗学研究成果，基于民间文学集成资料的搜集单元、空间环境和文化特点，分别采用了行政区划地图、地形图和遥感卫片等作为底图，展现钟敬文的民间文艺学研究成果。[3]

从地图学角度来说，数字故事民俗地图属于专题地图，其底图依据地图学制图理论的基本原则，选用已有的地理地图和历史地图成果，考虑数字故事民俗地图分类原则中，所要表达民俗要素的具体文化关系，选择相应的地理要素。一般来说，表现政府原则的地图，采用行政区划图为底图；表现民族原则的地图，采用民族分布图为底图；表示历史原则的地图，采用相应时期的历史疆域地图为底图，同时考虑自然地理要素相对于人文要素来说，变化较缓慢，叠加卫星影像作为地理要素背景图；表示故事遗产地的地图，考

1 蔡孟裔等编著《新编地图学教程》，220 页，北京：高等教育出版社，2000。

2 史培军主编《中国自然灾害系统地图集》，《编制说明》，10 页，北京：科学出版社，2003。

3 董晓萍等《数字钟敬文工作站》，140 页，北京师范大学出版社，2009。

虑非物质遗产与自然遗产的关系，采用地貌图或卫星影像为底图，同时叠加中国世界遗产分布图为背景图。

（五）数据库要素

在前文所述的数字故事民俗地图理念要素表达和数字故事民俗地图对民俗事象、地方事象和历史事象等体现的局限中，都提到数字化技术在其中所起的作用，其中最常用、最有效的一种方法，是地图与数据的合成使用，编制数字故事民俗地图集成。一般而言，数字地图使用数据库对地图的数据来源进行编辑和管理，实现数字成图、数据分析、专题图自动生成、空间分析等功能。对于数字故事民俗地图来说，地图数据库不仅要实现数字地图的功能，还要与民俗学者的其他资料相结合，在民俗学者使用地图过程中，发挥更重要的作用。

在数字故事民俗地图与数据库的合成使用上，考察民俗学者的工作，可概括出一些特点。以《数字钟敬文工作站》中的数字名师地图为例，简略分析如下。

第一，使用民俗地图，补充区域原文等原始数据信息，阅读地图的上下文，恢复地图内容的文本环境和纸质背景。

一般来说，民俗地图体现了从纸介著述成果所提取的区域化数据。通过合成使用数据库，获取这些区域化地点提取过程的原始数据信息和转化后的数字数据，供研究者查询使用，也对资料来源地民众文化权利做保管工作。以钟敬文使用民间文学三集成资料区域分布数字地图为例，[1]通过建立论文题目、区域原文、引用集成、原著分类、流传范围和区域民族等数据库原始数据字段，在区域地名的接口下，与地图相链接，并作再分类，提供研究者查阅地图背后的研究文本。董晓萍指出：

区域原文的地名信息对象，是民间文艺作品的流传区域，也是

1 董晓萍等《数字钟敬文工作站》，301页，《数字名师地图》图4，北京师范大学出版社，2009。

学者对民间文艺作品的搜集和研究地点，还是现代民间文艺运动的社会思潮发生地点。“区域原文”同时是“论文题目”的原文信息采集内容。这种地名数据的性质，便具有多种人文信息的复合特点。但这种复合性是不可忽视的，它涉及了西南（云南）、西北（陕西延安）和华北（河北乐亭）三个地区的区域地名，阐述了我国现代民间文艺学史上三种不同类型的发展模式，失去了这些重要学术史信息，仅剩下三种地名，它的原始数据就成了轻飘飘的样子货，对民俗学来说就是失败的，对地理地名学来说也是赘余。[1]

此段简述了“区域原文”数据链接查询所起的作用，对探索编制数字民俗地图的民俗学者来说，是地图编制原则和目标；对使用数字民俗地图的民俗学者来说，是一种方法论的创新。

第二，使用民俗地图，补充著述数据的链接，阅读地图的研究过程，恢复地图内容的研究意义和研究背景。

从地图的展现形式来看，一般地图只体现了地名点位或分布范围。通过合成使用数据库，可以获取地图的研究过程和研究起点，揭示地图背后对地名研究的科研成果。以钟敬文使用民间文学三集成资料区域分布数字地图数据库和GIS释例图为例，[2]编制者对使用三集成资料的区域表达，用配套著述数据库链接的方法直接成图。在数字环境中，通过点击链接，查看所提取地名的文献来源和研究依据。董晓萍写道：

平时我们在地图上看见“路南”，只是一个地名，有地理常识的人，还会再想起路南的石林景观，但这个地名并没有人文信息的内核，人们只看到这个地名，不知道去路南除了看石头还该看什么。

1 董晓萍等《数字钟敬文工作站》，59—60页，北京师范大学出版社，2009。

2 董晓萍等《数字钟敬文工作站》，301页，《数字名师地图》图4.2，北京师范大学出版社，2009。

> 把钟敬文先生的研究放到这个地名库中，再看“路南”的地名，人们就会知道，在它的土地上，还飘过美丽的民族诗篇，这个诗篇拴住了一个西南民族热爱这片土地的心。不仅如此，在它的地名上，还沉甸甸地积累了著名文人学者闻一多、芮逸夫、张光年等的调查研究成果，这就使路南的名石与名作、名人相映辉。路南的地名知名度，也一跃而非同凡响。所以，对一个地名来说，有无人文信息，其影响程度是大不一样的。[1]

该地图采用了释例图的方法，直接将数据库链接的合成使用形式叠加在地图上展现，告诉地图使用者地图上所显示的地名，是从钟敬文研究著述中提取出来的，要了解这些地名背后的研究信息，还要在数字环境中，利用GIS 工具条，点击查询底层数据库。

第三，使用民俗地图，补充地名时间分类数据，阅读地图的空间特征与时间特征的综合信息，恢复地图内容的历史过程和时代背景。

从地理学来看，地图体现了地名和空间特征。而数字民俗地图，通过合成使用数据库，获取地图背后的时间分类信息，综合概括地图内容的时空特征。以钟敬文学术传记数字地图为例，[2]从地图本身看，体现了钟敬文重要的治学活动地点和治学活动轨迹，再通过建立钟敬文百年人生时空数据库，了解钟敬文治学活动的时间数据集特征和空间数据集特征。

在时间数据集方面，民俗学者把钟敬文百年人生时间序列，分类为五四时期、抗战时期、解放前期、解放初期、挫折时期、恢复时期和高潮时期，并指出时间分类特征的意义。董晓萍提出：

> 以上时间点的划分不是绝对的，有时受到社会、政治、历史等

1 董晓萍等《数字钟敬文工作站》，51 页，北京师范大学出版社，2009。

2 董晓萍等《数字钟敬文工作站》，301 页，《数字名师地图》图 1，北京师范大学出版社，2009。

不可克服的因素干扰，钟敬文会在某一时间点上把工作时间拉长或缩短，造成个别时间段的长短不尽一致。另外，我们对时间的命名，也有一定的象征性，主要以该时间点的重大历史事件和名师贡献做标题，用以说明历史时间给予名人的舞台和局限。不过，毕竟人不是数字，人文科学研究和社会活动也不是纯粹的数阵排列，许多历史偶然性和社会变动性都可能出现，引起名师时间数据集的容量和信息结构的变化，这正是民俗学搞数字化不同于理工科的地方，但这些又是民俗学者开展数字化研究所必须思考和不能放弃的内容。[1]

在空间数据集方面，民俗学者从钟敬文从教和治学的两条线，结合他的高校圈、学者圈和文化圈活动特点，与上述时间分类特征相对应，在区域上划分为广东区域点、浙江区域点、香港区域点、北京区域点，董晓萍还指出：

钟敬文的学术文化成就，绝不止以上举述所能覆盖。但是，仅就这些方面的数字数据信息分析已可窥见，用时空数据集的概念和方法开展工作，已有丰富、充实而完整的收获。更重要的是，对这些时空数据集的处理，可以被民俗学者所控制，可以帮助民俗学者实现传承名师学说财富的构想，也能让传播名师成就与增加社会公共财富的探索汇合一处。它既创新又现实，能动脑子也可让人上手，这让人兴奋。[2]

第四，使用民俗地图，补充地名属性分类，阅读地图的人文含义信息，恢复地图内容的社会关系和人文背景。

地图只体现了地名的分布定位和范围，通过合成使用数据库，可以获取地

1 董晓萍等《数字钟敬文工作站》，31 页，北京师范大学出版社，2009。
2 董晓萍等《数字钟敬文工作站》，32 页，北京师范大学出版社，2009。

图背后的地名属性分类信息，了解地图内容的社会关系和人文背景。以钟敬文文化考察和中国现代文学创作素材分布数字地图为例，[1]在《数字钟敬文工作站》数字名师地图的研究中，民俗学者创用了行政地名、历史地名和民俗志地名的分类，通过地名数据库中的属性分类字段等信息，恢复名人活动的自然环境和社会环境，展现名师在学者圈、文化圈和社会圈中的行为方式和影响成因，反映民俗学者研究的学术传统和方法优势。单就地图而言，在地图上获取的信息，仅是地名和空间位置而已，如果看不到这些地名的提取过程和地名属性分类的依据，地图传达给民俗学者的信息就会大打折扣。董晓萍说：

> 我们在实际提取数据时，可以看到，行政地名、历史地名和民俗志地名都是存在的，但将之完全剥离，又不能恢复纸介原文的全貌。在纸介原文中，有一些地名的类别交叉呈现，或者某地名被用作几种类别，如“西湖”既是行政地名，又是历史地名，又是民俗志地名。我们的原则，是在符合纸介成果原意的前提下，发展数字成果；我们的目标，是借助数字化技术增强我们的能力，将名师的学术文化成果准确而全面地传承下去。[2]

综上所述，对民俗地图和数据库的合成使用，形成人文社会科学的现代理论和方法工作框架，并赋予这个框架以人文功能、价值、学术限定的范围与理性，这些工作是数字故事民俗地图理念和实践的基础。总的说，它有以下两个特点。

第一，地图的分布信息和数值差异，刻画了民俗资料的直观印象。民俗学者通过对地图和数据库的感性认识，解释分布与数值差异背景后的原因，结合民俗学、社会学、人类学等学科知识，和相关理论的阐释，形成对人文数据的理性认识。数字故事民俗地图与数据库的合成使用，不仅使地图更加成为民俗

1 董晓萍等《数字钟敬文工作站》，301 页，《数字名师地图》图 12，北京师范大学出版社，2009。
2 董晓萍等《数字钟敬文工作站》，41—42 页，北京师范大学出版社，2009。

学传承研究的分析工具，而且使得民俗文化保护研究，从传统走向数字化。

第二，地图信息和数据库内涵的文化关系，是数字故事民俗地图与数据库合成使用的核心。民俗学者使用地图的分布信息和数值差异，不是简单地从数据中找出规律，而是把对数据在空间和时间上的相对关系和变化变迁的分析，作为民俗文化类同性、差异性和现代变迁的对照与反观。从这个意义上说，数字故事民俗地图与数据库的合成使用，成为数字故事民俗地图编绘必然要考虑的因素。

四、数字故事民俗地图与数字化技术

数字故事民俗地图借用地理学的理论与方法，采用地图与数据库合成使用等数字地图集成的方式，表现民俗学研究成果和研究过程，是民俗学方法论的一种创新，它的数字地图产品形式同时也是一种研究成果。在数字故事民俗地图的编绘和研究过程中，要实现数字故事民俗地图预期的学术目标，更好地使用地图表现民俗事象、地方事象和历史事象，发挥地图功能，延展地图阅读信息量，数字化技术在其中发挥了重要作用，成为实现地理学与民俗学交叉研究的工具。数字故事民俗地图编绘中的数字化技术应用，是在数字典藏和数字博物馆理念的基础上，主要使用 GIS 和数据库技术，实现数字故事民俗地图集成。

数字典藏的概念，首先是在 20 世纪 90 年代初，从数字图书馆管理中提出的，其基本理念，是将纸质书籍的典藏进行数字化，并提供数字化检索的服务。[1] 它的策略，主要是利用数字化技术管理书籍的典藏信息，为使用者提供基本图书信息查询、全文检索、超链接检索、异地检索和馆藏位置快速查询等，同时又易于长期保存和永续利用，因此致力于建立图书典藏的元数据标准（即对图书信息进行诠释的资料的标准）。[2] 这种理念和方法，对数字故事

1 程文艳《数字图书馆——数字中国的开路先锋》，载《情报科学》，2002（6）。

2 李郎达《Metadata 与数字典藏》，载《情报科学》，2002（12）。

民俗地图集成的启示作用，主要是在最初的设计中，要考虑地图数据与文本数据的元数据标准。但是，与数字图书馆的元数据不同，数字故事民俗地图的元数据主要不是对数据的解释，而是数据的构建，即把描述性文字信息转换成文本数据库，继而转换成可视化地图信息的数据标准，其目的是要建立地图与文本的相互检索。

20世纪90年代后期，数字典藏的理念被应用到数字图书馆领域之外。其中，在人文学科方面，王宁最早将数字典藏技术应用于中国古代语言文字学的研究，如利用计算机技术研制小篆字库系统和《说文解字》教学研究系统。[1]其基本理念，是将《说文解字》的知识点、类型分析、声训择定和小篆字体构形分析等进行整合，建立超文本关系，不仅展现研究成果，而且更充分发挥《说文解字》在语言文字研究和教学中的工具作用。这是一种建立在人文研究的基础上利用计算机技术，同时又利用计算机技术为人文研究服务的理念。在这方面，台湾于2002年成立的数字典藏的科技计划项目，也有类似的理念。[2]台湾的项目共分十二个主题来展示，其中包括人类学、档案、器物、书画、金石拓片、善本古籍、考古等人文内容。他们的做法是，数字典藏的属性信息根据主题来组织、分类，技术规范由人文研究小组和GIS技术开发小组共同完成，从人文信息标准和计算机数字化标准两个方面规范，形成人文数字化技术标准。他们的理念是，建立在人文研究和计算机技术相结合基础上的数字化典藏成果，本身并不承担研究的功能，而是提供一个研究平台，供学者从不同的角度进行研究。这些都是对数字故事民俗地图的编绘有所启发的，但是这种数字典藏的理念，如果不与数字博物馆结合起来，在民俗学者看来，数字故事民俗地图的这种一般检索和典藏，还只是平面的，不能很好地发挥它体现民俗学研究成果和辅助民俗学者进行教学科研的作用。

---

1 宋继华《基于超文本环境的〈说文解字〉教学、研究系统的设计》，打印稿，北京师范大学博士学位论文，1999。博士生导师：王宁教授。

2 台湾中央研究院《数字典藏国家型科技计划网页简介》，台北：中华彩色印刷股份有限公司，2004。台湾中央研究院廖泫铭友情赠送，谨此致谢！

数字博物馆是数字化理论下的新生事物，学术界目前还没有形成一个普遍认可的完整概念。从目前的研究来看，其概念主要是针对实物博物馆而言，用数字化的形式进行收藏、展陈、教育和科研的博物馆。[1]也有学者将数字博物馆等同于数字典藏，认为数字典藏是数字图书博物馆。[2]我们认为，数字博物馆与数字典藏的最大区别在于，数字典藏主要对藏品信息进行描述，用数字化技术进行管理，其检索方式是平面的；数字博物馆主要对藏品内容进行研究和整合，侧重公共展示和公共教育层面，用数字化技术展示研究成果，其浏览方式是立体的。数字故事民俗地图可以成为数字故事博物馆的一部分，它与数字故事博物馆的其他部分，如故事文本数据库、故事节日数据库等实现超链接。从这个意义上说，数字故事民俗地图的编绘目标，是要以地图形式展示故事藏品，协助民俗学者展陈并进一步揭示故事藏品的空间传承内容，从而扩大这方面的教学科研成果。要实现这些功能和目的，传统的纸质地图是难以达到的，一般的民俗地图也难以承担，还需要在数字地图的基础上，利用数据库技术、网页技术等计算机技术，完成数字故事民俗地图集成。

在数字故事民俗地图的编绘过程中，使用GIS技术和数据库技术时的基本问题，对数字故事民俗地图的编绘起技术保障作用，同时在数据处理方面又具有特殊性。

在使用GIS技术方面，本书《绪论》中，对GIS技术及其在人文科学研究中的应用作了简要概述，这里进一步探讨GIS技术对数字故事民俗地图编绘的作用和数据处理特殊性。简单地说，GIS是一种将地图上的空间对象（主要是点、线、面三种形式）与其相关的属性信息（包括文字形式、图片形式和多媒体形式等）联系起来的技术，它的原理是空间对象带有数据库，通过这个数据库与包含其他属性信息的数据库相链接，它的特点是空间对象分图层存储，可以按点、线、面的矢量形式分图层存储，也可按故事母题、历史

1 甄朔南《正在兴起的数字化博物馆》，载《中国博物馆》，1999（2）。另见孟中元《对数字化博物馆的认识与思考》，载《中国博物馆》，2000（2）。

2 张卫等《数字博物馆概述》，载《古今农业》，2000（4）。

时期等专题分类分图层存储。因此，对数字故事民俗地图来说，GIS 技术不仅是一个作图工具，而且是将地图与属性信息相互链接的工具，研究者既可以按数据的物理逻辑存储，以符合计算机处理的规范，又可以按研究的需要分图层显示或进行不同图层的叠加显示。如前文所述，在数字故事民俗地图编绘过程中，将空间对象与属性信息对应起来的纽带是地名，由于地名在民俗学研究和地理学研究中的性质不同，地图通过表现空间对象来展现属性信息的空间状况的作用也就不同，这样，使用 GIS 技术处理数字故事民俗地图时，数据库始终是需要附带显示的，空间对象与人文属性并不完全对应。总体来说，使用 GIS 制作数字故事民俗地图，可以成为民俗学者的研究工具，但需要和其他研究信息相配套使用。主要工作理念有以下三点。

第一，叠加足够的人文信息，建立地图中的民俗社会的概念。GIS 数字地图的特点之一在于可以随时叠加属性信息，它的数据是分图层存储的。但 GIS 数字地图本身所显示的，只是空间对象的空间关系，其背后的人文信息是需要研究者自己加上去的。在这个问题上，本书《绪论》中提到，以往人文学者借用现成的地理地图，然后人文学者加上自己需要的信息。葛剑雄也认为，历史地图的使用者需要增加自己的内容，从而提出数字化地图的趋势。

第二，制作学者研究方法补充图表，建立地图可以表达民俗社会的概念。GIS 数字地图只是将空间对象的空间状况表现在地图上，配套的数据库也只能看见相应的人文信息。但如果把研究方法贯彻其中，通过补充图表的配合，如将 GIS 应用于资料采集、分析与展现的全过程，用图表的形式表达如何将历史文献资料、统计资料、口头访谈资料融入到民俗社会的文化空间中，结合历史地图信息建立属性信息与空间信息的联系，进而进行地理空间分析和社会历史文化分析，包括民俗分析，使得研究过程一目了然，也让人感到其研究方法是可信的。最后，还可以根据理论假设抽取的主题，将对所调查研究地方的民俗社会的理解，通过地图、文字、表格的配合，给人以直观而深刻的印象。

第三，制作当地社会调查对象的实时景观记录图标，使地图可以成为历史社会分析的工具。GIS 集成技术的一种好处是，可以将访谈当地人录音资料图标、文字资料说明、事件前后的人口指标分析图标等集成在分析地图上，形成立体式的生态全景，再现历史事件的原貌和历史事件所带来的影响，成为很方便也很重要的历史社会分析工具。如有建筑史学者用实时的照片记录图标，配合村落民居与文化传统建筑专业测绘图，成为分析福建金门珠山村落的社会、经济、政治三者关系历史转变的工具，分析村落从侨乡到战地转变的特点。[1]

在使用数据库技术方面，主要特点是由人文数据不同于定量数据的特点所决定的。一方面，人文数据描述性强，导致长文本数据存储和条件查询要比定量数据困难，但现在的计算机数据库管理系统，基本上都可以处理长文本和实现全文检索，这种困难基本可以解决；关键的问题是，用专题图表现人文数据时，大多情况不能采用定量统计的方法，只能采用单值图和标签图，这样就需要处理好人文要素内容完整性与地图幅面简洁美观之间的平衡，如配套使用数据库等来实现。另一方面，人文数据与空间对象往往不是一一对应关系，按传统数据库方法处理容易产生数据的冗余，需要做一些特殊的处理。在这个问题上，复旦大学历史地理研究中心的“中国历史地理信息系统(CHGIS)”的处理方法值得借鉴。如 CHGIS 在处理行政隶属关系的变化引起地名变化时，发现只要高等级的行政单位发生变化而增加记录，底层行政单位的记录将成倍地增加。CHGIS 研制组采用建立单独关系表的方法，列举地名的所有行政隶属关系，用串联样式表达行政隶属关系，建立一级对一级的关系。这样，任何一个级别的地名，因时间变化而需要添加记录的时候，只可能影响下一级的记录。同时，他们还提出编制一个专用的行政隶属关系编辑器，利用主记录的时间和空间属性特征，在每次数据更新和修改后，自动生成相应的行政隶属关系表。[2]

---

1 江柏炜、夏铸九《从侨乡到战地：以福建金门珠山村落为个案之考察》，引自台北施合郑民俗基金会：《中国地方社会比较研究》，打印稿，台北：台湾中央研究院，2005。

2 满志敏《关于 CHGIS 第二阶段数据模型的定义问题》，载《历史地理》，2003 (19)。

第二章　数字故事民俗地图的分类、地名与编绘范围

数字故事民俗地图的分类，指讨论它与故事类型、故事文本和故事节日的关系。从数字故事民俗地图的地图要素和理念要素上说，主要讨论数字故事民俗地图分类的地名界定与转换，包括故事类型地名、故事讲述地名和故事节日地名，及其转转换为地图地名的问题。从民俗学的研究目标看，数字故事民俗地图，是要将纸介故事文本中的民俗要素转换成可视化的数字数据，并进行数据整合，使数字故事民俗地图成为展现故事民俗的一种途径。它建立在故事类型的理论基础上，从故事文本中提取故事地名作为主要的制图要素，通过故事节日取得相关联民俗要素，再通过史料获得故事与文献的历史联系，再采用数据库技术，进行不同类别故事地名的转换。此外，还需要与故事表演相关的民间文艺数字地图编绘做比较研究，才能确定数字故事民俗地图的编绘范围。

题　解

讨论数字故事民俗地图的分类，主要是在编绘数字故事民俗地图的过程中，讨论故事地名和相关民俗文化要素的分类问题。进一步说，是讨论数字故事民俗地图体系从哪几个方面构建的问题。对于数字故事地图来说，它分别对应于故事类型理论、故事文本资源和故事节日文化三个层面。其绘图工作要借用地理地图学的理论与方法，分别抓住三个层面的地名环节，对它们进行地名的界定，并转换成地图可识别的地图地名，最后使用 GIS 技术对这

些地名赋予经纬度坐标，再落实到地图空间上。在数字故事民俗地图的编绘研究中，其他与故事相关的民间文艺数字地图编绘，既可以作为数字故事民俗地图的前期研究，也可以纳入到数字故事民俗地图更广泛的地图体系中，作为数字故事民俗地图编绘的基础研究或扩展研究。

我们选择了两类相关的编绘研究进行比较探讨，一是中国民族民间文艺集成地图的编绘，拟从基础资源的数字民俗地图编绘方面做探讨；二是中国民族多声部民歌地图的编绘，拟从专家系统构建将专家研究成果转化为数字民俗地图的编绘方面做探讨。

故事搜集理论与类型研究是构建数字故事民俗地图的民俗学和民间文艺学理论基础。在数字故事民俗地图的编绘中，它们起到两方面的作用，一是以故事搜集理论与类型理论做参照，建立数字故事民俗地图中故事地名的分类指标，编制地图索引。二是以故事搜集理论与类型理论做参照，确定以往学者研究故事类型的分布地点和历史文献地点，整理出数字故事民俗地图专家故事地名的原始数据，建立故事地图专家研究资料系统。数字故事民俗地图的故事类型地名界定与转换，也是从这两个方面进行的。

故事文本分析是构建数字故事民俗地图的民俗学基础之基础，也是数字故事民俗地图编绘所要表现的最基础部分。在数字故事民俗地图的编绘研究中，对故事文本分析的体现关键在于故事讲述地名，包括故事传承人的讲述地点和故事记录文本中的地名信息，它们是故事文本落实到地图空间中的数据接口。故事讲述地名的界定和转换，要符合搜集成果，要考虑故事讲述地点和流传地域，故事表演的民俗志地名、故事流传地的自然与文化遗产地的地名，以及历史文献中记载故事的历史地名。

故事节日文化是构建数字故事民俗地图的的民俗分析视角，也是数字故事民俗地图编绘所要表现的故事的历史文化传承部分。在数字故事民俗地图的编绘中，故事与节日的关系，主要从地方史志文献中提取节日资料，再调查了解故事节日活动的文化空间，再对故事节日地名进行界定和转换。

在其他民间文艺地图编绘方面，中国民族民间文艺集成地图属于政府资源评估地图，由政府通过与民俗学者的合作，提出绘图要求，并提供中国民族民间文艺基础资源原数据，其绘图目标直观体现中国民族民间文艺基础资源现状和区域比较，为政府管理与评估国家民族民间文艺基础资源提供决策依据。对数字故事民俗地图的编绘来说，积累这批基础民俗资源，有助于对民俗资源的数字化演示模型产品形式和对描述性人文数据评估标准进行初步探索。本书的中国多声部民歌地图，是民族民间文艺地图的专家系统地图研制的初步尝试，它把艺术学专家研究成果转换为数字地图，为数字故事民俗地图借鉴专家观点和方法积累了经验。

第一节 数字故事民俗地图分类的地名界定与转换

民间文学的故事记录文本，是民众精神文化的重要组成部分。[1] 对于数字故事民俗地图来说，它的使命，是使用地图形式表现故事流传的地区、范围和路径，还要通过数字故事民俗地图的视角，反映民众精神文化历史传承、区域差异和现实联系。对民俗学者来说，编绘数字故事民俗地图，也是进行民间文艺资料整合的一种途径。

一、数字故事民俗地图的故事地名界定与转换

在数字故事民俗地图的编绘中，所谓故事地名，有两种含义。一是故事讲述地点和流传地的地名，一是民俗学和民间文艺学者研究故事类型确认的地名。我们依据这两类地名，转换为地图地名，再编绘地图。

（一）地图索引的故事地名

在以往的故事学领域，芬兰学派在研究中绘制了一些图表和地图，但这

1 钟敬文主编《民俗学概论》（第二版），185 页，北京：高等教育出版社，2010。

并不是本书所要讨论的数字故事民俗地图，本书的研究，是民俗学与地理学交叉研究的结果。

从分类原则上来说，数字故事民俗地图从便于民俗学者使用资料进行科学研究的角度出发，它的数字故事地名界定与转换标准主要是：在地图要素的地名选择与处理上，符合行政区划划分原则和民族区域划分的原则；在地图时间序列的选择与构建上，符合历史原则和变迁原则；在民俗要素的选择与处理上，符合搜集成果与历史成果。具体说，有以下几个系列。

第一，行政和民族系列，包括总图和分省（县）地图及分民族地图。

第二，历史系列，包括民俗志中的历史文献记录地点地图、民俗志中的历史文献描述地点地图、民俗志中的历史民俗事象分类地图和专家系统地图。

第三，民俗系列，包括民俗产品传承区分布地图、民俗传承人分布地图和专家系统地图。

第四，民俗专题系列，属于故事类民俗地图。

第五，政府评估系列，包括民间文艺资源分布地图和民间文艺项目成果地图。

（二）故事专家地图的故事类型地名

故事类型学方面的分类研究，比较著名的有 AT 分类法、故事形态结构分析方法和民俗志文化分析法等。就中国故事类型研究而言，钟敬文于 20 世纪 20 年代末、30 年代初进行的中国故事类型研究及其民俗志词语编制模式，开创了中国民间故事类型学的研究；[1] 艾伯华在 1937 年编撰发表了《中国民间故事类型》，把中国的民间故事作为相对独立的对象，按照中国故事的特点加以概括；[2] 1978 年，丁乃通以 AT 索引为基础，编辑出版了《中国民间故事类

1 钟敬文《中国民间故事型式》，引自钟敬文《钟敬文民间文学论集》（下），342—356 页，上海文艺出版社，1985。

2 [德] 艾伯华 (Wolfram Eberhard)《中国民间故事类型》，王燕生、周祖生译，北京：商务印书馆，1999。

型索引》。[1] 在数字故事民俗地图的编绘研究中，对民俗学者的研究目标而言，有必要通过界定和转换故事类型经典研究中的地名，建立故事类型研究的专家系统，编绘故事类型研究的专家地图，并通过多种故事类型专家数据库的跨库检索，实现国际故事类型通检。

在计算机科学中，专家系统是指能够像人类的专家那样解决某些专业范围内的问题的智能计算机系统。它实际上是集某些领域中几位以至几十位著名专家的知识和经验于一个计算机系统之中，建立知识库，把有关专家的知识和经验进行编码，制定一系列的通用规则，然后给予计算机解决实际问题以推理、演绎、判断和决策的能力。数字故事民俗地图研究中的故事类型研究专家系统，是在民俗学者提供的故事类型研究公认专家经典著作原始数据中，在故事类型分析的基础上，所确定的知识库，在本书的研究中，主要使用钟敬文、艾伯华、丁乃通关于故事类型研究著作的数据库、中外故事类型对照数据库和专家引用的史志文献数据库。

20 世纪 80 年代以来搜集出版的中国民间故事集成，部分卷本的编纂者，在故事搜集分类的基础上，绘制了各省故事类型分布图，其中的地名，是行政区划意义上的今地名，是以县级为基本行政地理单元。本书所讨论的数字故事民俗地图的主要转换方法是：利用 GIS 技术，提取故事类型研究著作中的地名，重点采集故事流传地的地名，专家对故事类型所描述的地名，据此建立故事研究专家系统地名库。在这些地名描述中，有些是有确定范围的今地名描述，有些是历史地名描述，也有些是民俗志地名描述。我们使用中国历史地理信息系统（CHGIS）、2000 年全国数字地图或 2004 版全中国电子地图，进行地名考证和空间定位，对有一些不能用地理学方法考证的地名，如民俗志地名，亦列入表中，以供民俗学研究参考。

1 [美]丁乃通(Nai-tung Ting)《中国民间故事类型索引》，郑建成等译，北京：中国民间文艺出版社，1986。

二、数字故事民俗地图的故事讲述地名界定与转换

在数字故事民俗地图的编绘研究中，故事讲述地名具有双重性质，一方面，它是重要的制图对象和地图要素，是将故事文本及其民俗内涵附着在地图上的空间定位因素；另一方面，它是故事民俗的空间承载体，是体现故事讲述人及其所属民众群体精神世界和想象空间的地方化因素。我们从民俗学者对故事地名的以下几个研究视角可以得到一些启示。

第一，故事流传地区的故事地名。芬兰学派的故事类型研究所指故事地名，即故事流传地区，认为故事的发生和传播，存在从一个地区传到另一个地区的先后问题，对他们来说，以标有地名的行政区界地图，体现故事类型研究中的流传路线，是相当有效的。“当任何故事的存在历史被勾画出来时，这种地区图将提供界标来澄清这些故事从一地到另一地漫游的线路”。[1] 在数字故事民俗地图编绘中，提取中国民间故事集成中的故事讲述地名和历史文献记载的故事讲述地名，反映故事的传讲地点和历史文献记录地点，作为故事流传地区的地图显示原始数据，但编绘地图的目的并不是要找出故事原型和其流传路线，而是挖掘故事的空间信息和空间传承价值与功能，为民俗学者提供空间观察视角，并有可能进行区域、民族和国家之间的比较研究。

第二，地方风物传说的故事地名。它是地方传说故事的被讲述对象或被解释对象。关于地方传说故事与地名的关系，早在 1931 年，钟敬文就做过相关论述，他认为地方传说对地方风物的解释或说明，很大一部分是与地名相关的。作者认为：“这种解释或说明，有的是从对象的形态上着眼的，有的是从对象的名号上着眼的（自然，‘形态’与‘名号’，往往是有相互关系的，但在许多场合，两者并不一定有必然的一致）”。[2] 地方传说还有些是关于自然物或人工物的，也常常与地名联系在一起，甚至成为自然和文化遗产地。与

---

1 [美]斯蒂·汤普森（Stith Thompson）《世界民间故事分类学》，23 页，郑海等译，上海文艺出版社，1991。

2 钟敬文《中国的地方传说》，引自钟敬文《钟敬文文集·民间文艺学卷》，481 页，合肥：安徽教育出版社，2002。

历史地理学者使用地方传说资料进行历史地名的解释和考据不同，民俗学者看待地方传说故事，虽然有时也包含着“历史的事实之断片”，但大部分是神话性的，“要从地方传说中去寻找出真的历史事实（狭义的），有时可也并不见很容易”。[1] 民俗学者关注和研究故事地名，并不是要论证地名的真实性，而是认为地方风物在故事中被历史化或人格化，故事地名既有历史传承的印迹，又包含了人民的生活情趣和艺术想象。[2] 在数字故事民俗地图的编绘中，在故事讲述地名地图上，标注自然或文化遗产地的地点，这是民俗学者研究所必然要求的。

第三，作为民俗符号的故事地名。民俗学者一般认为，在故事中，地名是一种民俗符号，可以成为政治、经济、文化、等级等概念的代名词，与故事人物、情节及其内涵联系在一起，有时是真实的地名，有时是飘忽不定的。例如杜德桥（Glen Dudbridge）对故事地名“香山”的相关研究，他从传说的文本资料系统理论分析角度，研究妙善传说，认为故事地名经常与山脉、岛屿、寺庙结合在一起。他说：“在妙善传说中，香山的名称可以使虔诚的信徒赋予这个地点以双重地位：既是一所信徒可以朝拜的真正寺庙，又是一座圣山。”[3] 董晓萍在此问题上，讨论了故事地名的重要性和真实性的问题，认为故事地名表示了故事与地方的一定联系，又具有一定的虚拟性，“在似与不似之间满足叙事群体的心理与社会需求”，可能与某地的民俗文化相关，也可能反映了多种地方传统。[4] 对民俗学者来说，在数字故事民俗地图的编绘研究中，用地图表示故事讲述地点所在的地理空间和社会环境，比表现故事讲述地点的空间分布更重要。

---

1 钟敬文《中国的地方传说》，引自钟敬文《钟敬文文集·民间文艺学卷》，483 页，合肥：安徽教育出版社，2002。

2 钟敬文主编《民间文学概论》（第二版），146 页，北京：高等教育出版社，2010。

3 [英] 杜德桥 (Glen Dudbridge)《妙善传说》，123—124 页，李文彬等译，台北：巨流图书公司，1990。

4 董晓萍《传说研究的现代方法与现在的问题——评杜德桥的〈妙善传说〉》，载《民族文学研究》，2003 (3)。

在数字故事民俗地图的编绘中，有两种故事讲述地名的界定分类。一是故事的搜集地点同时是故事讲述地点，二是故事讲述文本中地名信息。根据民俗学者的研究目标，故事讲述地名的界定原则，要符合搜集成果与历史成果，符合故事的现实传承和文化空间关系的实际。

一是故事讲述人地点，主要指讲述人所在乡村或社区，按其所在的行政区划地名定位在地图上，尽量保留最小地理单元，旨在显现传统讲述人的听众范围和故事本身的传承特点，再现故事讲述的原生态状况。

二是故事文本中的民俗志地名，它是故事讲述者和传承者精神世界的反映。其中有部分是真实地名，往往是讲述者将故事与邻近的现实世界联系起来的一种反映，另外还有民俗志地名，是位置不确切的和超时空的地名。

三是故事文本中的自然或文化遗产地地名，它是在故事讲述和传承过程中，故事附丽于当地自然和文化遗产地或民俗圣地，增加了故事的可信性和神圣性，表现了人与自然的一种关系，同时也体现了人们对自然或文化遗产地的认识。

四是历史文献中记载故事的历史地名，在地图上标示历史时期的空间位置和地名考证后的今地址，它反映口头故事被文献记载的历史地理空间和故事的历史传承时间关系。

在数字故事民俗地图的编绘中，根据上述界定原则和考虑因素，确立今地名某一时间点的行政区划地名，然后使用 GIS 技术转换故事讲述地名，其中与今行政区划地名相符的故事地名，可以表现在地理空间上，以表现故事讲述地点、故事讲述的地域环境和故事传承的地域空间。不能用今行政地名考证的故事地名，也要用其他形式标注在数字故事民俗地图的适当位置，使地名文化涵义与地方文化关系可视化。还要让地图与数据库配套使用，构建民俗学研究的多元知识框架。

三、数字故事民俗地图的故事节日地名界定与转换

在民俗文化关联上，数字故事民俗地图的编绘，要考虑故事节日地名。

故事常常与岁时节日、社会风俗等黏合在一起，而故事的嵌入也是节日发展演变的原因之一。[1]中国著名的四大传说故事，均同某些节日或节日习俗有密切的关系，例如，牛郎织女故事与七夕节有关联，孟姜女故事与寒衣节有关联，梁祝故事与双蝶节有关联，白蛇故事与端午节有关联，等等。这种联系是在长期的流传过程中，人们生活中自然融合而成的，人们在传承故事的过程中，往往将故事与传统的节日习俗联系起来，使得故事更加真实可信，同时，这些节日因为故事的附会而变得更加生动有趣。[2]故事与节日习俗的交汇融合，既是节日作为一种开放的文化系统的具体表现，也是民间故事作为一种集体口头创作的民间文学作品的重要特征之一。

故事与节日的联系，是数字故事民俗地图处理数据的文化视角，在编绘研究中，有必要从故事相关的节日资料中提取故事节日地名，在本书的研究中，主要是地方史志文献中的节日记载数据。对故事节日地名的界定。这可以从两方面来理解。一是故事节日活动地点，二是故事节日活动的文化空间。从地方史志文献的节日记载资料数据中提取故事节日地名，也可以从两方面进行提取：一是地方史志文献记载的节日活动地区，如福建《清流县志》指的是今福建省清流县地区；二是对节日记载原文进行要素分析和提取，其中的文化空间指故事节日地点，包括节日庙会地点、节日集市地点、节日仪式地点、节日绕游地点、节日民间文艺表演地点等。

在数字故事民俗地图的编绘中，提取故事节日地名，转换成故事节日地图的原数据，遵循以下两个原则。

一是在处理节日数据时，遵循搜集成果与文化空间的关系表达的文化标准。数字故事民俗地图通过故事节日地名，在一定程度上体现故事与节日关系的特点，体现节日文化空间。在这方面，在本书的研究中，故事节日地名包括故事节日记载地名和故事节日描述地名。其中，故事节日记载地名体现

---

1 钟敬文主编《民俗学概论》（第二版），108—109页，北京：高等教育出版社，2010。

2 贺学君《中国四大传说》，134页，杭州：浙江教育出版社，1995。

某个节日或某种节日习俗在地域空间上的活动范围，这与节日的民族性和地域性有关。有些节日是特定民族、特定地域或特定人群的节日，更多的节日是一种跨民族、跨地域的一国共享文化系统，但节日习俗的表现形式却有地域差异性。在故事节日记载地名基础上形成的故事节日地图，再现节日活动范围和节日习俗地域差异两方面的内容，从而能直观形象地与其他地域文化作对比分析。故事节日描述地名体现节日活动场所的地域差异性，通过节日活动场所的地域性体现节日要素的地域性，从而体现节日与其他地域文化的关系，体现人与自然的关系。在故事节日描述地名基础上形成的故事节日地图，再现节日活动的文化空间。

二是表达故事节日地图时，遵循故事节日时间原则。数字故事民俗地图利用地图图谱方法，建立故事节日地图的历史时间系列，呈现故事节日传承和演变的历史过程，从而提供民俗学者进行故事节日历史传承的文化空间分析，成为一种故事节日传承研究的研究手段。

在数字故事民俗地图的编绘中，通过对故事地名、故事讲述地名和故事节日地名的选择、提取与数据转换，建立数字故事民俗地图的故事地名库，利用 GIS 技术为地名赋予空间坐标信息，定位在地图空间中，同时又通过数据库技术，建立了数字故事民俗地图与故事研究专家系统、故事搜集文本、故事历史文献和地方史志文献的故事节日记载之间的相互链接，为实现数字故事民俗地图集成的互通查询检索准备了条件。

第二节 相关民间文艺地图的编绘

本次在数字故事民俗地图的编绘中，还进行了相关民间文艺地图与民俗学专题地图的编绘探索实践，主要是在北京师范大学民俗学国家重点学科相关科研项目的研究框架下，借助北京师范大学数字民俗学实验室的数字化平台，进行了中国民族民间文艺基础资源类地图、民俗学专题类地图、民族音乐学类地图和民俗学高等教育名师地图等编绘研究。这些前期工作构成数字故事民俗地图志研究的基础，也促成了我们对数字民俗地图的人文属性、技术框架和数据处理等方面的思考，为数字故事民俗地图编绘的地图设计提供借鉴。

以下，结合几项地图绘制的实践，谈谈这方面的思考与讨论。

一、中国民族民间文艺集成地图与县域资源分布评估

中国民族民间文艺集成地图的数据来源，是在文化部民族民间文艺发展中心所研制的中国民族民间文艺集成基础资源数据库基础上，提取十套集成志书的省级和县级搜集资源原数据。它的前期工作基础有两个，一是2004年文化部民族民间文艺发展中心与北京师范大学数字民俗学实验室合作完成的中国民族民间文艺三集成数字地图空间演示模型，共开发中国民族民间文艺集成数字地图空间演示模型3种，编制示意地图59幅，含中国戏曲志剧种分布示意图、中国民族民间舞蹈集成舞蹈节目分布示意图和中国民间歌曲集成民歌分布示意图三种，以县域为制图单元，以点状符号制作成图。[1]二是中国民间文艺三集成数字地图空间演示模型的改进版，2009年文化部民族民间文艺发展中心与北京师范大学数字民俗学实验室合作完成的中国民族民间文艺资源地图，共编制数字地图23幅，数字辞典12种，以省域为单元制作搜集资源总图和收录人物简介总图，以县域为单元制作民族民间文艺资源的地理

1 项目名称：中国民族民间文艺十大集成数字化基础资源库后续课题，项目编号：004604059，项目主持人：董晓萍、李松。地图编绘：赖彦斌。WebGIS技术合成：陈硕。在地图编绘方面，文化部民族民间文艺发展中心李松主任提出编图总体要求和重要思想，张刚副主任对戏曲志地图编绘贡献了重要思想和宝贵建议，北师大文学院董晓萍教授提供理论方案和总体设计，地遥学院王静爱教授从地图规范等方面提出了重要建设性意见，数据来源由文化部民族民间文艺发展中心提供，李明对原始数据的提供和初步整理做了大量工作，北京师范大学民俗学专业研究生鞠熙、周锦章、何晋等和地理学与遥感科学学院研究生李红亮参加了部分地图的数据处理工作。

分布地图和人口分布地图。[1]

（一）中国民族民间文艺集成地图的绘图要求与原数据分析

中国民族民间文艺集成地图属于政府的资源评估地图，由政府主管部门与民俗学者的合作，提出绘图要求并提供中国民族民间文艺基础资源原数据，绘图目标是直观体现中国民族民间文艺基础资源现状和区域比较，为政府管理与评估国家民族民间文艺基础资源提供决策依据。从制图理念上来说，是要根据数字民俗地图集成的要求，制定人文分类原则，整理和拟定描述性人文数据的编辑体例和演示标准，以县域为基本统计单元，以省域为综合统计单元，整合全国十套集成志书的搜集整理和记录出版资料数据，运用 GIS、数据库、动画和网络技术，将国内优秀传统民族民间文艺的历史传播和现实分布资源状况，按地方文化丛传承的生态系统，表达为综合图像，尝试整体图像的全息表达。在方法上，沿用十套集成志书的原有分类，要求编制统一体例的地图，有相同的制图设计和工作流程。

由文化部民族民间文艺发展中心提供的中国民族民间文艺基础资源原数据，主要特点如下。

1. 省、县两级的基本统计单元。中国民族民间文艺基础资源原数据以行政区划为基础统计单元，包括省、县两级。在原数据搜集的工作方法上，是以县为单位进行县卷本的民族民间文艺资源普查，在县卷本的基础上，各省组织专家进行综合和选编省卷本，从国家管理层面上，直接对省卷本负责，确保省卷本数据的完整、全面和基本准确。

---

1 项目名称：中国民族民间文艺集成志书数字资源建设与公共产品探索，项目编号：004604071，项目主持人：董晓萍、李松。地图编绘：赖彦斌。在地图编绘方面，文化部民族民间文艺发展中心李松主任提出编图总体要求和民歌地图的编绘思路，张刚副主任对戏曲志和曲艺志地图编绘贡献了重要思想和宝贵建议，北师大文学院董晓萍教授提供理论方案和总体设计，地遥学院王静爱教授提供了地理底图和地图修改意见，数据来源由文化部民族民间文艺发展中心提供，李明对原始数据的提供和初步整理做了大量工作，北京师范大学民俗学专业研究生吕红峰、蔡锦碧、刘尧晔等和地理学与遥感科学学院研究生陈思、潘东华参加了部分地图的数据处理或绘制工作。

2. 政府管理的搜集分类和统计指标。中国民族民间文艺基础资源原数据以中国民族民间文艺十大集成志书的搜集分类为原始数据存储分类，为便于管理与评估，政府部门提出制图的主要统计指标（表1）。

表1　2009年文化部民族民间文艺发展中心提供
中国民族民间文艺集成地图配套图表数据统计指标[1]

序号	集成名称	搜集资源数据	传承人数据
1	中国民间歌曲集成	收录民歌	歌手简介
2	中国民族民间器乐曲集成	入卷乐曲	乐人开条
3	中国戏曲音乐集成	收录剧种、收录唱段	人物介绍
4	中国曲艺音乐集成	收录曲种、收录基本唱腔	艺人简介
5	中国民族民间舞蹈集成	收录舞蹈节目	艺人简介
6	中国戏曲志	收录剧种、收录剧目	戏曲人物传记
7	中国曲艺志	收录曲种、收录曲书目	艺人简介
8	中国民间故事集成	收录故事总数	故事家简介
9	中国歌谣集成	收录歌谣	歌手简介
10	中国谚语集成	收录谚语	讲述人简介

3. 专题内容的专业分类。根据十大集成志书的专题内容，由文化部民族民间文艺发展中心咨询相关领域专家，对中国民族民间文艺基础资源原数据进行定性的专业分类和定量的专业分级，提供绘图者进行地图设计。

1 本表统计指称，由2009年6月30日文化部民族民间文艺发展中心和北京师范大学数字民俗学实验室共同进行的项目座谈会讨论通过，文化部民族民间文艺发展中心李松主任和张刚副主任等从政府角度对地图编绘和统计指标提出了总体要求。参加座谈会人员为：文化部民族民间文艺发展中心李松主任、张刚副主任、李明工程师和许雪莲助理研究员、北京师范大学董晓萍教授、赖彦斌工程师和2006级博士生吕红峰。

例如中国民间歌曲集成的原数据，省卷本收录民歌作品数分成四个等级：500～1000首、1000～1500首、1500～2000首和2000首以上，县域民歌搜集资源数量分为四个等级：3首以下、4～10首、11～50首和50首以上，县域民歌人口分布资源数量分为五个等级：1首／十万人以下、2～3首／十万人、4～10首／十万人、11～50首／十万人和50首／十万人以上。[1]

（二）中国民族民间文艺集成地图的地图设计与简要工作流程

根据文化部民族民间文艺发展中心提出的绘图要求和原数据特点，地图编绘者要整理原数据，进行数据转换，然后进行地图设计，最后绘制成图。

1. 地名数据整理。文化部民族民间文艺发展中心提供的中国民族民间文艺基础资源原数据虽然以行政区划为统计单元，含省、县两级地名，但要使含地名的原数据，转换为地图编绘能使用的地名数据，还需要数据与地名的一一对应的数据整理。在原数据中，可能还有两种数据与地名不一一对应的情况，一是同一个地名上有多个分类数据，二是同一个分类数据可能分布在多个地名。在原数据的存储中，这两种情况的数据是作为一条记录存储的，而对于地图识别的数据来说，必须转换为多条记录，使地名与分类数据一一对应。

2. 地名标准化处理。中国民族民间文艺十大集成志书的搜集、编撰、出版和数字化工作，历经三十年，这期间我国的行政区划屡有变更，而中国民族民间文艺基础资源原数据只是保留了搜集时的行政区划地名，前后不一致。对地图编绘来说，需要选择一个固定的时间点作为标准点，将其他时期的地名进行相应转换成标准点的地名，必要时可同时保留原地名信息，做不同时期的地名比较。

3. 地名的空间定位。具备地名的数据，只是暗含了空间信息，具备了落

1 民歌原数据的专业分类和分级，由文化部民族间文艺发展中心李松主任咨询相关专家后提供，特此说明。

实到地图上的可能性，但要真正编绘成地图，还需要建立地名与经纬度空间坐标的联系，使地名上的分类数据能在地图上找到定位点、运动路线或空间范围，完成空间定位，至此，对原数据的地名数据整理与转换才算完成。

4. 底图与比例尺设计。中国民族民间文艺集成地图，按文化部民族民间文艺发展中心要求，在总体上表现中国民族民间文艺资源的地区属性和民族属性，反映十套集成志书的搜集成果，在此基础上反映民族民间文艺资源的区域差异性及其与自然环境的关系，因此，中国民族民间文艺集成地图的总图制图设计，选择遥感图像为底图，套叠全国省域行政区划地图；中国民族民间文艺集成地图的地理分布地图和人口分布地图选择县域行政区划地图为底图，套叠河流等自然要素。中国民族民间文艺集成地图的基本工作底图，是国家正式发布的 1∶400 万全国数字地图，其他工作底图和套叠图，如遥感图像等，与全国数字地图相配准。

5. 地图符号设计。中国民族民间文艺集成地图的总图反映搜集资源总量，用不同颜色的发光圆球符号，能够比较清晰地显示在遥感图像底图上。中国民族民间文艺集成地图的总图反映的搜集资源总量基本代表了各地民族民间文艺资源的基础量，但是这些数据也受到各地经济发展水平、集成志书出版进度和统计误差等因素的影响，为了在整体上体现全国集成志书搜集成果，符号大小设计成不与总量数据成比例关系，而是分成几个等级，以显现各地民族民间文艺资源的量级关系，如上所述，中国民间歌曲集成省卷本收录民歌作品数分成四个等级，按等值数列分等。而县域民歌搜集资源数量分为四个等级，基本按正态分布分，地图以县域为单元，可用不同颜色的面状符号，能够很好地反映中国民族民间文艺资源的县域分布状况，符号颜色的深浅代表数量等级的高低。

6. 配套图表与数据库设计。地图对于表达民俗事象有一定的局限性和不足，民俗学者在制作和应用民俗地图时往往制作一些配套图表，做部分的弥补和补充说明。在中国民族民间文艺集成地图的编绘中，根据上述文化部民族民间文艺发展中心提出的绘图要求和原数据特点，我们主要制作了两种配套图表，一是集成志书搜集资源的分省数量柱状图，二是省卷本收录人物简介的分省数量柱状图，均标注各省的具体数字，为地方学者、集成工作者和政府管理人员提供底层数据查询。中国民族民间文艺集成地图的数字发布，采用数字地图集成的结构，链接底层数据库。在中国民间文艺三集成数字地图空间演示模型地图中，采用了 WebGIS 技术，通过点击数字地图上的分布点，可打开底层数据库的记录查询。在中国民族民间文艺集成地图中，采用了动画技术和网络技术，通过链接按钮，打开数字辞典查询。除地图和图表所表现的集成志书搜集资源稳定指标外，数字辞典还列出了其他个性指标和描述性数据，以综合表达集成志书的总体搜集成果和中国民族民间文艺资源的概况，这些个性指标描述性数据指标，也同样由政府部门咨询相关专家后提供。

（三）中国民族民间文艺集成地图的样图与简要分析

中国民族民间文艺集成地图，由文化部民族民间文艺发展中心与北京师范大学数字民俗学实验室合作完成，其中，由文化部民族民间文艺发展中心李松等提出绘图要求，按搜集资源总图、地理分布地图和人口分布地图进行编绘的思路，并提出民歌分布的数量等级划分等，由董晓萍提出理论方案。文化部民族民间文艺发展中心李明提供了数据来源并初步数据整理，赖彦斌完成技术方案并编绘数字地图。以下使用 3 幅地图样图，做简要描述和分析，具体如下。

1. 中国民歌资源分布总图[1]

地图 1 的原数据是中国民间歌曲集成省卷本收录民歌作品数，按以上地图设计分成四个等级，在地图上用四种半径大小对比明显的发光紫球表示，在一定程度上扩大省域民歌资源搜集数的差别对比，增强地图直观性。底图

1 关于“中国民歌资源分布总图”，详见本书“数字故事民俗地图（样图）”中的地图 1《中国民间歌曲集成搜集资源总图（截止于 2009 年）》。

使用卫星遥感地图，可大体呈现民歌分布相关的地形地貌、江河湖泊和植被覆盖等自然生态环境，遥感底图上套叠省域行政区划界线和省会驻地点，标注省名和省会名，与中国民族民间文艺集成志书按行政区划搜集的特点相符。陆地国界以外的区域用灰色处理，消除读图干扰，突出研究区域。海域统一使用淡蓝色填充，符合一般阅读习惯。南海诸岛示意图的位置，保留原遥感底图所设位置不变。

从地图分布看，全国的民歌搜集资源数基本为平衡分布，它主要呈现与边疆、多民族、江河流域、山区的关联性，与经济发展并不成正比关系。其中，地处西南边陲，拥有三江并流、横断山脉和高原山地的多民族省份云南省，民歌搜集资源数量最多，其次是边疆多民族地区新疆和高原山地的多民族地区贵州省。其他边疆地区黑龙江、内蒙古和西藏数量居中，同样数量处中间等级的还有黄河流域的甘肃、陕西、山西、河北和山东，长江流域的四川、湖南、湖北和安徽，南方山区的福建、江西和广东。经济发达地区的北京、天津、上海和浙江数量最少，河南、广西、青海和海南虽然位于数量最小等级，但从实际数量看均在900首以上，接近于中间等级。地处边疆的吉林和黄河流域的宁夏数量处于最低等级的中间位置，说明民歌资源数量的几个关联因子虽然有影响但并不能把它们绝对化，也可能与搜集工作的开展等人为因素有关系，青海和宁夏的民歌资源搜集数量可能还与其人口数量有关系。

2. 中国民歌资源地理分布地图[1]

地图2的原数据是以县域为单元统计的民歌作品搜集数，按以上地图设计分为四个等级，采用量底法，用颜色深浅表示数量等级，颜色越深表示数量等级越高。底图使用中国行政区划地图数字地图，底图信息含国界、省界、县界、主要河流、省名和省会名。

中国民歌资源县域地理分布，与省域单元的民歌搜集资源分布基本一致，大体上表现全国的平衡分布。但相对来说，总体上更明显地呈现东西高、中

1 关于“中国民歌资源地理分布地图”，详见本书“数字故事民俗地图（样图）”中的地图2《中国民歌资源地理分布地图（截止于2009年）》。

间低的分布状况，高值区在新疆西北部、河套平原、华北平原北部、内蒙古中部和大兴安岭沿线集中分布，在华北平原和长江中下游平原零星分布。最低值区在新疆、内蒙古、东北和青藏高原成块分布，与高值区相邻成间隔分布，在全国其他地区呈零星分布。较低值区主要分布在中部，在胡焕庸线沿线附近。胡焕庸线以东区域，四个等级的县域资源基本平均分布，但较高值区（11 ~ 50 首）的分布区所占比例略大一些。

3．中国民歌资源人口分布地图[1]

地图 3 的原数据是以县域为单元统计的民歌作品搜集数，与同时期县域人口数做对比进行数据整理，得到县域人均民歌资源数，按以上地图设计分为五个等级，采用量底法，用颜色深浅表示数量等级，颜色越深表示人均民歌资源数越多。底图使用中国行政区划地图数字地图，底图信息含国界、省界、县界、主要河流、省名和省会名。

与中国民歌资源县域地理分布地图相比，中国民歌资源人口分布地图明显呈现了东西差异，与人口分布密切相关，广大西部地区人口稀少，民歌资源却相当丰富，更显示出西部民族民间文艺资源保护的迫切性。在胡焕庸线以东，人均民歌资源呈斑点状分布，高值区零星分布，主要集中在武夷山脉、桂黔湘交界处和海南中部山区。民歌资源的人口分布的最低值区与地理分布相同，主要在新疆、内蒙古、东北和青藏高原成块分布，与高值区相邻成间隔分布；四川盆地、河南大部分地区和山东西南部地区，因人口基数大，也出现了成片的人均民歌资源最低值区。

从中国民族民间文艺集成地图样图及其与数据库的集成使用来看，中国民族民间文艺集成地图的基础资源是县域资源，同时在总图层面上也可反映省卷本出版成果和省级资源状况。中国民族民间文艺集成地图的数字地图集成方式，分“政区 ”、“民族”和“种类”（或歌类、功能、剧种）三种路径，建立数字地图的多级图层与查询方式，展示三集成传统民间文艺的分布、流

1 关于“中国民歌资源人口分布地图”，详见本书“数字故事民俗地图（样图）”中的地图 3《中国民歌资源人口分布地图（截止于 2009 年）》。

传和搜集的剧种、歌类或舞种的成果，给各级政府决策者提供民间文化遗产保护信息、同时提供学术研究和大众传播的正确数据。

编绘中国民族民间文艺集成地图的主要目的，是要用地图的方式表现中国多样的民族民间文化遗产资源，主要是能够达到直观表达的效果，使人们对中国的民族民间文化遗产资源状况和变迁趋势一目了然；能够更直观地表现中国民族民间文化遗产资源的丰富程度、分布状况、变化趋势和传承特点，展示中国民族民间文艺集成志书的搜集成果和研究成果，以及部分展示专家学者的研究成果。通过地图方式，也便于有效的管理原始资料和珍贵资源，通过建立数据资源贮藏库、专题库和发布系统，既能形象地向社会发布资源状况，又能够保存基础资源和底层数据，有一定的保密性。通过地图的方式，还能够部分地展示研究成果，如专家的专业分类体系表现在地图体系中，以及数字地图空间演示模型的查询层次等。地图产品形式，可以提供给文化学、民族学、民俗学、民间文艺学、艺术学及其他相关学科的教学和科研使用，同时也为政府部门制定保护政策提供依据。

编绘中国民族民间文艺集成地图的指导思想，主要体现国家相关文化职能管理部门管理资源、制定文化遗产资源保护政策的需要，同时兼顾民俗学研究民族民间文化遗产资源的时空传承特点，探讨保护文化遗产资源意义的需要，并符合地图的标准和规范，达到科学性、明辨性、艺术性、动态性的效果，既表现成果又具有一定的保密性。

中国民族民间文艺集成地图的探索研究，对数字故事民俗地图编绘研究的主要作用有以下三个方面。

一是基础民俗资源数字化的经验。中国民族民间文艺集成地图及其空间演示模型，一方面，首次进行了从书面保存到数字化保存利用的成功尝试，建立以 GIS 地图、数据库和多媒体技术为核心的关键技术，为基础民间文艺资源的扩大保存与研究范围，取得了初步经验；另一方面，建立了人文现象数字化的概念结构，将民族民间文化成果数字化的理念细化，针对民族民间文艺集成志书的对象，认识其数字化的概念和概念结构，主要是将原数据与数字化成果相区别，将定量数据成果与描述性数字化成果相区别，建立数据库、贮存库、研究资源库分列组合的数字化概念结构。

二是对民俗资源的数字化演示模型产品形式的初步探索。中国民族民间文艺集成地图及其空间演示模型，采用 WebGIS 的结构形式，建立了发布系统，主要从人文科学的视角，构建集成志书工程的数字化工作平台，同时还编绘了配套的纸介地图产品。这为在数字故事民俗地图的编绘研究中，探讨数字地图与数据库合成使用的框架模式，以及人文数字地图与纸介地图的联系与区别等问题，奠定了基础。

三是对描述性人文数据评估标准的初步探索。中国民族民间文艺集成地图及其空间演示模型，在相关文化部门保护、评估基础民间文艺资源的指导思想下，主要探索数据库、贮存库和研究资源库的数据的存储层面和逻辑层面的关系，尝试建立描述性人文原数据的标准、标准化的工作体系框架、以及贮存和演示基础与研究数据的技术系统。

中国民族民间文艺集成地图及其空间演示模型，主要是体现基础民间文艺资源的县域分布评估的，在此基础上，进一步探讨数字故事民俗地图的理论问题和编绘实践。在本书数字故事民俗地图的编绘中，吸收了中国民族民间文艺集成地图编绘在表现基础资源分布评估的绘图经验，在此基础上增加讲述人信息的数据库合成显示和实景传输，并根据故事学研究加入故事类型的概念，将专家系统体系进一步具体化和可视化，另外，增加基础故事资源的历史传承情况，无论在提供政府评估，还是在提供民俗学者研究方面，都加大了学术含量。

二、民族音乐学专题地图与专家系统的建设

在与故事表演相关的民族音乐学专题地图方面，中国多声部民歌地图的探索实践，是民族民间文艺地图的专家系统地图研制的有益尝试，探索把专家研究成果转换为数字地图的理论与实践，为数字故事民俗地图编绘的专家

系统研究积累经验。[1]

（一）中国多声部民歌地图的绘图要求与原数据分析

中国多声部民歌地图的主要原数据，是中国音乐学院樊祖荫所撰中国多民族民歌研究著作，由樊祖荫提供给北京师范大学数字民俗学实验室，利用樊祖荫多年科学科研积累的资料和研究成果，体现中国多声部民歌研究的最新的科研成果。[2] 兹将樊祖荫提供的中国多声部民歌地图原数据抄录如下。

一、中国少数民族多声部民歌分布

（一）壮族

1．“欢”类：桂北天峨、鹿寨；右江中游田东、平果；右江以南田阳、德保；清水江流域上林、马山。

2．“比”类：桂北东兰、巴马、宜山、都安、河池、南丹、环江、罗城、融水、融安。

3．诗”类：桂西南靖西、德保、那坡、天等、大新；左江两岸扶绥、崇左；云南文山州富宁县。

（二）布依族

黔南荔波、三都、独山；贵阳市、贵定县。

（三）傣族

1．黑傣：云南玉溪市元江县。

2．白傣：红河州金平县。

---

1 中国多声部民歌地图的编绘研究，是中国音乐学院樊祖荫教授与北京师范大学数字民俗学实验室合作项目，由樊祖荫教授提供绘图要求和中国多声部民歌研究著作原数据，北京师范大学数字民俗学实验室主任董晓萍教授提供地图编绘的理论方案，北京师范大学区域地理研究实验室主任王静爱教授进行地图设计指导，赖彦斌完成技术方案、地图设计和地图编绘工作。本书所列本项工作内容，只是项目的初期探索成果，本项目有待进一步深入和完善。

2 樊祖荫《中国多声部民歌概论》，北京：人民音乐出版社，1994。樊祖荫《中国少数民族多声部民歌教程》，北京：中央音乐学院出版社，2008。

（四）侗族

1．“大歌”类：黔东南黎平、从江；桂北三江。

2．“花歌”类：湖南通道。

（五）仫佬族

桂北罗城。

（六）毛南族

桂北环江。

（七）彝族

1．“曲子”类：云南红河北岸石屏、建水、通海、开远。

2．“小调”类：云南楚雄州双柏；玉溪地区新平、峨山、易门、云龙。

（八）哈尼族

1．“阿茨”类：云南红河州红河、绿春、元阳。

2．“舞歌”类：云南澜沧。

（九）傈僳族

云南怒江州泸水、碧江、福贡县及迪庆州维西县。

（十）纳西族

云南丽江、大具、宝山、鸣音、俸可。

（十一）拉祜族

云南澜沧江流域孟连、澜沧。

（十二）基诺族

云南西双版纳景洪县基诺山。

（十三）羌族

四川松潘县。

（十四）藏族

1．阿尔麦人：四川黑水县。

2．云南中甸县。

（十五）景颇族

滇西德宏州盈江、陇川、瑞丽、潞西、梁河。

（十六）白族

滇西怒江州泸水、碧江。

（十七）怒族

滇西怒江州福贡县。

（十八）土家族

1. 哭嫁歌：湘西永顺、龙山、保靖、古丈；鄂西来凤、利川、鹤峰、咸丰、宣恩。

2. 船工号子：酉水、澧水、清江。

（十九）苗族

1. 黔东南：台江、凯棠。

2. 黔西北：大方、织今、纳雍、黔西。

3. 桂北：三江。

4. 湘西：靖县（苗、侗、汉三个民族共唱的“锹歌”）。

（二十）畲族

福建宁德。

（二十一）瑶族

1. 勉语：广西富川、广东连南；云南绿春、河口。

2. 布努语：广西东兰、巴马、都安、上林、平果。

3. 汉语：广西富川、钟山、贺县；湖南江华。

（二十二）佤族

云南沧源。

（二十三）德昂族

云南潞西、保山。

（二十四）布朗族

云南西双版纳勐海县。

(二十五) 高山族

1. 阿美人:台湾东部台东、花莲、屏东;福建南平。

2. 布农人:台湾南投、高雄、台东、花莲。

(二十六) 蒙古族

1. 潮尔音道:内蒙古锡林郭勒察哈尔。

2. 浩林潮尔:新疆阿勒泰地区罕达嘎图蒙古族自治乡。

(二十七) 朝鲜族

1. 林区号子:长白山林区。

2. 渔业民谣:图们江、鸭绿江流域长白、珲春等县。

(二十八) 俄罗斯族

新疆乌鲁木齐、伊犁、塔城、阿勒泰。

二、中国汉族多声部民歌分布

(一)劳动号子

1. 行船号子:长江流域的四川、湖南、湖北为多,另有杭嘉湖流域。

2. 林区号子:主要流传于东北的大、小兴安岭和长白山区。

3. 其他号子

(1) 挑担号子:江苏泰州。

(2) 杠棒号子:上海码头、浙江海盐、萧山。

(3) 数蛋号子:浙江温州、广东广州。

(二)田歌

1. 江浙田山歌:上海郊区青浦、金山、松江、奉贤,浙江北部嘉兴、嘉善、平湖,江苏南部常熟。

2. 四川薅草号子:黔江。

(三)山歌

1. 广西汉族山歌

(1) 土拐话山歌：融水、罗城。

(2) 桂柳话山歌：象州。

(3) 白话山歌：横县、桂平、容县。

(4) 平话山歌：南宁。

2. “穿号子”：四川、湖北、湖南三省边界，如四川巫溪。

(四) 仪式歌

湖北宜都。

编绘中国多声部民歌地图的绘图要求，主要是把樊祖荫中国多声部民歌研究成果转换为数字地图，能够比较客观地反映中国多声部民歌的现状分布和区域差异，体现中国多民族多声部民歌的搜集和研究成果，利用自然地理学的地图成果基础和地图学的制图理论，体现中国多声部民歌与自然环境的联系，可纳入国家文化遗产基础资源保护体系当中，有利于将文化保护区划与生态区划联系起来。

从上述中国多声部民歌地图原数据看，其主要特点有以下几点。

1. 中国多声部民歌地图原数据的一级分类是民族分类。中国多声部民歌的民族分类，共涉及汉族和 28 个少数民族，中国多声部民歌分布与民族分布关系密切。

2. 中国多声部民歌地图原数据的二级分类是民歌歌种分类，民歌歌种分类对应民歌地名。大部分民族的多声部民歌数据，含有歌种分类的二级分类，其所对应的民歌分布地名，是中国多声部民歌地图的原始地名数据。

3. 中国多声部民歌地图原数据的民歌地名具有空间定位性质，并带有人文地名特点。从中国多声部民歌地图原数据提取的民歌地名，通过地名转换后可以进行空间定位，标注在地图上，从原数据看，这些地名带有的人文地名特点，主要包括以下几点。

第一，地名单元不统一。中国多声部民歌地图原数据中的民歌地名，既有行政区划单元，又有江河山脉等地貌单元。在行政区划单元方面，又包含三级地名：省域单元，如汉族山歌“穿号子”的民歌地名是四川、湖北、湖南三省边界；县域单元，如壮族“欢”类多声部民歌的民歌地名桂北天峨、鹿寨；乡镇单元，如纳西族多声部民歌的民歌地名云南丽江、大具、宝山、鸣音、倖可，其中后四者均为丽江市下辖的乡镇。

第二，地名边界具有一定的模糊性。中国多声部民歌地图原数据的民歌地名，大部分可对应县域地名，暂可用县域边界来代替地名边界，实际上民歌的传唱是人们的口耳相传，民歌地名边界可以说与人口居住地相关，与县域边界还是不一致的。还有一部分地名，只有大致的范围，无法对应到县名，边界更是模糊。例如，土家族多声部民歌船工号子的民歌地名酉水、澧水、清江，均是江河；朝鲜族多声部民歌林区号子的民歌地名长白山林区；汉族多声部民歌劳动号子中的行船号子民歌地名长江流域的四川、湖南、湖北为多等。

第三，地名时期不一致。中国多声部民歌地图原数据的民歌地名，有些地名用的是旧称，如壮族多声部民歌“比”类民歌地名宜山，今为宜州市；傈僳族多声部民歌地名云南怒江州泸水、碧江，今合并为泸水县等。有些地名用的是俗称，如俄罗斯族多声部民歌地名新疆伊犁，应为伊宁市等。

第四，地名与自然生态环境的密切相关性。中国多声部民歌地图原数据的民歌地名，表现了与自然生态环境的密切相关性，有些甚至用生态环境的地名作为民歌地名。占多数的是江河流域的自然生态环境地名，包括壮族多声部民歌地名中的左江、右江、清水江流域，拉祜族多声部民歌地名中的澜沧江流域，土家族多声部民歌地名中的酉水、澧水、清江流域，朝鲜族多声部民歌地名中的图们江、鸭绿江流域，汉族多声部民歌地名中的长江流域和杭嘉湖流域等。其次是林区的自然生态环境地名，包括基诺族多声部民歌地名中的基诺山林区，朝鲜族多声部民歌地名中的长白山林区，汉族多声部民歌地名中的大、小兴安岭和长白山林区等。

（二）中国多声部民歌地图的地图设计与简要工作流程

中国多声部民歌地图的编绘研究，首先要根据樊祖荫提供的原数据和研究著作，建立中国多声部民歌地图编绘的专家系统，然后从原数据中提取民歌地名，进行地名转换，进行地图设计，转换后的地图地名和地图设计再经樊祖荫确认，最后使用 GIS 技术编绘成图。中国多声部民歌地图的地图设计和简要工作流程包括以下主要内容。

1. 整理和分类存储原数据，建立中国多声部民歌地图的专家系统。根据樊祖荫提出的绘图要求，充分吸收民俗学专家和地理学专家意见，[1] 确定地图编绘的指导思想和总体目标，对樊祖荫提供的中国多声部民歌地图原数据进行整理，并按专家意见和地图制图要求分类存储，以建立民歌地名数据库的形式，建立中国多声部民歌地图的专家系统。中国多声部民歌地图的编绘指导思想和总体目标，是要能够比较客观地反映中国多声部民歌的现状分布和区域差异，体现中国多民族多声部民歌的搜集和研究成果，体现中国多声部民歌与自然环境的联系。同时，中国多声部民歌地图，也可纳入文化部民族民间文艺发展中心的文化遗产基础资源保护体系当中，有利于将文化保护区划与生态区划联系起来。所编绘地图，还要符合地图的制图标准和规范，达到科学性、明辨性、艺术性和动态性的统一。

2. 民歌地名转换。根据中国多声部民歌地图原数据中民歌地名的特点，要做以下几个方面的地名转换处理，才能将原数据中的民歌地名，转换为地图编绘所要求的地图地名，然后使用 GIS 技术，为地名赋予经纬度坐标，落实在地图上。一是民族地名转换，将中国多声部民歌地图原数据中民歌地名的民族分类，与中国民族分布地图的民族分布做比较，建立多声部民歌分布地名与民族分布地名之间的关系。二是行政区划地名转换，将中国多声部民歌地图原数据中的民歌地名，包括行政区划地名、江河流域和山地林区等自然生态环境地名，统一转换为可以用行政区划地名范围勾划的地名，同时提

---

1 2005 年 4 月 14 日在北京师范大学举行的中国多声部民歌地图编绘项目座谈会上，樊祖荫教授提出了地图编绘的总体要求和目标，北京师范大学数字民俗学实验室主任董晓萍教授从民俗学研究视角提出制图意见，赖彦斌参加了本次座谈会，并在会后就地图设计相关问题当面咨询了北京师范大学区域地理研究实验室主任王静爱教授，获得许多地图编绘方面的宝贵意见。

请樊祖荫做专家确认。三是地名时期转换，将所有转换后的行政区划地名，统一转换为全国数字地图的地名时期（2000 年），以便可以将民歌地名最终落实到地图空间中。

3. 底图设计。中国多声部民歌地图的底图设计，直接使用地理地图学的研究成果，主要考虑地理要素的选取。根据樊祖荫的研究成果和所提供的原数据特点分析，中国多声部民歌地图底图的地理要素，主要选取与多声部民歌关系密切的自然生态环境要素，主要包括：地貌类型、河流、山脉等。例如，行船号子主要分布在江河流域，林区号子主要分布在山地林区。地理要素选取的原则，是作为底图背景的，根据地图学制图理论，背景图颜色要较淡，分类不宜过细，以避免喧宾夺主，因而，一般来说，地貌底图只采用地理学的大地貌类型分类（山地、丘陵、高原、平原等），河流底图只选取全国的重要河流和与多声部民歌分布相关的河流，山地林区底图只选取与多声部民歌分布相关的山地林区。

4. 地图符号设计。中国多声部民歌地图的地图符号设计，在吸收地理底图已有符号系统的基础上，考虑民歌地名边界具一定模糊性等人文地名特点，采用易于识别的离散点符号表示。例如，在中国多声部民歌地图的一级分类内容表示民族分类符号方面，借用中国民族分布地图底图的符号系统，易于识别，并能与其他相关成果做对比研究。

5. 主配图设计。中国多声部民歌地图的结构，采用主配地图形式。主图只表达多声部民歌的一级分类（即民族分类）信息，采用两种底图类型。一种类型是基于多声部民歌的民族性特点，从中国民族分布地图中选取多声部民歌所包含的民族分类，作为底图，在多声部民歌分布地点用点状符号标识。另一种类型是基于多声部民歌分布与自然环境的密切关系特点，选择河流和山脉为底图，然后将多声部民歌分布的区域范围标示在地图上，用不同符号代表民族分类。配图既表达民族信息，也表达各民族多声部民歌的歌类分类信息，它与主图的配合形式，有两个系列。一个系列是基于少数民族多声部民歌“小区域密集、大区域分散”的分布特点，将少数民族多声部民歌分四个区域配图显示，以河流图和山脉图为底图。一是东北区域配图，主要分布朝鲜族和蒙古族的多声部民歌；二是西北区域配图，主要分布蒙古族和俄罗斯族的多声部民歌；三是东南区域配图，主要分布畲族和高山族的多声部民歌；四是西南区域配图，主要分布除朝鲜族、蒙古族、俄罗斯族、畲族和高山族以外的其他 23 个少数民族的多声部民歌。另一个系列是基于各民族多声部民歌的歌类和歌种特点，将汉族和部分少数民族的歌类分类，以配图的形式表现出来，并以地貌类型图为底图，叠加河流图和山脉图，进一步表达多声部民歌的歌类与自然环境的相互关系。

6. 配套图表设计。中国多声部民歌地图，采用文字说明与地图的配合形式。以上所述的主、配图，因多声部民歌的分布特点、歌类分类或与自然环境的关系等，分别选择了不同的底图形式和专题图表现形式，其中一些形式的地图，如上述第二类型的主图，在表现同一区域内，有不同民族分类歌种时，就显得比较困难。这时候的选取原则，据专家系统研究，是“大区域分布范围服从小区域分布范围”，也就是说，当两个民族分类的多声部民歌分布区域有重叠时，将分布范围相对较小的民族分类信息放在上层显示。而这种地图处理的原则及重叠部分的民族信息，用文字形式，配合地图显示。

（三）中国多声部民歌地图的样图与简要分析

中国多声部民歌地图，以地图的方式，表达多声部民歌传唱的地区和民族分布，及其与自然地理环境的关系。以下使用 1 幅地图样图“中国西南地区少数民族多声部民歌分布地图”[1]，做简要描述和分析，具体如下。

中国西南地区少数民族多声部民歌分布地图是中国多声部民歌地图的区域配图之一，从行政区划看，包括了云南、贵州、广西、湖南、重庆、四川和西藏等 7 省份，它的最底层工作底图是全国行政区划数字地图，在 GIS 软

1 关于“中国西南地区少数民族多声部民歌分布地图”，详见本书“数字故事民俗地图（样图）”中的地图 4《中国西南地区少数民族多声部民歌分布地图（截止于 2008 年）》。

件中使用切割技术从全国数字地图中切出范围略大于包含西南 7 省份的范围，符合地图制图学关于主配图图幅范围的处理原则。保留全国数字地图原有的国界、省界、省会和主要河流长江的底图地理要素，同时增加与多声部民歌关系密切的江河流域地名，除西南地区主要河流澜沧江、金沙江、雅鲁藏布江、西江外，重点标注与多声部民歌分布直接相关的怒江、元江、清水江、左江、右江、丽江、清江、酉水和澧水等河流，使用蓝色线划符号标注文字注记的图示方法。在多声部民歌的分类分级上，只表现多声部民歌的一级分类即民族分类信息，民族图示符号参考中国地图出版社编制出版的中国民族分布地图。[1]

在中国多声部民歌地图的分布总图格局中，西南地区是少数民族多声部民歌的密集分布区，共有 23 个少数民族的多声部民歌，与中国民族分布地图相比，多声部民歌的分布与民族分布一致，但多声部民歌的分布范围要小于民族分布范围，且表现出与江河流域的密切相关性，在西南地区的少数民族多声部民歌分布地图中，共有 11 个民族的多声部民歌传唱分别分布在 9 条江河流域。

对于数字故事地图民俗地图的编绘研究来说，中国多声部民歌地图的编绘实践，在民俗地图的专家系统方面，初步探索了用地图表达专家研究成果的理论与方法。一方面，根据专家研究的成果，对自然地理地图要素的原有分类与表达原则，做适当的归类合并和取舍，达到更科学、更形象、更客观地表达专家研究成果，如只表达与多声部民歌有关的地貌类型、河流、山脉和民族分布等；另一方面，根据地理地图制图理论和原则，对专家研究的地图要素，做适当的调整与转换表达，如专家研究的民俗志地名“酉水、澧水、清江一带”，[2] 在民俗地图表达中，转换为酉水、澧水、清江所流经的县名，同时标示此三条河流的流向及名称。另外，根据研究对象（多声部民歌）的民

1 中国地图出版社编制《中华人民共和国地图集》，4 页，北京：中国地图出版社，1994。

2 指土家族多声部民歌“船工号子”分布在酉水、澧水、清江一带。参见樊祖荫《中国少数民族多声部民歌教程》，133 页，北京：中央音乐学院出版社，2008。

族性、歌类分类、分布特点和与自然环境的关系等，为了突出各方面的文化关系和生态联系，采取了多种类型的地图表现形式，包括主图类型、配图类型、主图与配图的配合、文字与地图的配合等。

第三章　数字故事民俗地图的制图方案与编绘技术

本章主要讨论数字故事民俗地图的制图方案与编绘技术，包括两方面的内容：一是制图设计与工作流程，二是编绘过程中的数据处理，最后，描述数字故事民俗地图的样图，并对它们的制图做简要分析。需要说明的是，数字故事民俗地图的编绘，属北京师范大学数字民俗学实验室承担的北京师范大学 985 工程“大学数字博物馆”子课题“数字故事博物馆”项目的研究内容之一，同时也是北京师范大学数字民俗学实验室与文化部民族民间文艺发展中心的合作项目，它在数字故事博物馆项目的总体理论方案的框架下进行，并共享项目的原始数据和数字数据研制成果，但本书主要侧重地图编绘的技术方案设计，对数字故事博物馆项目的理论方案设计和地图之外的数据库技术设计等内容，本丛书另有专著讨论，本书不再重复。

题　解

数字故事民俗地图的制图方案，主要是指它的制图设计和工作流程。在地理学的研究中，编绘地图或地图集，首先要进行制图方案的研究，在这方面地图学已有成套的理论和方法，地理学领域也进行了长期的研究，有成体系的模式可供参考。本书研究的数字故事民俗地图编绘的制图方案，一方面借鉴地理学的研究成果，对制图方案中最基本和最重要的环节进行讨论，另一方面在民俗学研究成果基础上，考虑民俗学者使用地图的特点，讨论数字故事民俗地图作为民俗学研究方法时不同于一般地理地图的特点，主要关注基本理念所决定的最关键环节和要点，而其他完全使用地图学原理的具体细节暂不予描述，虽然它在数字故事民俗地图的编绘中也是必要的环节。

数字故事民俗地图的编绘技术，主要讨论在数字故事民俗地图的编绘过程中，在数据处理方面的关键环节和要点，并不是要描述所有的技术操作。对于数字故事民俗地图的编绘来说，主要在于它所处理的民俗数据的人文属性特点和民俗学者使用地图的目的和特点，决定了在编绘技术上的关键环节和要点，主要包括这些特点：一是民俗数据的定性原则远远多于定量原则，二是民俗数据中地名的空间属性可能存在不确定性（包括一些在现成地理学成果中无法定位需要补充调查的地名数据），三是民俗数据中地名的历史属性的重要性，四是民俗学者使用地图注重空间分布背后的历史人文属性和原文本分析的特点。

第一节　数字故事民俗地图的制图设计和工作流程

数字故事民俗地图制图设计的基本原则是既要符合民俗学研究成果表达，又要符合地图学制图规范，主要内容包括地图分类体系设计、地理底图设计、投影设计、比例尺设计和地图符号设计。编绘数字故事民俗地图的工作步骤，主要包括采集地名、建立地名库和编绘成图三个阶段，最终成果是建立数字故事民俗地图集成，实现地图显示、地名检索和数据库合成使用等功能。

一、数字故事民俗地图的制图设计方案

数字故事民俗地图的制图设计，既要符合民俗学研究成果的表达原则，又要符合地理地图学的制图规范和标准，这种原则贯彻在数字故事民俗地图制图设计的每个环节中，包括地图分类体系、底图选择、图幅和比例尺设计、

色彩与符号设计等。

（一）基本原则

数字故事民俗地图的制图设计，考虑民俗学原则，从表达民俗学研究成果的角度看，主要应遵循以下五个基本原则。

1. 呈现中国民间故事集成的搜集成果，重点展现故事资源分布和故事讲述人信息，突出数字故事民俗资源的二次开发利用功能。

2. 呈现中外故事研究专家的研究成果，突出故事类型与故事文本的关系。

3. 呈现故事民俗传承的历史原则和文化多样性原则，将故事类型、地区、民族、节日和历史逐级分层显示。

4. 以地方区域福建、多民族聚居区云南和全国政治、经济、文化中心所在地北京为样本，采取全国总图和分省图的主副图配合形式。

5. 在色彩和符号设计等方面要考虑民俗惯制、文化内涵和人们的感受特征。

数字故事民俗地图的制图设计，考虑地理地图学规范与标准，在充分展现民俗学成果和民俗文化内涵的前提下，遵守以下地图学制图的基本原则。

1. 符合现代地图所具有的数学基础，能与标准地理地图相互叠加。采用国家公布的地理学数字地图为基本工作底图，并保持它的投影、比例尺等地图参数。

2. 符合现代地图所具有的地图语言系统，使用适当的色彩和符号体系，按照现代制图理论选择符号的表现方法，制作数字故事民俗地图的专题图。

（二）数字故事民俗地图的分类体系

本书第二章讨论了数字故事民俗地图的分类问题，讨论了故事地名与故事类型、故事文本和故事节日的关系，由此，数字故事民俗地图的分类体系，可以从这三方面来构建。

在故事分类方面，一是故事分类作为地图索引的分类，即数字故事民俗地图分类体系的一级分类是故事类型分类，在本书的研究中，主要包括牛郎织女故事、孟姜女故事、白蛇故事和梁祝故事等 4 种分类，体现在数字故事民俗地图的命名上，如牛郎织女故事 ×××× 地图。二是故事类型专家研究的故事地名，在此基础上编绘数字故事专家地图，是数字故事民俗地图分类体系中，故事类型研究地图系列下的分类地图，它提供民俗学者做数字故事民俗地图中的故事类型与故事文本比较研究和故事类型的国际比较研究。在本书的研究中，主要编绘了牛郎织女故事研究的数字故事专家地图。

牛郎织女故事研究的数字故事专家地图，数据来源采自国内外权威专家研究故事类型的理论著作，重点采集钟敬文、艾伯华和丁乃通关于牛郎织女故事研究的故事类型地名，共制成地图地名的数字数据 1283 条，建立数字故事专家地图的专家系统地名库，再通过中国历史地理信息系统（CHGIS)、2000 年全国数字地图或 2004 版全中国电子地图，进行地名考证和空间定位地名，编绘成图。

在故事文本方面，编绘地图的原数据主要包括故事讲述地点地名和故事讲述文本中的地名，要考虑故事讲述人所在地地名、故事文本中的民俗志地名、故事文本中的自然文化遗产地地名和历史文献中记载故事文本中的历史地名，由此，在数字故事民俗地图的分类体系中，所编绘地图含数字故事分布地图、数字故事精神地图、数字故事遗产地地图和数字故事历史地图等 4 种。[1]

数字故事分布地图，数据来源是中国民间故事集成的故事讲述地点地名，在数据处理上，中国民间故事集成的故事搜集地点，可作为故事讲述地点，同时也是故事讲述人所在地点。在本书的研究中，重点采集中国民间故事集成省卷本中的中国四大故事的故事讲述地点地名，共制成地图地名的数字数

1 故事文本原数据和故事类型专家著作原数据均来源于北京师范大学数字民俗学实验室“数字故事博物馆”项目文本库部分，北京师范大学民俗学专业鞠熙博士及其他研究生曾燚娜、韩冰、王宇琛、陈建丽、苏燕、靳晓娜等参加了数据采集工作，特此致谢！

据182条，建立数字故事分布地图的故事讲述地点地名库，然后以2000年全国数字地图和2004年版全中国电子地图为准，进行地名考证和空间定位，再转换为2000年全国行政区划的今地名。转换后的最小地理单元，旨在显现传统讲述人的听众范围和故事本身的传承特点，再现故事讲述的原生态状况。在故事讲述地点地名考证和空间定位基础上，编绘成地图5幅，含中国四大故事数字故事分布地图、牛郎织女故事数字故事分布地图、孟姜故事数字故事分布地图、白蛇故事数字故事分布地图和梁祝故事数字故事分布地图。

数字故事精神地图，数据来源是中国民间故事集成的故事讲述文本中的叙述地名，在本书的研究中，重点采集中国民间故事集成北京卷省卷本中的孟姜故事叙述地名，共制成地图地名的数字数据119条，建立数字故事精神地图的故事叙述地点地名库，再以中国历史地理信息系统（CHGIS）、2000年全国数字地图或2004版全中国电子地图为标准，进行地名考证和空间定位地名后，绘编成图。

数字故事遗产地地图，数据来源是中国民间故事集成的故事讲述文本中的自然文化遗产地地名，在本书的研究中，重点采集中国民间故事集成北京卷、福建卷和云南卷省卷本中牛郎织女故事的自然文化遗产地地名，共制成地图地名的数字数据7条，建立数字故事遗产地地图的故事遗产地地名库，共有世界级遗产地2个、国家级遗产地2个和省级遗产地3个。在数字故事遗产地地图的故事遗产地地名库基础上，以2000年全国数字地图、2004年版全中国电子地图和中国世界遗产分布图为配准底图，进行地名考证和空间定位，编绘数字故事遗产地地图4幅，包括主图中国牛郎织女故事数字故事遗产地地图1幅，配图北京牛郎织女故事数字故事遗产地地图、云南牛郎织女故事数字故事遗产地地图和福建牛郎织女故事数字故事遗产地地图共3幅。数字故事遗产地地图的编绘，旨在体现故事与自然文化遗产地的相互依存关系。

数字故事历史地图，数据来源是历代史志文献中记载故事的历史地名，在本书的研究中，重点采集历代史志文献中记载牛郎织女故事的历史地名，共制成地图地名的数字数据29条，建立数字故事历史地图的故事历史地名库，以中国历史地理信息系统（CHGIS）为标准，进行地名考证和空间定位，采用谭其骧主编《中国历史地图集》电子版相应朝代中期的疆域图作为底图，按历史分期，编绘数字故事历史地图6幅，分别为魏晋南北朝、唐、宋元、明、清和民国数字故事历史地图。

在故事节日方面，通过故事与节日的关系，从地方史志文献的节日记载数据中提取故事节日地名，包含两方面的内容，一是故事节日发生和流传的区域，我们称之为故事节日地名；二是故事节日活动的文化空间，我们称之为故事文化空间地名。从理论上说，以这两类地名转换为地图地名原数据，可以编绘2类的数字故事节日地图，在本书的研究中，只讨论以故事节日地名为原数据的数字故事节日地图。[1]

数字故事节日地图，数据来源为历代地方史志文献中记载节日文本中的故事节日地名，在本书的研究中，重点采集北京、云南、福建地方史志文献中记载牛郎织女故事相关节日上巳节和乞巧节的文本中的故事节日地名，共制成地图地名的数字数据982条，建立数字故事节日地图的故事节日地名库，以中国历史地理信息系统（CHGIS）为标准，进行地名考证和空间定位。在故事节日地名库的基础上，编绘数字故事节日地图，按历史分期，并根据地方史志文献记载节日数据的实际情况，划分为宋元、明、清、民国和1949年以后等几个时段，含全国总图和分省配图2类。数字故事节日地图的全国总图表现各省记载节日的地方史志文献种类和数量，数字故事节日地图的分省配图，反映省域内记载节日的地方史志文献中历史地名的分布和地方史志文献数量。

（三）数字故事民俗地图的地理底图、投影和比例尺设计

在地图学中，地理底图、投影和比例尺，是地图的基础部分，其中，地

1 故事节日原数据来源于北京师范大学数字民俗学实验室“数字故事博物馆”项目节日库部分，北京师范大学民俗学专业2004级博士生李鹤及其他研究生赵娜、蔡锦碧、张恒艳、韩冰、苏燕、靳晓娜等参加了数据采集工作，特此致谢！

理底图决定了地图的地理要素，投影和比例尺是地图的数学基础。

地图学中的地理底图，是指在制作专题图时所采用的基本地理要素图，多采用相同比例尺的地形图，基本地理要素主要包括行政界线、水系、道路等，还有一些为专题分析需要用于与专题图套叠的其他相关专题图，也可以作为地理底图。

> 地图的地理要素，是指地图上能够起控制作用，反映制图对象相对的地理位置，以及反映制图对象与地理环境之间联系的基础要素。这些地理要素是普通地图的基本内容，经过简化就是各种专题地图的基础底图内容，它包括水系、地形、居民地、交通线、境界线、土质植被等。对于自然地图，水系、土质植被、居民地是不可缺少的地理基础，而水系、居民地、交通线、境界线则是人文地图不可缺少的底图内容。[1]

可见，地理底图的作用主要有二：一是用作专题地图的骨架和控制的统一地理基础，地理底图具备地图数学基础（包括大地控制点、经纬网、比例尺）；二是专题地图科学内容的背景和组成部分，地理底图具备基本地理要素（包括海岸线、水系、地形、居民点、交通线、政区界线等）。地理底图的选择适当与否，关系到所编绘专题地图的质量，在一定程度上也决定了专题地图的精度和详细程度。

> 如果地理底图不准确或现势性不强，则会直接影响专题地图的科学质量。如果地理底图内容的选择考虑了专题地图的需要，则就能更好地反映专题内容与地理要素之间的关系，从而更好地反映制图对象的地理分布规律与区域差异。因此，地理底图的选择与编绘

1 廖克《现代地图学》，101 页，北京：科学出版社，2003。

具有十分重要的意义。[1]

在专题地图的编绘过程中，地理底图有编稿底图和出版底图之分。编稿底图，或称工作底图，要求内容完备、详细，具精确性；出版底图，要求简明、扼要，具易读性，两者内容不尽相同而又不能相互矛盾。总之，地理底图是为专题地图服务的。

在数字故事民俗地图的编绘过程中，根据地图的专题内容和民俗学者想要体现的故事与地理要素之间的关系，选择相应的地理底图，主要包括四种类型。

一是行政区划地图，主要地理要素有政区界线、省会、主要水系等，它能与数字故事民俗地图的主要数据来源中国民间故事集成的政区搜集特点相符，也是数字故事民俗地图中所有专题地图的最底层地理底图，它被作为数字故事民俗地图的骨架和控制的统一地理基础，其他底图和专题内容的空间定位均与之相配准。它还是数字故事分布地图、数字故事专家地图和数字故事精神地图的直接地理底图，突出故事讲述地名、故事专家地名和故事叙述地名的空间定位，突出表现它们的地区性和民族性，而暂不与自然地理要素相比较。

二是卫星影像图。它能体现中国的地势地貌和地表覆盖状况，在需要表现故事与宏观自然地理要素时，可以考虑使用此类地理底图。例如，数字故事遗产地地图，体现故事遗产地在自然环境背景中的分布和位置，可使用卫星影像图作为地理底图，自然环境背景直观而清晰。数字故事历史地图，体现故事历史传承和空间扩布在宏观自然环境中的演变过程，可使用卫星影像图作为地理底图。

三是历史地理地图，主要地理要素有历史疆界和历史地名，它能与数字故事民俗地图的历史传承部分相符，也是数字故事民俗地图中所有历史地名进行历史考证和空间定位的基础底图。在数字故事民俗地图的编绘中，数字故事节日地图、数字故事历史地图均使用历史地理地图作为地理底图。

---

1 廖克《现代地图学》，104 页，北京：科学出版社，2003。

四是遗产地分布地图，主要地理要素有各级自然遗产、文化遗产、自然文化双遗产和非物质文化遗产的地理分布，在本书的研究中，主要是世界级自然遗产、文化遗产和自然文化双遗产的遗产地分布。数字故事遗产地地图，在卫星影像图上叠加遗产地分布地图，作为地理底图，体现故事遗产地与自然文化遗产和地方风物的依存关系。

地理学中的地图投影，是指将地球球面展开为平面形式的方法，其实质是建立地球的经纬度坐标与平面直角坐标之间相对应的函数关系。

> 地图投影的选择主要考虑地图的用途、比例尺、制图区域的形状与大小、地理位置以及其他特殊要求。[1]

数字故事民俗地图的编绘，采用行政区划地图为最底层工作底图，考虑到图层叠加分析的需要，采用与行政区划地图相同的统一投影方式。中国行政区划数字地图的图幅范围为中国陆地图，采用正轴等面积割圆锥投影。该投影是我国常用的地图投影，由于没有面积变形，常用于行政区划图。该投影的标准纬线是 25°N 和 47°N，中央经线为 105°E。南海诸岛作为插图，也采用双标准纬线等面积圆锥投影，中央经线为 115°E，标准纬线 7°N 和 19°N。在数字故事民俗地图编绘使用到的其他地理学成果地图和地理底图，均转换成与中国行政区划数字地图相同的投影格式。

地理学中的地图比例尺，是指地图上的尺寸（长度、距离）与地表的实际尺寸的数学比例关系，其实质是用图形表示地表物体的详细程度。

> 但是，随着遥感技术、计算机制图与地理信息系统的发展，地图比例尺的概念也有所发展。首先，遥感与地理信息系统可以获得大范围详细的数据并可储存于数据库，包括高分辨率的影像数据和

1 廖克《现代地图学》，94 页，北京：科学出版社，2003。

> 很大比例尺的数字地图数据，可以根据需要生成任何比例尺的影像地图、地形图或专题地图；同时也改变了过去中、小比例尺地图由大比例尺地图逐级缩小，经过地图概括编制而成的传统方法与步骤，可以根据需要直接完成任一比例尺的地图。此外，计算机屏幕上的地图也可任意放大、缩小。因此计算机数字制图与地理信息系统的比例尺，主要取决于原始数据的比例尺，以及以此建立数据库的内容详细程度和数据精度。[1]

数字故事民俗地图是计算机数字制图，它的地理学意义上的地图主比例尺，根据它的原始数据中国民间故事集成和地方史志文献资料，以及数字故事民俗地图地名库的分类分级，主要考虑两种比例尺设计：一是全国总图或主图的地图主比例尺，根据数字故事民俗地图的最底层工作底图，即中国行政区划数字地图的比例尺确定；二是分省配图，以省域为图幅范围，放大比例尺处理。对民俗学者的研究而言，除地图主比例尺外，数字故事民俗地图的编绘，还要考虑民俗学意义上的比例尺，即指数字故事民俗地图中的地图符号与现实世界中民俗事象的比例关系，那些具有特殊文化含义的民俗地标等，在地图上的比例尺，要根据民俗学者认为的重要性和文化关系确定。

（四）数字故事民俗地图的地图符号设计

地图学中的地图符号，也被称为地图语言，是编图者用以传递空间信息的地图表达形式，它由形状不同、大小不一、色彩有别的图形和文字组成，用以表示地图要素的空间位置、大小以及质量和数量特征。

> 地图语言最大的特点是形象直观，一目了然，既可表示各事物和现象的空间位置与相互关系、质量和数量特征，又能表示空间与时

1 廖克《现代地图学》，100 页，北京：科学出版社，2003。

间中的动态与变化；而且地图语言还具有模拟功能与认识功能，这是文字语言所不具备的功能。[1]

地图符号设计的主要内容，是对地图表示手段的设计和地图表示方法的选择。在地图学中，地图表示手段包括地图符号、地图色彩和地图文字，地图表示方法是使用不同的地图表示手段及其组合表达地图的方法，主要有个体符号法、线状符号法、范围法、底色法、等值线法、点值法、运动符号法、统计图法和网格法等。本节主要讨论数字故事民俗地图的地图符号和地图色彩设计，它是数字故事民俗地图地图符号设计的重点内容，而地图表示方法设计，将在下节的样图描述与分析中，结合具体样图再做讨论。

总体来说，地图符号分为点状、线状和面状图形符号三类，它有形状、大小、方向、亮度、结构和色彩等6个变量。在自然科学领域，有些地图符号系统已成了国际标准和国家标准，例如，中华人民共和国国家标准GB/T20257国家基本比例尺地图图示就规定了不同比例尺测量控制点、水系、居民地及设施、交通、管线、境界、地貌、植被与土质8大类共300多种基本地理要素的表达方式。还有些地图符号，虽然没有制成标准，但已有长期科学研究，形成了统一的符号系统，达成共识。例如，北京师范大学史培军、王静爱等对自然灾害符号系统的研究。

本图集是在1992年出版的《中国自然灾害地图集》符号系统基础上设计的，形成了不同灾种相对统一的符号系列。随着制图软件功能的加强，符号的多样性、科学性、交互性和表现力增强。其中，用发光球符号表达地震，不仅具有圆形符号的震中定位意义，而且还表达从中心向外能量递减的变化；点状符号的透明效果不仅解决了多个符号重叠问题，而且表达出灾害现象的空间群聚性特点。图

1 廖克《现代地图学》，107页，北京：科学出版社，2003。

例的设计考虑到灾害的可比性，对不同专题地图的同类灾害属性及其数量差异的色彩和形状保持一致，对不同时段的同类灾害属性的专题系列地图采用统一的图例。[1]

在人文社会领域，仅在公众服务领域的某些部门、单位已形成习惯表达方式，例如公共交通标志的统一规范等，大部分人文事象的地图符号系统还缺乏深入的科学研究，我们对数字故事民俗地图的地图符号也只能做尝试性初步探索。

数字故事民俗地图的地图符号设计，基本原则是，地图中的自然地理要素和历史地理要素，尽量使用自然地理学和历史地理学已有的地图符号，其他与故事民俗相关的符号，要符合数字故事民俗地图和故事地名的分类原则，找到适合于故事民俗事象的表达，又易于被民俗学者接受的符号图示表达，主要考虑故事分布的地区性和民族性特点、故事传承的历史要素和文化空间要素，从故事地名分类角度进行地图符号设计。

故事类型地名的地图符号设计。在数字故事民俗地图分类体系中，故事类型地名主要用于编绘数字故事专家地图，采用网格和色彩填充的面状符号，以表达专家研究的区域范围和故事流传地分布，又可以与不同色系表达的中国民间故事集成的故事分布面状区域相比较。

故事讲述地名的地图符号设计。在总体设计上，可参考自然灾害地图集中的地震地图符号，设计为发光的圆球，代表故事讲述、故事搜集和故事讲述人所在地的空间定位点，而实际的故事流传区域，是在此点外延更广泛的空间区域范围。如此设计的点状符号，在数字故事分布地图和数字故事精神地图中，可以增强故事分布点位在行政区划地图底图上的明显性；在数字故事遗产地地图中，还能达到在卫星影像地图底图上的三维效果。但在数字故事历史地图中，故事讲述地名的地图符号设计成平面的圆形符号，用以突出

1 史培军主编《中国自然灾害系统地图集》（编制说明），北京：科学出版社，2003。

在卫星影像地图底图上的历史地名空间定位，强调历史文献记载故事的历史地名的空间性，而不强调它的“发散”效果。

故事节日地名的地图符号设计。在本书研究的数字故事民俗地图分类体系中，数字故事节日地图主要体现地方史志文献中的故事节日记载地区分布和频次，其地图符号设计包括两种地图符号，一是故事节日记载地区的地图符号，用实心圆点的点状符号，表示故事节日记载地区历史地点的空间定位；二是故事节日记载频次的地图符号，在分布点位上使用柱形图，表示故事节日被记载的次数和重要程度。

地图色彩是地图表示的重要手段，它使地图显得层次分明、重点突出、直观易读。中国古代地图制作者，很早就知道使用古墨今朱的地图色彩画法，表示古地名与今地名的区别。在地图学中，地图色彩设计，主要是运用色相(色系)、色调、纯度（色度或饱和度）以及明亮度的不同变化组合，建立起色彩与制图对象之间的一定联系。[1]在自然地理地图的编绘设计中，色彩设计主要考虑两方面的因素，一是制图对象本身实际的天然色，二是色彩给人视觉感受和习惯用色。例如，自然灾害地图符号的色彩设计主要考虑致灾因子景观色彩（含致灾因子本身的天然色）和人们对致灾因子感受的象征色彩。

> 分析各致灾因子的感官刺激和景观联想，致灾因子带给人的感官刺激最为常见的是冷暖感和干湿感；由于致灾因子会造成破坏的特性，通常的致灾因子也都会让人感到害怕、恐惧，产生危险感；而致灾因子的景观联想各式各样，主要是对自然界自然景观的联想。[2]

民俗文化事象没有所谓的景观天然色，但它的民俗地标有习惯用色，人们对色彩的文化象征意义存在国家、地区、民族和时代的不同，民俗学者对

1 廖克《现代地图学》，110 页，北京：科学出版社，2003。

2 史培军主编《中国自然灾害风险地图集》（编制说明），217 页，北京：科学出版社，2011。

颜色的象征意义做过一些探讨和研究，这在本书第一章中曾做过讨论。数字故事民俗地图的色彩设计，要充分吸收民俗学者的前期研究成果，考虑色彩给人的文化联想和一些色彩的民俗禁忌。但民俗学者对地图色彩并没有做过研究，我们还需要结合地图学的色彩设计原理，进行数字故事民俗地图的色彩设计，主要考虑三个原则。

一是以故事类型为色系设计分类，即一种故事类型设计为一种色系，牛郎织女故事、孟姜故事、白蛇故事、梁祝故事分别设计四种色系，这四种色系的设计，要符合地图学中“设色一般应对比明显，易于区分”的设色原则。[1]

二是因故事与节日联系，通过节日与自然季节联系等考虑色彩设计，使人从色彩上产生故事节日文化景观的联想，从而设计故事类型的色彩。例如，牛郎织女故事与春季上巳节有联系，可以用春天的绿色，让人联想到上巳节踏青沐浴的文化景观。孟姜故事与冬季寒衣节有联系，可以用蓝、紫等冷色调，让人联想到冬天的寒冷，也可能引发人们对孟姜女千里寻夫送寒衣的文化想象。白蛇故事与春夏之交端午节有联系，可以用黄色系（如藤黄或橘黄），让人联想到端午节饮雄黄酒的文化景观。梁祝故事与双蝶节有联系，可以用粉红色系，让人联想到双蝶节爱情主题习俗活动的文化景观，也可能引发人们对化蝶凄美爱情故事的文化想象。

三是使用色彩的色调、饱和度和明亮度，考虑故事地名分类与地理底图的复杂程度，设计数字故事民俗地图分类体系中的不同类地图。例如，数字故事历史地图的地理底图有卫星影像地图，底图色彩比较丰富且以绿色为主色系，其地图符号色彩可考虑离绿色较远的色调、较高的饱和度和较高的明亮度，以突出显示地图符号。

二、编绘数字故事民俗地图的简要工作流程

编绘数字故事民俗地图的工作步骤，主要包括采集地名、建立地名库和

1 廖克《地图概论》，111 页，北京：科学出版社，1985。

编绘成图三个阶段（图 5）。其中，在采集地名阶段，一方面从已有自然地理学和历史地理学数字地图成果中，采集标准今地名和历史地名的地名数据，另一方面，建立数字故事民俗地图的属性数据库，并从中采集故事地名，与标准地名相考证，补充标准地名库，同时创设故事 ID 等数据接口，保持地名数据与属性库的相互链接。在建立地名库阶段，要根据数字故事民俗地图的分类体系，进行地名库的分类和分图层存储，同时创设故事地名 ID，建立地名库与属性库的相互链接，为建立数字故事民俗地图集成做准备。在编绘成图阶段，根据地图设计方案进行地图编绘，利用 GIS 技术进行数字地图成图，同时打开数字地图与属性数据库的数据接口，实现数字地图集成的地图显示、地名检索和数据库合成使用等功能。

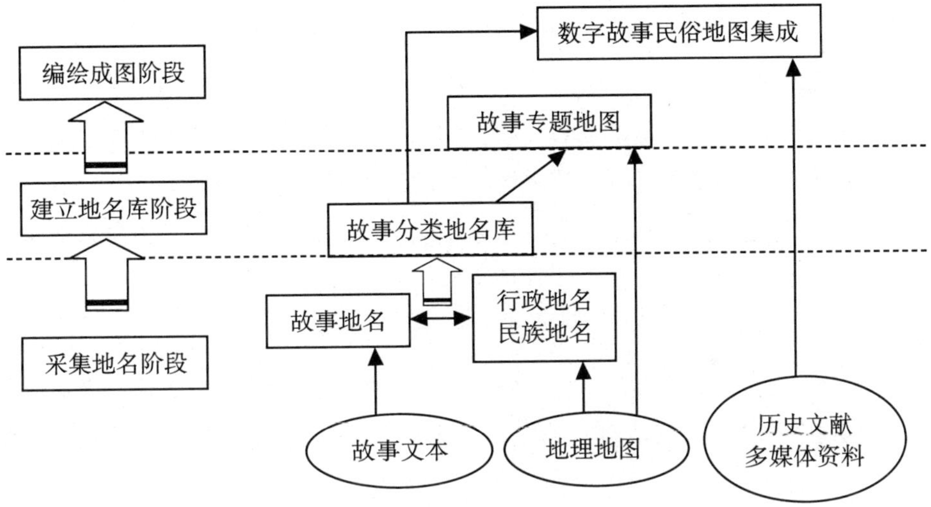

图 5　编绘数字故事民俗地图工作流程简图[1]

1　关于图中行政地名和民族地名的概念，受到文化部民族民间文艺发展中心李松主任在 2004 年与北京师范大学数字民俗学实验室合作进行“中国民族民间文艺之集成数字地图空间演示模型”项目时所提出的思想启发，他强调中国民族民间文艺资源的地区属性和民族属性。

（一）采集地名阶段

采集地名，包括两方面的内容，一是根据中国行政区划数字地图和中国历史地理信息系统数字地图，采集故事基础地名原数据，二是根据数字故事民俗地图的分类体系，从故事类型研究成果、故事文本、历史文献和地方史志文献中，采集故事分类地名数据，并与故事基础地名原数据做地名考证。

故事基础地名原数据的采集标准，一方面，应能体现故事类型的空间区位属性，以及故事讲述、表演和社会行为的空间文化属性。钟敬文最早对中国民俗文化传承的特征进行了理论概括，指出了它的空间扩布性和变异性。[1] 地理学的研究也曾指出，中国丰富的地形、地貌对区域文化和区域间不同文化的特点的影响，阐释了文化作为人类的创造物，其实也是人类与自然相沟通的产物的观点。[2] 对于数字故事民俗地图的基础地名数据来说，在采集数据上，就要注意故事文本和社会讲述行为与地名的复杂关系，能够发现这种空间区位属性与故事原型的流传地点、故事异文的变异地点及其民俗活动的地方系列地点的联系。另一方面，故事基础地名原数据的采集，还必须观照中国民间故事集成省卷本已大多归纳制作的分省故事类型分布示意图，这对按照故事类型本身的规律进行地图人文标准的建设无疑是坚实的基础。但还要注意采用适合数字地图的方法，将其转化和改造为数字故事民俗地图的地名数据。

从中国行政区划数字地图采集基础地名原数据的方法，以国家公布的2000年版中国行政区划数字地图为基础，采用经国家测绘局审核的最新修订版，提取三级行政区划地名，建立今地名的标准地名数据库，保留原数据中的地名、地名ID和行政隶属关系的字段信息，以符合国家标准。

从中国历史地理信息系统数字地图采集基础地名原数据的方法，以复旦大学历史地理研究中心提供的中国历史地理信息系统数字地图为原始数据，以数字故事民俗地图中数字故事历史地图和数字故事节日地图的历史时期为

1 钟敬文主编《民俗学概论》（第二版），12—17页，北京：高等教育出版社，2010。

2 赵济、陈传康主编《中国地理》，264页，北京：高等教育出版社，1999。

划分标准，提取历代历史地名，建立历史地名的标准地名数据库，保留原数据中的地名、行政隶属关系和地名历史变迁的字段信息，为故事历史地名的地名考证提供权威数据来源。

故事分类地名的采集标准，根据数字故事民俗地图的分类体系，按照数字化的要求和格式，采集相应地名数据，包括故事类型地名、故事讲述地名和故事节日地名，按故事类型研究成果、故事文本、历史文献和地方史志文献中的地名描述格式原样采集，增设标准地名转换字段，与故事基础地名原数据采集的标准地名对照转换。其中，与标准地名相符的故事分类地名，直接使用标准地名格式；可转换成标准地名的故事分类地名，转换后使用；无法与标准地名做地名考证的故事分类地名，保留原采集地名格式，将以列表形式反映在地图信息中。故事分类地名的采集方法，根据资料来源和地名分类，可以分为从故事类型研究成果中采集故事类型地名的方法、从故事文本中采集故事讲述地名的方法、从历史文献中采集故事历史地名的方法和从地方史志文献中采集故事节日地名的方法。

从故事类型研究成果中采集故事类型地名的方法。按故事类型分类，从故事类型研究的经典专家著作中采集故事类型地名，要对专家研究著作中的行政区划地名、历史地名和民俗志地名做初步分类，并注明原文出处等版权信息。

从故事文本中采集故事讲述地名的方法。

一是从中国民间故事集成故事文本中采集故事搜集地点地名和故事讲述人所在地地名，作为故事讲述地名，都是属于行政区划地名，采集时要保留行政区划地名全称、行政区划隶属关系和地名时期，与标准地名做对照转换，赋予故事讲述地名的国家标准地名编码。无法与标准地名对照的县级以下地名，如乡镇地名、自然村地名、行政村地名、街道胡同社区地名等，予以原样保留。

二是从中国民间故事集成故事讲述文本中采集故事叙述地名，要注意故事讲述文本中现世地名、他界地名和其他民间称谓地名，它们共同传达了故事讲述者和传承者的精神世界。故事叙述地名的采集特征是应体现故事讲述人所看重和强调的现世地名，应考虑专家系统对相关人文传统的描述、讲述人本身的重视程度、该地名的地方社会要素，以及该地名的文化关系等。

三是从中国民间故事集成故事讲述文中采集故事遗产地地名，要分析故事讲述与自然文化遗产地的关系，并将其中的地名信息提取出来，与自然文化遗产地名录相比对，进行遗产地的分级分类，如世界级、国家级、省级、地区级和县级等。故事遗产地地名的采集，还研究故事讲述地点周边的自然文化遗产地分布，建立遗产地群的概念。

四是从历史文献中采集故事历史地名，要利用民俗学者对故事类型的研究成果，确定历史文献中的故事文本，在本书的研究中，主要使用数字故事博物馆项目文本库确定的历史文献故事文本。采集历史文献故事文本中的历史地名，保留原文描述，同时采集地名时期，与中国历史地理信息系统数字地图基础地名原数据做对照转换，转换成今地名，再与中国行政区划数字地图基础地名原数据做对照转换，转换成标准地名。

从地方史志文献中采集故事节日地名的方法，要利用民俗学者对故事节日的研究成果，分析故事与节日的联系，确定地方史志文献中的节日资料文本，在本书的研究中，主要使用数字故事博物馆项目节日库确定的地方史志文献的节日资料文本。采集地方史志文献节日资料文本中的故事节日地名，包括两类地点地名，一是故事节日发生和流传地点，二是故事节日活动地点。第一类故事节日地名的采集，主要关注地方史志文献节日资料文本中的行政区划地名；第二类故事节日地名的采集，主要关注地方史志文献节日资料文本中，反映节日活动文化空间的地名，包括节日庙会地点、节日集市地点、节日仪式地点、节日绕游地点、节日民间文艺表演地点等。从地方史志文献中采集的故事节日地名，包括历史地名和今地名，均按原文描述予以采集保留，其中，部分可通过故事基础地名原数据，转换成标准地名。

（二）建立地名库阶段

建立地名库，是在采集地名的基础上，使用数据库技术，建立数字故事民俗地图的标准地名库和分类地名库。数字故事民俗地图的标准地名库，是在采集故事基础地名原数据的基础上，将今地名和历史地名按数据库分类存储，为故事分类地名的标准地名转换提供检索比较。数字故事民俗地图的分类地名库，是在采集故事分类地名的基础上，按数字故事民俗地图的分类体系进行数据库的分类存储，为编绘成图提供地名空间信息。

建立地名库的关键步骤是地名库字段设计，有三个基本原则。一是根据编绘地图要求的空间信息设计地名库字段，相关的地名空间信息均要设定字段予以数据库存储，如故事地名的原文描述、故事地名名称、地名时期、转换后的标准地名、地名编码等，增设经纬度空间坐标字段、投影信息和地图平面坐标等，用以存储故事地名空间定位信息，为转化为地图提供条件。二是根据采集地名的原数据特点设计地名库字段，如保留原文出处和相关版权信息等。三是根据数字故事民俗地图与原数据资料来源的关系设计地名库字段，增设数据接口，如故事 ID、故事地名 ID、故事节日 ID 等，为建立数字故事民俗地图与故事类型、故事文本和故事节日属性数据库的链接提供条件。

地名库字段设计的主要技术参数，包括字段名、字段数据类型和字段长度。字段名设计既要能代表故事地名库字段的文化含义，又要符合数据库字段命名原则的计算机技术规范。地名库的字段数据类型设计，主要包括文本型和备注型两种数据类型。大部分字段设计为文本型，便于数据检索，也节省数据存储空间。需要注意的是，数据接口 ID 一般设计为文本型而不是数值型，主要考虑到故事地名库中各种数据接口 ID，其编码方法要按其文化属性进行分类编码，这种分类不是绝对的，不能进行等级高低或数量大小的排序，而是一种定性的分类编码，把数据接口 ID 字段设计成文本型，也便于修改和更新。少部分字段设计为备注型，主要用于存储字数不确定的长文本内容，如故事地名的原文描述等。还有极少数的字段，用于数值统计的字段存储，需要设计为数值型，如记载节日的地方志数量等。字段长度设计，根据对采集地名的数据分析确定，一般设计成略大于最大值的长度。

（三）编绘成图阶段

数字故事民俗地图是在数字化环境下，利用计算机制图技术编绘成图，它按照地图学中计算机制图和数字地图的编绘步骤进行。但数字故事民俗地图在编绘成图阶段又具有自身的特点，它的关键环节有三个。

一是对故事地名库中的故事地名空间信息进行空间定位的工作。故事地名库中的故事地名，只是具备了空间信息，要落实在地图上，还需要进行地图的空间定位工作。空间定位的方法有三种，第一种是利用地理底图已有的地图要素与地名的联系，如省会名与省会点的联系，建立故事地名与地理底图地名之间的联系，凡是符合标准今地名的故事地名均采用这种方法。第二种是利用地名考证后的经纬度坐标信息，在GIS软件中使用属性表转换成空间点的技术，将故事地名落实在地图空间中，凡是符合标准历史地名的故事地名均采用这种方法。第三种是利用GPS实测技术确定故事地名的经纬度坐标信息，然后利用GIS软件落实在地图上，凡是不能与标准地名中考证的地名，可以通过这种方法进行空间定位工作。

二是编绘地图中的配套图表设计。与一般地理学专题地图不同，数字故事民俗地图的故事地名，既是作为地图定位的地理要素，也是作为制图对象的地图要素和专题内容要素，一般不需要进行专题地图中的数量统计分级，而主要进行定性分类。从这个意义上说，每个故事地名都很重要，既不能忽略甚或删除那些无法落实到地图上的民俗志地名，也不能将一些相近或相似的故事地名进行地图综合，利用配套图表的方式，把这些与一般地图学制图原理不相符的故事地名，在地图上表示，是数字故事民俗地图编绘成图阶段必须要考虑的工作。

三是建立数字故事民俗地图集成的工作。借用WebGIS的技术框架，建立数字故事民俗地图、数据库、配套图表、文字描述和多媒体资料集成显示的数字故事民俗地图集成。这种方式弥补了仅用地图无法表达更多民俗要素的不足，主要有六个方面的好处。①使用地图索引的下拉菜单清楚表达数字故事民俗地图的分类体系。②使用放大镜看清故事地名密集分布的局域区域。

③使用制图原则与凡例和底图来源等文字说明，增强地图阅读效果。④使用链接数据库的方法，查看故事讲述人和地名考证等底层数据。⑤使用超链接文本的方法，查看故事原文、历史文献出处和专家研究等文本信息。⑥使用弹出多媒体窗口的方法，实现故事讲述环境的生态实景传输和故事遗产代表作的全息表达。

第二节　数字故事民俗地图的数据处理

本节主要讨论在编绘数字故事民俗地图的工作过程中，为达到编绘地图的目的，利用数字化技术进行数据处理时的关键环节。对应于编绘数字故事民俗地图的三阶段工作步骤，它们在数据处理方面的关键环节分别是：故事民俗资源的搜集和数据处理、故事民俗资源的要素提取和数据处理、数字数据故事民俗地图集成的数据处理。

一、故事民俗资源的搜集与数据处理

如前文所述，编绘数字故事民俗地图过程中，搜集故事民俗资源的方法，采用静态资料采集方式和动态资料采集方式相结合的方法，以下讨论这两种搜集方法对于编绘数字故事民俗地图的作用而言所做的主要数据处理原则和方法。

（一）静态搜集与数据处理

数字故事民俗地图的静态搜集资料来源可分为两种，一是数字资源，主要包括中国民间故事集成电子书、数字故事博物馆项目文本库和节日库提供共享的数字资源；二是纸介资源，主要是地理底图的扫描件。从已有数字资源中搜集故事地名等故事民俗资源，要根据数字故事民俗地图的分类体系和制图需要进行搜集，对搜集资源进行数据库导出导入的数据处理，要保持数

据格式的前后一致性，同时增设数据接口ID，根据数据接口的属性分类进行编码。例如，故事篇名的编码，共设计10位数字，第1、2位为卷别代号（故事卷类别号为10），第3、4位为省名编码，第5、6、7、8位为原著中的页码，当同一页码有相同故事时，则在第9、10位加注“–”和序号。从纸介资源采集地理底图等故事民俗资源，主要注意扫描精度、地图配准和数字化地理要素方面的数据处理，一般来说，要有足够的扫描分辨率，地图配准时要选择相同的地图投影格式，数字化地理要素仅保留数字故事民俗地图所需要的部分要素。

数字故事民俗地图静态搜集资源成果，要经过数据质量评价与检测后，才能作为数字故事民俗地图的原数据使用。所搜集数字故事民俗资源的数据质量高低，直接影响数字故事民俗地图的编绘难度和精度，以及其所链接数据库的使用效果。

地图学中空间数据资源的质量评价，主要是指精度分析。一般来说，从已有数字成果中获取的空间数据精度，只与计算机的外部贮存有关，取决于计算机语言对数据类型的定义极限，因此，计算机检测的精度要远远大于人工检测的精度。从纸介资源中获取的空间数据精度，主要与扫描精度、投影配准精度、跟踪数字化中特征点位置的选取和采点的随机误差，以及原图比例尺有关。[1] 因此，其质量检测，主要在于数字化方法的设计、硬件设备的处理精度、相应软件的选择和人工操作熟练程度与多次重复等。

数字故事民俗地图的静态搜集数字故事民俗资源的质量评价与检测，具有以下特点。

第一，数字化资源的校对，主要在于适应数字化特点所做的变动。在从纸介资料转换成数字化资源的过程中，产生了存储介质的变化，或者从一种数字格式转换成另一种数字格式时，计算机处理会产生一定的误差，如字符转换时近形字的相互混淆，计算机字库无法识别的生僻字等。另外，为了适

---

1 王瑛等《〈中国自然灾害数字地图集〉的编制》，载《自然灾害学报》，2003（4）。

应和利用数字化产品的特点，在民俗资源数字化过程中，进行了尊重原著前提下的局部改动，如电子书制作过程中的注释方式的改变，地方志数据库中的原文内容的节选等，这些都是数字化过程中需要注意的地方，也是校对方面质量检测的重点。

第二，人文数据的文化逻辑与计算机逻辑的差异。在数字化过程中，由于计算机处理的特点，需要做一些符合计算机逻辑的处理，这些处理从文化逻辑上来说，可能是不需要的。如在中国民间故事集成电子书数字资源搜集中，电子书的故事文本文件命名，必须与基础故事资源数据库中的故事编码是一一对应的，否则数据库编辑和读取时会产生错误，计算机无法运行。这对于民俗学者直接利用故事文本进行研究来说，可能并不需要给每个故事编码，只需要分析它的故事类型编码即可，而故事文本与故事类型编码不一定是一一对应的。当然，为数字化处理进行的故事编码，也应该从文化逻辑出发来制订原则，如前文所述，由民间文艺类别、讲述地区和原著页码来共同决定。

第三，数字化资源的质量检测，采用自我测查、连锁测查和验收测查交叉进行的方法。从某种意义上来说，计算机技术是一套计算机语言系统的应用，当我们用计算机语言把我们的想法告诉计算机时，它会准确地、生动地帮我们实现。同时，计算机语言系统是完全严谨的，每一步程序都是关键的，要完全准确无误，计算机的运行才能顺利进行，运行结果才能是准确的。以上述故事文本文件名与数据库故事编码相对应的例子来说，哪一方面错都有可能造成数据库无法运行；而且，如果两篇故事之间的编码或文件名相互对换错了，表面上符合了计算机的运行标准，但在故事读取时，就会产生故事篇名、讲述人信息、讲述时间地点等基础信息与故事原文内容错位的情况，如果使用者把这种情况的数据作为正确数据做分析，那么，数字化带来的就不是便利，而是麻烦了。因此，在民俗资源数字化的过程中，应建立严格的测查机制，应不定期地对所完成的部分工作的质量进行自我测查；在每个单元工作完成之后，不同分工的数字化制作者应该进行阶段性的相互连锁测查；

在总体工作完成之前，制作小组负责人应对小组内各成员的工作进行验收测查，以保证工作质量。

（二）动态搜集与数据处理

数字故事民俗地图的民俗资源搜集，仅从静态资料中搜集是不够，还需要用动态搜集方法予以补充。动态搜集的方法，主要是根据民俗学的田野调查理论，应用民俗学界普遍使用的方法，补充地理学者野外调查的仪器手段，进行资料采集。数字故事民俗地图的动态搜集主要包括三方面内容：一是参与民俗学者的田野调查，在掌握民俗学者田野资料搜集与使用的原则与方法的基础上，补充数字故事民俗地图资料的搜集与使用，并与民俗学者的调查资料互相印证，补充故事民俗资源；二是补充讲述人等活态资料，使数字故事民俗地图与数据库合成使用，还原故事讲述原生态环境时，增加民俗学者的认同和可信度；三是 GPS 空间定位，补充地理地图所没有提供的空间数据资源。

1. 通过民俗学田野调查补充地图资料

在民俗学的研究中，田野调查与文献搜集的方法相结合使用，缺一不可。对数字故事民俗地图的编绘来说，在民俗学田野调查中，所取得的补充资料，主要有以下两个方面。

一方面，数字故事民俗地图编绘者通过参与民俗学者的田野调查，学习和掌握民俗学者田野资料搜集与使用的原则与方法，分析民俗学者使用民俗地图的特点，从而可以补充地图资料的搜集与使用，进而补充民俗学者的田野研究方法。在数字故事民俗地图的编绘过程中，地图编绘者通过参加民俗学田野调查，加深对民俗学者使用地图资料的认识。

欧达伟教授从美国复印来的（日）《中国农村惯行调查》（第三卷）中的“栾城县寺北柴村户别调查统计表”（1942 年）和“寺北柴村村民住宅区划详图”（1941 年），提供了很多有意义的信息。董

> 老师建议把表中有水车、纺车、机子的家户找出来，在图上相应地也勾画出来。原图上的人名与表中的人名基本一致，但略有出入。稍有差别的原因，一可能是农民的名字本身可以有几种叫法，如同音字等，另外，县志中也提到，当地有用“老（洛）”加某人的号的第一个字来称呼的习惯；二可能是图由中国人所作（李寿春），而表中翻译为日文时产生了偏差。另外还有一些差别，如图中的村长标示为张乐卿，而在表中的村长为郝国梁，这就需要做进一步的田野调查才有可能弄清了。通过表中的数据及其与图的比较，可以初步分析家户间的组织关系、土地关系、互助关系、贫富关系、空间关系等。欧达伟教授认为，地图和统计表都是非常重要的史料，两相配合使用，可以表达和记录相当多的文化内容。[1]

由此可见，地图和图表所提供的数据为民俗学者提供了文化分析的线索，同时，民俗学者结合民俗学、社会学、人类学等知识，对地图信息做了重新分类和二次提取。对于数字故事民俗地图的编绘者来说，通过田野调查中获取的知识和体会，在采用民俗地图与数据库合成使用的地图集成模式时，可以较充分地考虑民俗学者使用地图的特点和目的。

另一方面，数字故事民俗地图编绘者通过参与民俗学田野调查，将地图资料与民俗学者的调查资料互相印证，补充故事民俗资源。例如，第二章所提到的中国民族民间文艺集成地图编绘工作，它的主要原数据来源是中国民族民间文艺集成省卷本资料。省卷本是在县卷本搜集的基础上，经民俗学者的筛选和编辑而成，虽然具有一定的代表性和典型性，但并不是中国民族民间文艺集成资料的全部信息，还因民俗学者的取舍标准不同，使之与实际的民间文艺传承情况有一定的距离。因此，在与数据库合成使用或地图更新时，田野调查所获取的资料与认识，就起到了一定的补充作用。对数字故事民俗

1 参见［美］欧达伟（R.David ARKUSH）、董晓萍等《寺北柴田野访谈初集——战争、村落、家族、故事》，第六部分《田野工作日记》之一《赖彦斌田野工作日记》，89 页，打印本，2005 年 10 月。

地图来说，这些资料的补充，使数字民俗地图集成处于一种开放系统，而且对数字故事民俗地图编绘者来说，利用已有故事集成资源的故事文本，在故事讲述地点上编绘各种专题图，应符合民俗资源的特点和民俗学者使用理念，而不是简单地使用地理方法，进行数值上的统计、计算、叠加等处理。

2. 通过民俗学田野调查补充故事讲述人资料

对民俗学者来说，讲述人资料是民间文艺学研究中，理解民间文学作品的重要材料。钟敬文在《谈谈口头文学的搜集》一文中，提到传承人情况的重要性，认为“一切跟作品有关的人物、事件、风俗、制度等应该尽量记出，就是搜集的时间、地点以及讲述者或歌唱者的身份、年龄、经历、文化程度等，最好也能够详细登记起来”，[1] 并认为仪式活动和节日活动是很好的搜集时机。刘魁立在《谈民间文学搜集工作》一文中，也认为传承人情况是故事的证明材料之一，“若想使一篇民间文学作品发挥它应有的作用，除掉记录准确之外，还必须附有不可缺少的证明材料。对于广大读者和研究都说来，这些材料并不比原文次要多少……这些材料包括：何时、何地、从谁那里记录来的，讲述者（或演唱者）的年龄、职业、文化程度，讲述者在何时、何地、从谁那里听来的等等”。[2] 许钰在《口承故事论》一书中，认为讲述论的主要研究内容是口头讲述现场的生动情况和口头讲述作为民俗活动的种种背景。[3] 可见，在民俗学者看来，讲述人和讲述环境等活态资料，是了解故事和进行故事研究的重要材料。

在中国民间故事集成中，记录了讲述人信息，但对民俗学者来说，在数字故事民俗地图集成中仅表现讲述人的文字信息，是不够的，至少是平面的，难以达到理解故事文本的原生态环境的目的。因此，通过田野调查，补充故

1 钟敬文《谈谈口头文学的搜集》，引自钟敬文编《民间文艺新论集（初编）》，207 页，北京：中外出版社，1950。

2 刘魁立《谈民间文学搜集工作》，原载《民间文学》1957 年 6 月号，引自刘魁立《刘魁立民俗学论集》，165 页，上海文艺出版社，1998。

3 许钰《口承故事论》，227—231 页，北京师范大学出版社，1999。

事讲述人的讲述场面、讲述环境等活态资料，使数字故事民俗地图与数据库合成使用，还原故事讲述原生态环境，增加民俗学者的认同和可信度。对数字故事民俗地图编绘者来说，一方面，这可以切身感受故事讲述和故事传承的活动背景，以便于在编制数字故事民俗地图集成时，更好地理解民俗学者的使用特点，把握合成使用的内在逻辑；另一方面，这可以搜集数字故事民俗地图集成所需要的，故事讲述相关的图片、音、视频多媒体等材料，与数字故事民俗地图和故事文本合成使用，在一定程度上延伸数字故事民俗地图的读取功能。

3. 在民俗学田野调查中使用 GPS 技术补充空间数据

数字故事民俗地图的动态搜集资料的一个重要内容，就是在民俗学田野调查中补充地理调查方法，使用 GPS 技术进行空间数据的补充采集。GPS 空间定位的采集对象，主要是特定地标（如祠庙、住宅、遗址、旧址等）的位置、访谈对象的住所或访谈位置（故事讲述人所在位置或讲述场所）、历史文献资料存放的位置等。GPS 空间定位的信息来源，主要是通过对老住户和一般居民的访谈。使用 GPS 技术补充空间数据的工作步骤，一般有以下几步。

首先，在民俗学田野调查的理论框架下，根据调查研究的需要和调查点的实际情况，选择熟悉当地历史和文化的本地人作为访谈对象，获取民俗地标、四至边界、活动场所、传承路线、历史人文地点等相关信息。在访谈过程中，注意要使用数码录音笔、数码相机、数码摄像机等记录设备，实时记录访谈录音、情景和故事讲述场面。访谈结束后，用 GPS 手持接收机到实地定位重要地点的地理坐标，绘制场所、路线和地理空间草图，并采录实景的多媒体材料。如果可能，最好请访谈对象带领，到实地进行辨认后进行 GPS 定位。

其次，建立 GPS 实测点位数据库。利用计算机技术，将 GPS 实测点的地理坐标，导入到计算机存储，并建立相应的数据库。数据库的主要字段结构样表，如下表所示。

表 2　GPS 实测点位数据库一般结构

字段描述	字段名	数据类型	字段长度
GPS记录编号	NO	文本型	4
定位点名称	Point	文本型	50
经度坐标	L	双精度型	
纬度坐标	B	双精度型	
海拔高程	H	长整型	
定位点描述信息	Remark	备注型	
被访谈人或讲述人信息	Teller	备注型	
定位时间	Date	文本型	50
定位点图片	Image	OLE对象	
定位点音频	Audio	OLE对象	
定位点视频	Video	OLE对象	

其中，定位点的图片和音频、视频材料，可以按表中所列的 OLE 对象格式，存储到数据库中，其优点是复制、移动比较方便，缺点是数据库文件较大。也可以将图片和音视、频材料作为附件存储，其优点是将数据库和附件分开存储，数据库文件较小，也便于图片和音视频材料的编辑与管理，但进行复制和移动等操作时，需要将数据库与附件材料一起拷贝，并确保存放路径的一致性。在本书的研究中，考虑到方便管理和多媒体数据更新的需要，采用后一种存储方式。

再次，利用 GIS 技术，把 GPS 实测点位数据库中的地理坐标转换为平面坐标，将实测点转换成地图上的点，建立空间数据与属性数据的相互链接。其中，在使用 GIS 技术方面，主要利用 GIS 软件中的“属性表转换成点”功能，并依据已有数字地理地图的投影信息，建立 GPS 实测点位图的投影，使之能叠加在地理底图上。

最后，提取现场绘制的草图信息，在数字地理底图上，参照当地地图、航片或遥感影像，制作相关的线要素和面要素，如游行路线、书会路线、书会书场、村落空间、寺庙网络等。必要时，可提取相应的多媒体材料，显示在数字地图集成中。

二、故事民俗资源的要素提取与数据处理

故事民俗资源的要素提取，是在建立地名库阶段数据库技术的应用和数据处理的主要环节。编绘数字故事民俗地图在此阶段的数据处理主要特点有以下几点。

一是对数据接口 ID 的研究和设计，这是建立地名库的关键，也是编绘数字故事民俗地图与数据库链接的必要环节。主要考虑四种 ID 的编码原则。①故事类型著作 ID 的编码原则。由三部分组成，共 4 位，第 1 位为专家 ID，第 2 位为著作类型，故事类型索引著作为 I，故事类型研究著作为 S，第 3、4 位为识别码，大致按著作的出版时间顺序编码。②故事 ID 的编码原则。参考中国民间故事集成基础故事资源数据库中的故事编码原则，根据故事类型理论，重新编码。具体为：共设置 7 位，前 2 位表示故事类型，第 3、4 位表示故事文本所在省，采用全国统一的行政区划编码，第 5 至 7 位是“中国民间故事集成”中的原故事编号。例如，《中国民间故事集成 · 北京卷》中的故事《牛山》，故事类型为牛郎织女（NZ），故事文本所在省为北京市（11），在中国民间故事集成中的编码为 155，则其故事 ID 为 NZ11155。③故事类型 ID 编码原则。为便于故事类型检索，并与故事文本的其他属性数据库相链接。在四大故事中，故事类型 ID 分别为：牛郎织女（NZ）、孟姜（MJ）、梁祝（LZ）、白蛇（BS）。④故事地名 ID 的编码原则。将中国民间故事集成基础故事资源数据库中的故事讲述地点，转换成标准今地名，其编码原则与国家颁布的中国行政区划地名标准编码统一，通过这个数据接口与数字故事民俗地图的空间数据相链接。

二是地图数据库的设计和数据处理。以处理软件和技术划分，数字故事民俗地图的数据库可以分为两种类型，一种是 GIS 软件技术处理的地图自带数据库，一种是数据库软件技术处理的关系型数据库。数字故事民俗地图分类体系中的所有数字地图，都必须有地图自带数据库，除存储空间坐标信息外，还要有必要的故事分类地名的描述字段和数据接口 ID，但不包含长文本字段和多媒体文件，这些字段和数据被存储在关系型数据库中，通过数据接口 ID 建立地图数据库与关系型数据库的链接。

三是历史地名相关的特殊数据处理。在数字故事民俗地图地名库中，有两类历史地名，一类是作为数字故事历史地图原数据的历史文献中提取的故事历史地名，另一类是作为数字故事节日地图原数据的地方史志文献中的故事历史地名，它们都需要通过转换成标准历史地名，与数字历史地图的空间数据相链接，然后做两方面的处理：一是提取考证后的中国历史地理信息系统空间数据，作为数字故事民俗地图的历史地名的空间数据；二是增加数据接口 ID，建立相应的属性数据库，从而将属性数据与空间数据链接起来。在存储方式上，根据故事类型 ID 进行分类存储，以历史朝代为时间单元分图层存储，从而获得地名考证和空间定位。从地方史志文献节日资料中提取故事民俗要素，根据故事节日文化空间历史传承和地区性、民族性特点，并符合数字故事民俗地图与节日关系的数字化表达，主要做以下三方面的数据处理。

第一，提取节日文化要素，建立数字故事民俗地图的故事节日属性数据库。节日文化要素，包括地方史志文献的节日资料中，描述节日活动的图形要素和节日文化空间要素。提取的方法是，通过对原文节日内容的分析，从中提取相关的描述信息。主要内容是，图形要素包括参与者、神祇、服饰、饮食、动植物、环境、建筑和器物等，文化空间要素包括节日庙会、节日集市、节日仪式、节日绕游、节日故事、节日民歌、节日舞蹈、节日戏曲、游戏竞技、节日娱乐和节日生产等。同时，保留原数据库中的节日民族信息，实现民族查询；保留原数据库中的地方史志文献 ID，作为数据接口，实现历史查询和地区查询。

第二，通过地方史志文献ID、节日ID和历史地名ID，建立节日空间数据与属性数据的链接。在地方史志文献中历史地名的地名考证基础上，提取其中的空间数据，采用历史朝代为时间单元，作为节日要素的空间数据源，并通过节日ID与属性数据相链接。但在提取空间数据的过程中，存在两个矛盾：一是故事历史地名的空间数据按故事类型分类存储，而节日属性数据按故事与节日的关系分类存储；二是故事历史地名的空间数据按历史朝代分层存储，而节日属性数据按节日分层存储，因为同一历史朝代同一地区，可能有多种地方史志文献记载了同一种节日。这两个矛盾的存在，使得直接从故事历史地名库中提取的空间数据，产生了空间对象相互重叠，显示、读取和查询均不方便的问题。为解决这个问题，我们采取以下处理办法：将同一历史朝代图层的所有空间数据合并拷贝，再根据节日属性数据的故事类型ID进行重新分类；再根据节日记载地点的今所在地，将重叠的空间数据合并，增加“地方志数量”信息，并将地方史志ID和地方史志的文献出处分别按字段存储，重新建立空间数据的属性表，通过地方史志ID与节日属性数据相链接。

第三，提取节日地点要素，建立节日描述地名的空间数据。节日地点主要采集地方史志文献节日资料的记载原文中描述节日活动所涉及的地点，它表达了节日活动的文化空间。将这一部分节日地点单独提取出来，进行地名考证，作为节日描述地名的空间数据，通过地方史志文献ID和节日ID与节日属性数据相链接。

三、数字故事民俗地图集成与数据处理

建立数字故事民俗地图集成的目的，是要弥补数字故事民俗地图在体现民俗事象、历史事象和地方事象方面的不足和局限，采用WebGIS的框架形式，把那些不能用地图直观表达却又与地图有密切关系的文字、表格、图片、音频、视频、动画等资料，通过链接的方法，在数字地图上进行集成表达，实现地图的多媒体实景传输功能。这种集成表达方式的作用，主要有：第一，体现地图的编制原则；第二，还原地图中地点地名的原文本环境；第三，放

大地图所表达民俗事象的实景图像、传承人和讲述场面；第四，传输地图所表达民俗事象的自然、人文环境；第五，叠加表达地图中民俗事象的民俗学研究成果；第六，延伸表达地图中民俗事象的现实意义和相关文化活动内容。

数字故事民俗地图集成的核心思想，是利用数字化技术，呈现数字故事民俗地图的多面立体信息，使数字故事民俗地图的数据来源、制图过程、制图依据、表达事象和制图者观点，在一个数字化的多维空间里同时表达。

数字故事民俗地图集成的结构，由地图索引区、主图区、地图工具区、文字区、动画区、数据库区和弹出窗口等部分组成。

地图索引区。本部分体现数字故事民俗地图的分类体系，以树状目录的形式，分类提供四大故事及其亚类型的数字故事分布地图、数字故事专家地图、数字故事遗产地地图、数字故事精神地图、数字故事节日地图和数字故事历史地图的索引入口，点击后进入相应地图的显示、查询和检索。这部分所做的主要数据处理，是要建立地图索引树状目录的拓朴结构图，规划设计好数字故事民俗地图分类体系的一、二、三级分类逐层显示。对数字故事民俗地图的实际情况而言，一级分类是故事类型，二级分类是地图体系，三级分类根据地图性质，分别选择故事亚类型、专家类型、故事主题类型、区域类型、节日类型和历史分期等作为分类指标，进行数字故事民俗地图的分幅显示。

主图区与地图工具区。主图区是数字故事民俗地图集成的主体部分，是数字故事民俗地图集成的地图显示区域，含图名、地图内容、比例尺和图例等。本部分充分发挥数字地图的优势，一是可以任意放大缩小改变比例尺，在不同比例尺下显示的地图底图要素详细程度不同，二是可以选择不同底图进行叠加显示，三是地图本身集成数据库，四是图例可动态化操作和链接查询。主图区与地图工具区往往是作为统一体出现的，地图工具区包括放大、缩小、平移、漫游、底图切换、数据库链接、动画链接、音视频链接等地图操作工具。

文字区。本部分体现数字故事民俗地图的编制原则、底图来源、版权说明和使用方法等。在传统纸介地图集中，这部分信息一般隐藏在地图集的前言、后记中，或另撰文说明，地图使用者需要来回翻阅对照方可一一对应。数字故事民俗地图集成将这些信息集成在地图的一侧，使地图阅读者一目了然，可以一边阅读地图一边了解地图的编制过程，这样便增强了地图传递的信息；地图使用者也可以一边学习地图操作方法，一边进行操作实践，这样便充分发挥了数字地图集成的功能。通过文字区的底图来源和版权说明等，提高地图的权威性和可信度，同时也提高地图使用者的版权意识。这部分信息往往以连续滚动的文字形式出现，以便于在较小的屏幕空间内动态显示较多的文字内容，对于读图者来说，还可以通过点击导航条，使之隐藏起来，以节省屏幕空间，扩大主图区的显示范围。

动画区。本部分体现经民俗学者研究后提炼的，以动画为表现形式的文化过程、传承路线或虚拟场景。一般来说，动画区有两种表现形式：一种是在地图空白处设立动画区，用于循环播放与地图主题相关的图片、场景或研究成果的形象化描述；一种是在地图主题之上叠加行进路线动画或主题点场景切换，设置控制按钮，点击播放或停止。在数据处理上，动画区的实现，可通过预先制好 Flash 文件存储在数据库中，通过在 WebGIS 数字地图上点击链接打开文件的方法，也可以直接利用 WebGIS 技术本身带有的叠加和动态功能实现。前者的好处是表达效果美观、生动、形象，后者的好处是可以矢量化，比较精细，可以任意放大缩小，但表达手法有限，难以达到直观形象的效果。

数据库区。本部分是数字故事民俗地图集成的重要组成部分，体现地图与数据库集成使用的概念与效果。如前文所述，民俗学者使用民俗地图，往往是要与数据库集成使用的，从而阅读民俗地图的文本上下文环境、研究过程、时空综合特征和人文含义，理解民俗地图与数据库内涵的关系。数字故事民俗地图集成中的数据库区的数据处理，首先，要建立数据库与数字故事民俗地图的链接关系，在 WebGIS 技术中，通过建立地图点位的属性数据库可以建立地图与属性数据库的链接关系，再通过地名 ID 等数据接口，实现属性数据库与其他数据库的链接，从而实现地图与数据库的双向查询。其次，在数据库区中，设置检索字段，实现数据库的全文检索，再通过数据接口与数字故事民俗地图相链接，最终达到上文所述数字故事民俗地图与数据库集成使用的效果。当然，有些信息并不是与地图直接关联的，而是通过不同的数据接口，逐层查询数据库实现链接。例如，数字故事历史地图中，在主图区显示经地名考证后的故事历史地名，通过地名 ID 链接到属性数据库，在数据库区显示该地名的历史考证信息，再通过该地名 ID 链接到历史文献数据库，显示该地名出处的历史文献篇名。最后，通过历史文献 ID，链接到该故事地名来源的故事原文文本。

弹出窗口。本部分体现数字故事民俗地图集成的多媒体实景传输、附加信息和底层数据。设置控制按钮，点击后弹出窗口，一般有三种类型的内容。一是在弹出窗口中传输数字故事民俗地图相关的多媒体实景资料，如文化遗产代表作等。二是通过弹出窗口显示数字故事民俗地图的附加信息，如对比表格、比较曲线和描述文字等。三是在弹出窗口中显示底层数据，如故事讲述人信息等。这些“隐藏”信息使用弹出窗口的方式，使其只在必要时弹出，不必要时关闭，同时能与数字故事民俗地图和数据库同步对照阅读。从数据处理的角度说，使用弹出窗口避免了不同内容相互叠加而产生干扰的问题，达到数字故事民俗地图集成的主次分明的效果。

数字故事民俗地图集成的核心技术是 WebGIS 技术，同时，还配合使用数据库技术、网页技术、多媒体技术和动画技术。

总体来说，数字故事民俗地图集成，将故事民俗的空间传承和历史传承状况以数字地图的形式展出，力图更生动地展现中国故事遗产的丰富资源，为民俗学者进一步研究故事民俗提供手段与方法，也试图从这一角度，推动这方面的研究工作。读图者可选取任意一部分点击，再从左框中查找数字地图类型，进行检索，并根据右图的地图编辑原则与凡例，同时参看下图的数据库，得到所需求的故事文本以及相关民俗文化信息（图 6)。

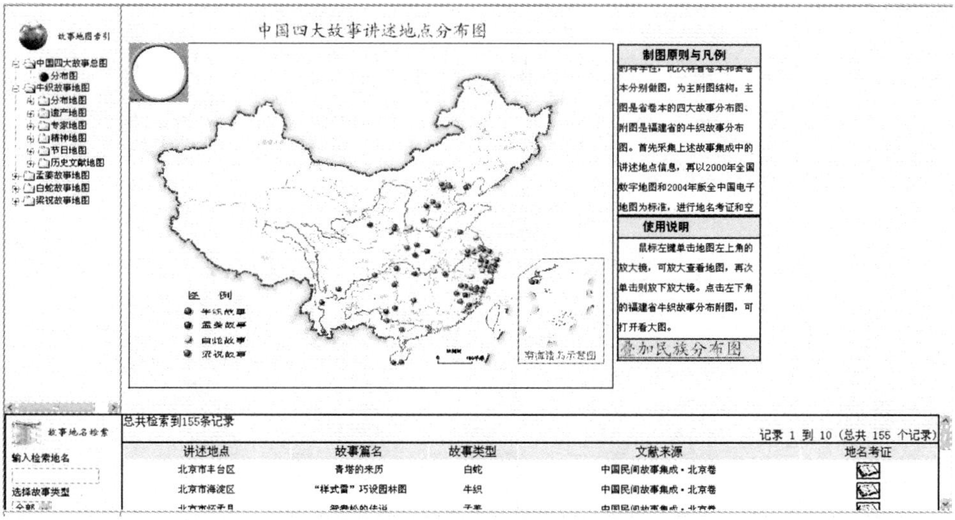

图 6　数字故事地图集成框架模式

图 6 所示数字故事民俗地图集成的结构形式，包含了地图索引区、主图区、地图工具区、文字区和数据库区等组成部分，大体可分为上下两大部分。上半部分为地图相关信息，其中，左框为地图索引区，提供地图类型索引；中间为主图区，地图的主体部分如图名、图形、图例等在此区域显示，并在地图主显示区左上角附地图操作工具，主要是地图的缩放工具（如图中放大镜）；右框为地图编辑原则与凡例、地图操作使用说明等文字说明，并提供背景图的图层叠加选择（如图中的“叠加民族分布图”）。下半部分为数据库相关信息，其中，左框为故事地名检索区，供使用者进行故事地名的模糊查找和故事类型的故事地名检索，比如，在“输入检索地名”的输入框中，输入“北京”，则所有北京相关的故事地名数据在右框显示出来，如果在“选择故事类型”选择框中，选择了“牛郎织女”故事类型，则所有牛郎织女类型的故事地名数据在右框显示出来；右框为数据库显示和链接区域，显示与地图配套或地名检索结果的简要数据信息，同时通过“地名考证”链接到后台地名库，进而链接到文本库或节日库。举例来说，当地图使用者在地图索引中选择了“故事分布图”时，则在地图主显示区域中，显示数字故事分布地图，同时在

地图编辑原则与凡例中，显示数字故事分布地图的编辑原则与凡例；另一方面，在数据库显示和链接区域，显示与地图相关的故事讲述地名库数据。当使用者在数字故事分布地图中选择了某一分布地点时，在数据库显示和链接区域中，显示该点的故事讲述地名的相关数据和信息。

第三节　数字故事民俗地图的样图描述

本节从数字故事民俗地图分类体系中，选择几种样图，进行制图描述和地图的简要分析。

一、数字故事分布地图

数字故事分布地图，以地图的方式，表达故事搜集资源的地区分布，同时也是故事分类的讲述地点分布。通过编绘数字故事分布地图，比较和呈现多种故事分类的故事地名，以下使用 1 幅地图样图，说明我们做法，具体如下。

（一）中国四大故事搜集资源分布地图[1]

中国四大故事搜集资源分布地图是数字故事分布地图的样图之一，它的原数据来源是中国民间故事集成省卷本的故事讲述地名，从总体概况上显示故事资源的地方性，共采集牛郎织女故事、孟姜故事、白蛇故事、梁祝故事等中国四大故事的故事讲述地名数据 210 条，建立数据库 2 种。中国四大故事分布地图（1980—2000），以中国行政区划数字地图为地理底图，含国界、省界、主要河流、省会点、省名和省会名等地理要素，以白色为底色，以突出显示四大故事的故事讲述地点分布。地图符号和图例按前文所述的地图设计，以发光圆球为故事讲述地点符号，以绿色、紫色、黄色和粉色分别代表

1 关于“中国四大故事搜集资源分布地图”，详见本书“数字故事民俗地图（样图）”中的地图 5《中国四大故事分布地图（1980—2000）》。

四大故事类型的颜色。中国民间故事集成省卷本全部出版完成的时间是2009年，但其搜集的故事数据，基本在20世纪80年代至90年代之间完成，大体上代表了20世纪八九十年代的故事搜集资源整体概况，因此中国四大故事分布地图的图名标明数据来源时期为1980—2000年。

（二）从民俗学视角对四大故事的故事地名解析与使用

从中国四大故事分布地图（1980—2000）上看，四大故事的分布呈现东西差异，尤其集中在东部沿海一带。在四大故事类型中，牛郎织女故事分布最广，从沿海往内地延伸，孟姜故事呈现向中原地带的长城沿线扩展局面，梁祝故事呈现向西南扩展的局面。这些分布特点，与四大故事的内容有关，也与中国民间故事集成省卷本的搜集活动有密切关系。如果再进一步深入研究，还应该以中国民间故事县卷本的故事讲述地名为原始数据，再编绘成图，可能在目前所见的总体特征下，还会有更细致的发现，这是下一步要进行的工作。

二、数字故事遗产地地图

数字故事遗产地地图，以地图的方式，表达故事地名与自然或文化遗地的关系，以下使用1幅地图样图，说明我们做法，具体如下。

（一）京、闽、滇三地的牛郎织女故事与遗产地关系地图[1]

该样图的原数据来源是中国民间故事集成北京卷、福建卷和云南卷省卷本搜集的牛郎织女故事遗产地地名，主要显示牛郎织女故事遗产地与自然文化遗产地的关系，共采集故事遗产地地名原数据7条，制成数据库2种。以中国行政区划数字地图为最底层地理地图，只含国界、省界和主要河流等地理要素；以中国地形图和中国世界遗产地分布地图为套叠的地理底图，中

1 关于“京、闽、滇三地的牛郎织女故事与遗产地关系地图”，详见本书“数字故事民俗地图（样图）”中的地图6《北京、福建、云南牛郎织女故事遗产地地图（1980—2000）》。

国地形图反映地势地貌状况，以大致反映故事遗产地和自然文化遗产地分布的自然地理环境背景。中国世界遗产地分布地图，显示了中国境内世界级文化遗产地、自然遗产地和文化与自然遗产地的分布情况，参考《中国地理图集》中的《中国世界遗产（2009年）》地图，[1]依据中国世界遗产网的最新数据做了更新。[2]在地理底图的地图符号处理上，中国行政区划仅保留国界、省界和主要河流，省界以虚线表示，不再显示省名、省会点和省会名，以免与中国世界遗产分布地图的套叠底图信息相干扰。中国地形图，参考中国地图出版社出版地图的地形图设色方案，设定高度表和配色。中国世界遗产地分布地图，将底图原图的数字化图进行配准，对地图符号做了重新设色，黄色和红色在中国地形图背景上可以较好的搭配显示，其中，黄色代表世界文化遗产，红色代表世界自然遗产，半黄半红代表世界文化与自然遗产，长城图示按底图原图的示意线划图示，同时标注各类世界遗产的名称。北京、福建、云南牛郎织女故事遗产地地图（1980—2000）的地图符号设计，以能在中国地形图和中国世界遗产分布地图的地理底图背景上最明显表示的蓝色发光球，作为故事遗产地的符号，同时标注故事遗产地名称，为与底图文字相区别，采用了比底图文字大一号的蓝色黑体字。地图图名标明数据来源的个案地（北京、福建、云南）和时期（1980—2000）。

（二）从民俗学视角对故事遗产地的地名解析与使用

从北京、福建、云南牛郎织女故事遗产地地图（1980—2000）上看，数字故事遗产地共有世界级遗产地2个、国家级遗产地2个和省级遗产地3个，在个案地中，牛郎织女故事的遗产地分布是：北京有1个世界文化遗产地颐和园，福建有1个世界自然与文化遗产地武夷山，省级自然遗产地金湖、天湖山和平潭海坛岛，云南有2个国家级自然遗产地苍山洱海和西双版纳。这

1 王静爱等主编《中国地理图集》，104页，《中国世界遗产（2009年）》，北京：中国地图出版社，2010。

2 中国世界遗产网网址 http://www.cnwh.org/，本图采用的更新数据截止日期为2010年8月。

些故事遗产地的分布，反映故事在流传过程中，与当地著名地方风物和标志性遗产地联系起来产生故事异文变异的特点。以下节选部分中国民间故事集成省卷本中的牛郎织女故事原文，比较不同地区异文情况。

北京：“样式雷”巧设园林图（节选）[1]

内侍太监接着问：“哪儿是‘天星落凡’呢？”“样式雷”说：“天上有牛郎织女星，一条天河把他们分开了，昆明湖就是一条天河，小民打算在南边设一铜牛，北边建一‘织女庙’，牛郎织女天河会，全靠万岁爷皇恩浩荡，牛郎织女也会感恩戴德的。”

福建：大王与玉女（节选）[2]

再说天上玉皇大帝有个女儿叫玉女，这天她在天宫里梳妆，忽然听见从人间传来一阵阵山歌声。玉女赶紧拨开云头往下看，哎哟，武夷山简直比仙境还美！丹山碧水，茶叶飘香，男耕女织，恩爱和睦。玉女动了心，就偷偷下凡来到武夷山。她顺着九曲溪一曲一曲地游览，忽然看见村边有个后生在劳动。那后生就是大王，长得粗眉大眼，健壮朴实。玉女很是欢喜，就上前向他讨碗茶喝。大王一看这女子生得水灵秀气，也很欢喜，就赶紧给她倒茶。玉女一喝这茶感到清甜可口，不禁问：“这是什么茶，为什么这么甜？”

……

玉帝金口玉言收不回来，只好用了法。只见刹那间九曲溪水猛涨，山动树摇，飞砂走石，只听得“轰隆”一声巨响，大王和玉女变成了两座紧紧连在一起的山峰。玉帝不甘心，又叫来雷公电母劈

1　中国民间文学集成全国编辑委员会、《中国民间故事集成·北京卷》编辑委员会编《中国民间故事集成·北京卷》，453页，北京：中国ISBN中心，1998。

2　中国民间文学集成全国编辑委员会、《中国民间文学集成·福建卷》编辑委员会编《中国民间故事集成·福建卷》，218页，北京：中国ISBN中心，1998。

开他们。可是，雷打了，电劈了，两座山峰还是连在一起，只是把大王和玉女带在身上的大王印跟玉女梳震了出来，掉在浴香潭里。大王印就变成了印石，玉女梳变成了香梳石。玉帝只好拔出天堂宝剑，往两座山峰砍去。两座山峰刚刚裂开又要合拢，玉帝赶紧叫天兵天将把玉女峰推到九曲溪南面，同时把铁板鬼点化成铁板嶂，挡在两座山峰的中间。因为玉帝召不回玉女又拿不到仙茶，铁板鬼也成不了仙了，变成铁板嶂永远挡在大王峰和玉女峰中间，把这对恋人阻隔开。

这时候，白胡须老人和村里人赶来了。大家见大王和玉女变成了石头，都哭了，泪水洒在那株九曲仙茶上，茶树又活了过来，还开出了美丽的茶花。一下子，大王峰和玉女峰旁边的茶树也都开出了洁白的茶花。

白胡须老人把那台梳妆镜往九曲溪里扔去，只听“扑通”一声，一座镜台石慢慢地从水里升起。从此，山为镜台水为镜，大王和玉女虽然不能相聚，却也能日日在镜中相会。

那个白胡须老人，传说就是武夷山十三仙中的武夷君。

到现在，大王峰也叫纱帽岩，因为大王头上戴着玉女送给他的金纱帽。玉女峰常年花香四溢，因为玉女头上戴着大王给她插的山花，峰上一年到头滴着泉水，武夷人都说那是玉女几世也流不完的相思泪。

云南：大理石和玉带云（异文）（节选）[1]

传说好几千年以前，苍山洱海就十分美丽，因此吸引了许多凤凰、天鹅、白鹤到这里来玩。有一只领略过苍山洱海风光的凤凰，有一次飞到天宫去，把这里的绮丽景色讲给玉女仙姑听，还说：“玉

1　中国民间文学集成全国编辑委员会、《中国民间文学故事集成·云南卷》编辑委员会编《中国民间故事集成·云南卷》（上下册），664页，北京：中国ISBN中心，2003。

女仙姑，你如果到那里玩赏一转，一定会把云锦织得更美丽，你去一转吧！”

玉女是王母娘娘身边的专织天上五彩云锦的仙女，她摇了摇头，叹了一口气说：“凤凰呀，我真想去看看苍山洱海，就怕王母娘娘不准。”

……

白郎舍不得玉女，他拉住玉女的五彩玉带不放。无奈王母娘娘的命令违抗不得，玉女只好忍痛飞去。她越飞越高，越飞越远，白郎手中的五彩玉带一眨眼就化成了一道长长的云带，薄如轻纱，柔似白絮，绕在苍山的半山腰上，后来，每年夏秋之间，都会出现这条云带，人们就称它为“玉带云”。

因为玉女画稿飘落在苍山上，整个苍山的青石都变成了碧绿色的彩石和白玉般的础石，世世代代也开采不完，人们就称这种石头为“玉女石”，后来又称为“大理石”、“础石”或“苍山石”。

三、数字故事历史地图

数字故事历史地图，以地图的方式，表达相关故事的历史记载文献，主要是历史文献中提到的故事被记载的历史地名和相关民俗文化信息，并将之转换为今地名，[1] 同时在数字故事历史地图上加以比较和呈现，以下使用1幅地图样图，说明我们做法，具体如下。

（一）魏晋南北朝笔记文献记载的牛郎织女故事历史地图[2]

该样图的原数据来源是魏晋南北朝时期的历史文献，采集其中记载牛郎

1 古今地名转换的数字平台是复旦大学历史地理研究中心提供的CHGIS。谨此向复旦大学历史地理研究中心的葛剑雄、安介生、满志敏致谢！

2 关于“魏晋南北朝笔记文献记载的牛郎织女故事历史地图”，详见本书“数字故事民俗地图（样图）”中的地图7《牛郎织女故事历史地图（魏晋南北朝时期，220—589）》。

织女故事的故事历史地点，主要显示牛郎织女故事在魏晋南北朝时期的故事讲述地点和传承状况，共采集12种历史文献中的故事历史地名，转换成今地名4种，制作数据库2种。以卫星影像地图、魏晋南北朝时期历史地图和今行政区划数字地图为地理底图，卫星影像地图可体现故事历史传承和空间扩布在宏观自然环境中的演变过程，历史地图和今行政区划可做古今对比。卫星影像地图的底图来源是北京师范大学地理与遥感科学学院提供的2002年卫星影像地图，[1] 以扫描图片格式，在GIS软件中与中国行政区划数字地图进行配准。魏晋南北朝时期历史地图的底图来源是复旦大学历史地理研究中心提供的中国历史地图数字地图，仅保留州府一级行政区划界线和名称，并与中国行政区划数字地图配准。今行政区划数字地图的底图来源是本书作者编绘数字钟敬文工作站数字地图时使用的行政区划数字地图，2008年修订并由国家测绘局审图通过，[2] 仅保留国界、省级行政区划界线和主要河流。地图符号设计，以红色线条表示今行政区划界线（2008年），黑色线条表示魏晋南北朝时期行政区划界线，借鉴了中国古代地图采用古墨今朱的绘图方法。牛郎织女故事历史文献地点用黄色圆点表示并标注历史地名名称，考虑到卫星影像地图的主色系是绿色，并没有用数字故事民俗地图的地图设计中绿色代表牛郎织女故事分类。

（二）从民俗学视角对牛郎织女故事历史地图的古今地名解析与使用

从牛郎织女故事历史地图（魏晋南北朝时期，220—589）上看，魏晋南北朝时期牛郎织女故事被历史文献记载的故事讲述地点共有5种，主要集中在南方的扬州（今江西和福建一带），包括豫章郡（今江西省南昌市）、新喻县（今江西省新余市）、晋安郡（今福建省福州市）和福州（今福建省福州市），另

1 国家卫星气象中心编编制《MODIS(Terra)卫星影像地图》，数据处理：黄签。北京：国家卫星气象中心，2002。北京师范大学地理与遥感科学学院2009年提供。

2 董晓萍、赖彦斌、吕红峰、马磊、鞠熙《数字钟敬文工作站》，北京师范大学出版社，2009。审图号：GS（2008）2626号。

有地处渤海湾的千乘（今山东省博兴县）。它们的文献出处有以下 5 种。其中，钟敬文主编《民间文学作品选》收录了《白水素女》故事原文。[1]

（晋）郭璞《玄中记》、（南朝梁）宗懔《荆楚岁时记》、（北魏）郦道元《水经注》中均有记载的《豫章男子》

（晋）干宝撰《搜神记》中记载的《豫章新喻县男子》

（南朝梁）任昉《述异记》中记载的《白水素女》

（晋）干宝撰《搜神记》中记载的《螺化女子》

（晋）干宝撰《搜神记》中记载的《董永遇仙传》

另外还有 7 种历史文献记载的牛郎织女故事，它们的故事讲述地点无从考证，原文出处如下。

（南朝梁）萧统编《文选》引（汉）无名氏《古诗十九首 · 迢迢牵牛星》

（晋）张华撰《博物志校证》中记载的《螺女故事》

（晋）干宝撰《搜神记》中记载的《园客妻故事》

（晋）干宝撰《搜神记》中记载的《猪变女子》

（晋）陶潜《搜神后记》、（南朝宋）刘义庆《幽明录》中均有记载的《白鹭变女子》

（晋）陶潜《搜神后记》、（南朝宋）刘义庆《幽明录》中均有记载的《白水素女》

（南朝梁）宗懔《荆楚岁时记》中记载的《牛郎织女》

我们将它们的地名列入名俗志地名，供民俗学者研究使用。

---

1 钟敬文主编《民间文学作品选》（第二版），78—79 页，北京：高等教育出版社，2010。

四、数字故事节日地图

数字故事节日地图，以地图的方式，表达故事讲述活动与传统节日活动的联系，进一步挖掘故事民俗的空间信息。本部分地图，由 2 幅样图组成，具体描述如下。

（一）地方志记载京、闽、滇三地牛郎织女故事节日地图[1]

该样图的原数据来源是记载了与牛郎织女故事有关的七夕节和上巳节的清代北京、福建、云南地方史志文献数，主要显示清代地方志记载牛郎织女故事节日的概况，共采集清代地方志数据 303 条，制作数据库 2 种。[2] 以清代历史地图和今行政区划数字地图为地理底图，反映两时期的疆域和行政区划对比。清代历史地图的底图来源是由复旦大学历史地理研究中心提供的中国历史地图数字地图，仅保留疆域界线、一级行政区划界线及其名称，将其与中国行政区划数字地图进行配准。今行政区划数字地图的底图来源是本书作者编绘数字钟敬文工作站数字地图时使用的行政区划数字地图，2008 年修订并由国家测绘局审图通过，[3] 仅保留国界、省级行政区划界线和主要河流。地图符号设计，以红色线条表示今行政区划界线（2008 年），蓝色线条表示清代行政区划界线，参考《中国地理图集》的配色方案对清代行政区划进行了底色填充。[4] 采用专题地图制作中的统计图法，将清代北京、福建、云南的地方志

---

1 关于“地方志记载京、闽、滇三地牛郎织女故事节日地图”，详见本书“数字故事民俗地图（样图）”中的地图 8《地方志记载北京、福建、云南牛郎织女故事节日地图（清代，1644—1911）》。

2 北京师范大学民俗学专业 2009 级博士生赵娜负责采集了北京地方志数据，北京师范大学民俗学专业 2008 级博士生蔡锦碧负责采集了福建地方志数据，北京师范大学民俗学专业 2004 级博士生李鹤、2005 级博士生张恒艳和 2009 级硕士生罗佩玲负责采集了云南地方志数据，特此致谢！

3 董晓萍、赖彦斌、吕红峰、马磊、鞠熙《数字钟敬文工作站》，北京师范大学出版社，2009。审图号：GS（2008）2626 号。

4 王静爱等主编《中国地理图集》，77 页，《清时期全图（1820 年）》，北京：中国地图出版社，2010。

记载七夕节和上巳节的数据，制成柱状比较图，蓝色表示七夕节，桃红色表示上巳节。

从地方志记载北京、福建、云南牛郎织女故事节日地图（清代，1644–1911）上看，在清代的北京、福建和云南，记载七夕节的地方志数量要远远多于记载上巳节的地方志数量。从总数上看，清代福建的地方志数量最多，其次是云南，北京最少。清代北京、福建、云南地方志记载牛郎织女故事节日地图只是反映了地方志记载故事节日的总体概况，它在数字故事民俗地图集成中的作用，主要还起到一种地图索引和检索入口的作用，点击各省区域，进入数字故事节日地图分省副图。

（二）地方志记载福建七夕节的故事节日地图[1]

该样图的原数据来源是清代福建地方志七夕节的分布地区和数量，主要反映福建省内地方志记载故事节日的概况和地区差异，共采集地方志数据103条，制作数据库1种。以清代福建历史地图数字地图为地理底图，反映清代福建的行政区划，含府级行政区划界线、府名称、县级行政区划治所所在地和县名，由复旦大学历史地理研究中心提供。在地图符号设计上，总体以牛郎织女故事绿色系为基准，底色填充淡蓝色，县治所采用绿色圆点，采用统计图法制作专题地图，统计柱状图采用比底色略深的蓝色。根据数据统计，记载七夕节的地方志数最大为4种，在图例设计上，将柱状图统计的地方志数分为四等，分别表示各地记载七夕节的地方志数量分布。地方志的行政区划级别，如省志、府志和县志等，各级的数量和地方志总数等信息，无法在地图上直观表示，我们采用配套表格的方法，列出“记载七夕节的福建地方志数量统计”表，可与地图进行对照阅读，延伸地图的阅读功能。

从地方志记载福建七夕节分布地图（清代，1644–1911）上看，清代福建

1 关于“地方志记载福建七夕节的故事节日地图”，详见本书“数字故事民俗地图（样图）”中的地图9《地方志记载部分福建七夕节分布地图（清代，1644–1911）》。

有连续修志的传统，在记载七夕节的地方志数量上看，省志有 13 种，府志有 13 种，除兴化府外，其他 9 个府均有府志记载七夕节，另有 77 种县志记载了七夕节资料，七夕节是当地比较普遍的一种传统节日。从地方志的分布地区来看，共有 47 个县的县志记载了七夕节，占总县数的 68%；其中有 25 个县的县志记载七夕节 2 次以上，占记载七夕节县数的 53%。如果对比不同地区记载的节日资料内容和同一地区不同时期记载的节日资料内容，可以分析当地人过七夕节的民俗传统和地方志的记述特点，这需要点链查看链接数据库，是民俗学者在利用数字故事民俗地图时所要求的，也是本书研究采用数字地图集成模式的重要功能之一。

第四章　数字民俗地图的空间要素与地名个案研究

第一节　“文化空间”的民俗地理学研究[1]

20世纪学者对“空间”的概念有种种解释，但都赋予它以国家化意识和确定的时间属性，这是地理学的宏观研究传统与人文社会科学研究中的国家社会统一进步观相互渗透所致。然而，现代化和全球化表的复杂进程，引起了“空间”概念的变化，特别近年是“文化空间”的概念被再三讨论，造成了对以往“空间”概念的颠覆，其目标是要求尊重多元社会空间发展模式和保护文化多样性。新派学者主要是从承认区域空间的独立文化传统和社会价值的角度，重新解释“空间”的内涵和性质，这是一场不小的国际思潮。在这种整体学术转型中，地理学与民俗学正好是一对理论伙伴。民俗学所讨论的文化空间始终具有天然的自然属性，也有区域性和民族性的特质，这使它与地理学有相同的根性。但民俗学所研究的微观文化空间不是宏观空间观的补充，而是验证和阐释另一种富有区域差异性的、被自然与文化一体观所制约的、以文化控制人类冒犯自然行为的、日常化而且极为广泛运行的动态社会模式。它站在国家化空间观的对面或侧面，但两者不是对立物，而是一种长期并存的现实。从前地理学不研究这种现实，即或在研究中有所涉及“地

1　本书的研究与国家社科基金重大项目《我国文化软实力发展战略研究》的民俗学子课题同时进行，项目主持人与首席专家：董晓萍、王一川。项目批准号：07&ZD037。

方文化”，也只是从国家地理学角度，讨论政府的管理角色和利用，其实等于忽略微观空间的“研究”空间。这使地理学反思现代人类社会肆无忌惮地侵犯自然的后果的成因时，显得思想乏力。当然，民俗学研究微观文化空间是长项，却又不大关注政府的宏观管理作用和政府与民间合作的功效，这也正是它的短板。民俗学因此不能概括微观空间中自然与文化互利机制的一般原理，不能对它的地理环境要素、区域社会认同和历史传承连续性，做出明晰的解释，因此，民俗学也需要与地理学联袂。本文重点谈以下几个理论点。

一、“文化空间”的国家化和民俗化的差异

精细地说，当下讨论的“文化空间”概念，不能完全等同于民俗学的微观空间观，但民俗学在这方面的基础研究，却可以解释“文化空间”概念被引入全球化和现代化进程观的讨论的实质，即人类在利用、驾驭和翱翔于自然空间的时代，丢了文化，就是丢了自我；忘记了最具群体约束性的民俗文化，就会反遭自然对人类群体的无情戕害。人类社会在不断发展和变迁，民俗也在发展和变迁，但民俗会使用内部技术和文化符号让自己始终民俗化，借助区域或民族小社会的活力，适应具体的社会历史变动，始终成为自然与文化的双保护神。相比之下，国家化的文化过程瞬息万变、人事更迭频繁，不能像民俗化那样毫无政治功利性地传承，也不能像微观空间社会自治那样无需高度集权地顺其自然变动。对待大尺度宏观演变的地理事实，在文化空间的概念上，国家化和民俗学化肯定有差异的。

应该指出，在地理学的百年史中，在20世纪70年代前，有一批学者已提出文化行为对发现地理空间的作用，有的学者还对文化空间中的社会因素与地理环境的关系做了多种定位。周廷儒很早就从古人文地理学的视角，讨论古人类文化活动对界定地理空间的价值，在他的研究中，“空间”是在一种稳定的时态概念下被界定的。[1]谭其骧是宏观历史地理学的首倡者，他以历史

1 周廷儒《周廷儒文集》，北京师范大学出版社，1992。

朝代、重大历史事件和历史人物的古籍文献为线索，标明地理边界，减少了对未知地点的猜测，编绘了历代地理空间地图。[1] H.J. 德伯里（Harm J.de Blij）在《人文地理：文化、社会与空间》中提出，应将社会活动和人文因素都纳入地理空间的表述。[2] 冀朝鼎的著作比较特别，他注意到古代水利工程可以建构具体的基层社会文化空间，他为此提出了基本经济单元的社会空间观。[3] 他们的著作直到今天仍然影响着人们对于空间概念的认识。

进入全球化和现代化时期后，“空间”概念的实体性弱化，时间稳定性消解。人类利用地球资源的高技术、高消费和高速联合经济开发，使空间的概念被加以不同形式的再界定，并介入不同时态与不同空间交错纠结的内涵。地理学者根据全球环境变迁研究，提出了一系列新说。史培军等将空间研究延伸到我国土地利用与土地覆盖领域，[4] 观察自然灾害致灾过程中的社会因素和人为文化因素，注意到时空交错环境中的灾害成因的复杂性，提出孕灾体、承灾体和致灾因子三个概念，予以定量描述，同时对地理空间中的社会文化控制机制进行定性研究，建立自然灾害的社会防御理论和政府管理策略系统，[5] 并出版了带有不同步时态分析和不同空间样式的自然灾害地图集。[6] 他们对地理分区的文化要素和经济单元做了新的解释，指出：

> 地理分区仍然以地域分异规律为理论基础，建立等级系统，如传统的发生统一性原则，相对一致性原则、区域共轭性原则、综合

1 谭其骧主编《中国历史地图集》（共八册），北京：地图出版社，1982。

2 [美] H.J. 德伯里 (Harm J.de Blij)《人文地理：文化、社会与空间》，王民等译，北京师范大学出版社，1988。

3 冀朝鼎《中国历史上的基本经济区与水利事业的发展》，英文版，1936，北京：中国社会科学出版社，朱诗鳌译，1981。

4 史培军、宫鹏、李晓兵、陈晋、齐晔、潘耀忠《土地利用／覆盖变化研究的方法与实践》，北京：科学出版社，2000。

5 王静爱、史培军、王平、王瑛《中国自然灾害时空格局》，北京：社会科学出版社，2006。

6 史培军《中国自然灾害系统地图集》，北京：社会科学出版社，2003。另见，史培军《中国自然灾害系统地图集》，北京：社会科学出版社，2011。

> 性原则和主导因素原则等，都是进行地理分区所必须继承的。但由于地理分区首先要解决的是对自然与人文相结合之景观格局分异的认识，因此必须着重贯彻自然与人文因素同等重要的原则，即地理分区在进行区域划分时，同时要考虑自然要素和社会经济要素，把自然要素与资源、社会经济作为同等重要的组成成分看待，不偏重于任何一方，这也是地理分区面向区域可持续发展应用的重要目标。[1]

欧洲地理学者也有相似的概括，但倾向于把空间研究纳入自然科学与社会科学跨学科的考察领域。

> （全球化）其实是一个在不同时态与不同空间交错背景中具有多重形式的一个复杂进程，在国家层面上，作为主权象征的领土或空间四至，现在已经“至少局部地失去了其物质价值，但却仍然保持着其象征意义和表述形式”。
>
> ……
>
> 比起以往任何时代，空间更处于社会科学的关注核心，任何行动都离不开空间，但空间越来越非物质化，不再一成不变和被明确界定。[2]

对全球地理空间变化中作为主权象征的国家地理概念的作用，以及国家管理多重时空交错局部空间的策略，刘闯开展了定量分析和对策研究，[3]但这种国别分析研究需要高层人才储备和前沿方法的训练，目前国内还不多见。

我国地理学者对文化空间的研究逐渐转向，王恩涌等在《人文地理学》

1 王静爱主编《中国地理教程》，267 页，北京：高等教育出版社，2007。

2 [法]贝特朗·巴迪(Bertrand Badie)，[法]玛丽—弗朗索瓦·杜兰(Marie—Francose Durand)等编《全球化地图》，6、8 页，许铁兵译，北京：社会科学文献出版社，2007。

3 刘闯主编《全球变化研究国家策略分析》，84 页，北京：测绘出版社，2005。

一书中，把文化空间分成三类，即形式文化区，功能文化区和乡土文化区，[1]这些都是前人不大涉及的提法，但作者没有把区域文化与国家经济的概念做适当区分，因此也就不可能讨论文化空间中的文化与国家经济不一致问题，这种文化空间也就不是民俗学与地理学所要交叉研究的文化区。作者也谈到文化空间的权力问题，其实这正是民俗学的空间研究所关注的方向，但由于作者的撰写思想仍国家地理观为主，论题所至，也不免都是国家政府的空间管理权力，包括领土空间、自然资源、人口规模、经济水平、军事力量、科技水平、国民士气和政府质量评价等。[2]我们不是说，这种研究对微观空间理论完全没有启发，作者所划定的乡土文化区，就是一种学术新意。作者将乡土与“民俗”并论，还让人眼前一亮，不过作者还是受国家经济学说的影响，抓不到民俗扎根乡土的文化脉络。

> （乡土文化区）与功能文化区的差异在于，其既无功能中心，又无明确的边界线；与形式文化区的差别在于，其区域缺乏形式文化区那种文化特性上的一致性[3]。

作者秉持精英文化观，就不会在民俗化的空间研究上有实质性的转折。赵济从物质文化方面理解空间的概念，运用水利灌溉系统呈现社会结构的视角，解释自然与社会的关系。这种研究，虽然也在国家管理机制下谈论自然地理问题，但由于尊重自然规律，同时也不把自然规律从社会文化事象中剥离出来，所以能够指出两者胶着一处，揭示两者在特定空间中呈现的复杂性。仍以冀朝鼎写过的水利工程问题为例，赵济主编《中国自然地理》一书提出：

1 王恩涌、赵荣、张小林、刘继生、李贵才、韩茂莉编著《人文地理学》，32页，北京：高等教育出版社，2000。

2 王恩涌、赵荣、张小林、刘继生、李贵才、韩茂莉编著《人文地理学》，294—300页，北京：高等教育出版社，2000。

3 王恩涌、赵荣、张小林、刘继生、李贵才、韩茂莉编著《人文地理学》（前言），5页，北京：高等教育出版社，2000。

水资源的保持和持续利用是一个涉及多种水体、多部门、多学科领域的复杂问题。

如何以较低的资源、环境成本保持自然资源的可持续利用，是我国经济社会发展中面临的重大问题。[1]

赵济的另一部著作还讨论了区域文化、宗教文化、少数民族文化等，都是民俗学空间研究的相邻问题。[2]

张镜湖所撰《世界的资源与环境》，对世界多国家多民族地区的调查数据加以概括，做了一定理论解释。我们从作者的观点中可以看出，他已经发现，早期地理空间研究的对象本身是微观的，在这种微观空间中，生产民俗与文化空间具有高度的一致性，而工业革命和经济暴利又导致了两者的不一致性。他说："农业社会之前，人口承载量决定于其居住地的捕鱼、狩猎和采集所获得的食物，在一个狩猎的社会，即使环境良好，每平方公里仅能养活一个人。1798年，马尔萨斯表达了世界人口增长接近地球承载量的忧虑。但工业革命以后，物质财富的累积高于人口增长率，有些学者认为马尔萨斯忽略了技术进步和国际贸易的影响。"[3]近年也有地理学者将文化空间与民俗概念纳入人文景观学的框架，予以直接讨论，如吴必虎、刘筱娟的《人类景观史》。作者使用不同时期、不同种类文献讨论地理与民俗的关系，涉及地貌与民俗、地缘关系等问题。作者也触及到微观空间，提出具象景观和非具象景观的分类方法，在这些地方作者都有所感悟。但作者其实不大懂民俗学，也不会去思考地理与民俗在具体空间中交叉生根的作用，结果把民俗景观划为非具象景观，将之视同于语言文学景观，[4]有点离谱。此书与张镜湖的书比较，张更为深具眼光。

安介生的《历史民族地理》是用历史文化传承思想研究地理空间的着力

---

1 赵济主编《中国自然地理》，322页，北京：高等教育出版社，1980。

2 赵济、陈传康主编《中国地理》，277—292页，北京：高等教育出版社，2001。

3 张镜湖《世界的资源与环境》，18—19页，北京：科学出版社，2004。

4 吴必虎、刘筱娟《人类景观史》，298—332页，《序言》第5页，上海人民出版社，2004。

之作，本书有很多突破点，例如，指出我国将空间距离作为社会关系识别的要素，从汉代就开始了。从多地区多民族生存空间说，在上古时期，人们已知根据方位及空间距离进行族群识别，在这种知识系统中，空间是当地人历史生存的常识，是本地民族和社会群体的代名词。作者也提到水流域与文化关系的学术史，特别讨论了李亚农对土地、河流、灌溉的研究观点，作者的思想已接近于我们在这里讨论的民俗化的空间观点。

> 地理环境的研究应该是全方位的，整体性的，而不应仅注意所谓自然条件“优越”的地区，那些相对贫瘠的区域同样也应引起研究者的注意。换言之，生存条件优越的地区往往成为各个部族争夺的目标，但这并不意味着生存条件较为恶劣的地区，就不会有原始民族的存在。中国境内各民族祖（先）往往显示出极为顽强的生命力与适应能力。[1]

综上所述，关于民俗学与地理学的交叉研究，特别是两者结合后的深入研究，在国内还不多见，日本学者快走了一步。自20世纪60年代起，日本民俗学者和地理学者就已携手对话，能从民俗学专业角度阐述对两学科合作价值的认识。他们指出，两学科之间已形成共同的研究领域，如农业文化、景观文化、传承文化和地方志要素。二战后，日本学者不仅重视自然要素，也重要社会环境和民俗的作用。千叶德尔认为，地域性是民俗和地理的共有支撑性要素，是“经济、社会、政治等各种各样的过程产生的结构”，此观点决定了1960年代以后日本民俗学发展的方向。[2]近40年来，日本学者还曾先

1 安介生《历史民族地理》（上），120页，济南：山东教育出版社，2007。另见第97、98、113、117页。

2 八木康幸《民俗学与地理学》，原载福田亚细男、小松和彦编《讲座日本の民俗学》，河合洋尚、陈浣娜译，收入王晓葵、何彬编《现代日本民俗学的理论与方法》，177页，北京：学苑出版社，2010。但八木康幸最早发表此观点在1997年，参见该著第190页注释1。

后把民俗当作物质文化要素、宗教文化要素、节日文化要素等，开展了对应的地域文化研究。

我国多民族多地域的广袤地理分布和差异性环境，孕育了更为复杂的微观空间问题，中国民俗的要点是提供了多样地理文化资源和多元社会结构模式。更为不同的是，在我国，无论在地理环境恶劣和自然资源乏匮的地区，还是在地理环境优越和自然资源丰腴的地区，被民俗化的空间，都有文化服从自然和制约社会群体的强势作用。这是另一套土生土长的人与自然关系的世界观知识系统，它的自然属性系统极富节俭性，但却文化繁复、礼仪众多，它让人类尊重自然的心态虔敬而成熟。

当代文化空间理论的变化，给民俗学与地理学合作研究提供了机遇。在这种合作中，双方可以发展各自的理念，并产生新的理念，共同把文化空间视为一个“认知世界空间”。[1]目前学者已普遍认为，全球化把文化空间单一化，是必须抵制的错误倾向，而我们所说的民俗化的微观“文化空间”研究，强调不同文化传统和区域社会结构的价值与合理性，这正是抵制这种弊病的学术努力。

二、文化空间中的节约水利技术民俗

自 1997 年至 2009 年，我们先后合作完成陕山地区基层农村水治和北京城市水治两个项目。在这种合作中，我们主要讨论在我国城乡一体水利管理体制中，小区域地方社会的解决水利技术民俗对可持续社会发展的历史经验和现实意义。它针对国际学界长期讨论的、我国水利社会对整体社会的构架过程问题，也面向我国民俗学者和地理学者都很少注意的水利民俗问题开展研究。

在水利民俗研究中，我们利用弄村水利碑刻与水册、水利会社章程，采

1 [法]玛丽—弗朗索瓦·杜兰(Marie—Francose Durand)等编《全球化地图》，封底，许铁兵译，北京：社会科学文献出版社，2007。

用自下而上的视角做考察，出版了《陕山地区水资源与民间社会调查资料集》，[1]后又研究了北京水源流域永定河与潮白河的供水系统和城区市民用水民俗，出版《北京民间水治》一书，[2]在城乡水利民俗研究上，取得了较完整的成果。地理学者承担地理地貌与水渠流量测量的任务，[3]协助编绘民间水治文化空间地图，包括城乡民间水治中的水渠区位地图、用水分配与水权管理地点网络地图、学者调查点地图、水利历史文献（含水利碑刻）与现代调查报告数据分布地图，[4]描述不同具体空间的不同社会功能。这种合作是十分重要的，双方的作用是不可彼此替代的。水利技术民俗研究具有自然与文化双属性，不能没有地理学者的意见。另一方面，我们所重点研究的华北水利民俗，与国内其他地区不同，缺水问题突出，国家权力与地方文化权利交织深刻，渗透到各地区的文化空间中，形成了多样不同的水利组织。在相对富水区和干旱区，都有节约水利传统，也都有多样化的治水对策，人与自然环境共存的文化要素突出。它给节水水利民俗以高附加值，还对节水爱水形成了长期的地理历史认同。在这种氛围中，地理学者界定当地的空间概念和选择图层要素，至少表达 3 点：①多元文化空间中的治水模式；②跨时空节水水利民俗的地理分布范围；③微观空间所强调的社会公正使水利景观成为象征公平公正的

1 [法]蓝克利(Christian Lamouroux)、董晓萍、[法]吕敏(Marianne Bujard)编《陕山地区水资源与民间社会调查资料集》，全 4 册，北京：中华书局，2003。

2 董晓萍等《北京民间水治》，北京师范大学出版社，2009。

3 北京师范大学地理学博士生符素华承担山西四社五村水渠流量实测工作，参见符素华《四社五村水利工程沙窝峪水流量测查报告》，董晓萍、[法]蓝克利(Christian Lamouroux)《不灌而治——山西四社五村水利文献与民俗》，404—406 页，北京：中华书局，2003。

4 北京师范大学地理学专业赖彦斌协助编绘山西霍县、洪洞县和赵县交界地区四社五村农民水利自治区域的地图 5 幅，分别是：图 1《四社五村行政地理区位图》、图 2《四社五村调查点分布图》、图 3《四社五村水系与井泉分布图》、图 4《四社五村碑刻分布图》和图 5《四社五村组织内部网络关系图》。参见董晓萍、[法]蓝克利(Christian Lamouroux)《不灌而治——山西四社五村水利文献与民俗》，目录第 7 页，北京：中华书局，2003。吕红峰协助编绘北京城区与永定河和潮白河两大供水流域系统民间水治地图 4 幅，分别是《北京民间水治调查区域地图（示意图）》、《北京行业档案民间水治地图（示意图）》、《北京地方史志民间水治地图（示意图）》和《二十五史河渠志水利民俗地图（示意图）》。参见董晓萍等《北京民间水治》，目录第 2 页、正文第 424—430 页，北京师范大学出版社，2009。

文化符号。这种地图能帮助民俗学者进一步开展专业分析，解释不同时期、不同区域模式中的节水民俗进入历史化和地方化过程的方式，及其传承条件和生命力要素，也为地理学者补充了民俗学的方法论。

在合作研究中，地理学的人文地理知识储备和数据系统建设是个关键，它体现在利用水利碑进行文化空间定位和属性分析上。所谓水利碑，指华北农村记载节水习惯法的传统碑刻，一般由政府据水利纠纷裁断结果镌刻，也称“官司碑”；也有的由水利会社内部协商分水路线而撰刻，也称分水碑。我们在山西晋南山区发现了一个长期执行节水水利管理的“四社五村”民间组织，内部包括 15 个村庄，我们在其中的孔涧村发现一通金代水利碑，距今已有八百多年的历史，是官司碑，另外还有分水碑。对水利碑进行文化属性分析，大体步骤有二。第一步，确定水利碑的区域空间位置，由地理学者标在地图上，再根据民俗学者调查研究的结果，在地图上增加节水社区的节水文化要素，如社首的社区网络、水渠工程分水路线图，四社五村内部取水的渠首村、水权村、附属村和用水村的地理历史分布，以及这些村庄的地势高程和蓄水时间的内部习惯法等。将这些文化属性要素加以综合，编制四社五村文化空间中的水利民俗地图。正是通过这项工作，我们找到了解读四社五村节约水利民俗的钥匙。

以孔涧村碑为例，同时配合使用与之关系密切的另一通分水碑（也称刘家庄碑）加以说明。这是四社五村水渠的两个渠首村，从地图上看，论地势，孔涧村高，刘家庄低。从地理学的角度做分析，孔涧村应该控制刘家庄的用水。但四社五村的用水文化习惯正好相反，根据四社五村水利碑的规定，实行自下而上管理用水，所以是应该刘家庄扼控孔涧村的水利咽喉。其他所有下游村皆然，但是，事情又没有那么简单。因为两村的生存环境，除了四社五村的小空间，还有两村内部的更小空间。原来，孔涧村拥有的 1 通官司碑，是八百年前与水源地沙窝峪村等打官司获胜赢来的。这样，孔涧村就仗着这通官司碑，在它和刘家庄的更小空间内摆牛气，要求按照地势高低的自然属性自上而下地供水，卡刘家庄的水脖子，孔涧村为此还与刘家庄立分水碑为凭，这就是我们前面说过的刘家庄碑的来历。按地理学的分析，以地势高下分配用水，在四社五村内部是不合理的；按民俗学的分析，以上下游公平原则用水，在四社五村内部是合理的。再换个说法，孔涧村的做法，在地理学者看是正常的，在民俗学者看是不正常的，因为冒犯了旱作缺水山区的水情和人心。

然而，故事还没有结束。对违反自下而上供水原则惩罚严厉的四社五村，对孔涧村的犯规行为却没有惩罚，而是反过来利用孔涧村有官司碑的王牌，让它去看管另一个渠首村沙窝峪，避免沙窝峪浪费用水，造成下游村用水不足。而孔涧村已有限定刘家庄用水的碑约，增加限定沙窝峪村也不是难事，孔涧村等于给四社五村帮了两个忙。这样一来，在四社五村中，就存在两个的微观文化空间，一个是整体性的“自下而上供水”，一个是局部性的“自上而下供水”。两者交互存在，使四社五村最终安全地达到了节约水利的最终目的。这个例子是外人想象不出来的，是区域小社会自己创造的节约自然资源的文化智慧。我们通过编绘地图，对这种时空交错分布的文化元素进行表达，共绘制地图 5 幅，即《四社五村行政地理区位图》、《四社五村调查点分布图》、《四社五村水系与井泉分布图》、《四社五村碑刻分布图》和《四社五村组织内部网络关系图》。[1] 将之与行政地图一起使用，可以对当地节水技术文化做全面展示。[2]

在城市文化空间中，民俗同样具有保护自然水资源的文化属性。我们在《北京民间水治》的《后记》中谈到两学科合作的体会。

> 第一，民间水治中的“缓化”观念和技术策略，应该被继承发扬。兴修和整治城市水利，不一定都要靠修筑大坝工程。民间采用

1 董晓萍、[法]蓝克利(Christian Lamouroux)《不灌而治——山西四社五村水利文献与民俗》，目录第 7 页，北京：中华书局，2003。

2 关于四社五村两个微观空间的文化分析，详见董晓萍、[法]蓝克利(Christian Lamouroux)《不灌而治——山西四社五村水利文献与民俗》，281—282 页、287 页，北京：中华书局，2003。

"缓化"的办法，能保证城市水道不间断运行，能借助洪水淤泥提高地力，退水还耕，变祸水为水肥。"缓化"之策，蕴涵了中国人"上善若水"的历史智慧，让水与人都得到休养生息，也降低了政府的投入成本。

第二，建立国家水治与民间水治互补的公共管理体制，我们在北京两大河流水系个案点与城区个案点都找到了这样的经验。

第三，建立民间水治生态系统，把用水与保护城市生态环境结合起来。在现代社会条件下，北京社会各界和城乡人口已有水利公共政治和水利公共生活两个概念，这是北京现代国际大都市化之使然，也给发挥民间水治的效用以更大的施展空间，当然，所有民间水治的历史经验也要经过提升，才能派上用场。[1]

在民俗学和地理学的合作研究中，加强文化空间研究，还有其他学术价值，包括解释多元文化发展的地理地点、历史传统和人文精神特征；引导现代人不忽视小范围普通人崇尚自然的经验，尊重多元文化权利和多样区域社会的价值。

三、中国民间文艺空间资源的分类整理

在文化空间研究中，对多元空间资源的搜集整理能力和解释能力，代表了一个现代国家的形象。陈述彭较早提出，研究空间资源，需要地理信息技术系统的支撑，他还充分地肯定了GIS的价值。[2]但是，在全球化和现代化时期，地理资源和文化资源的不对称发展，也使文化空间的研究具有极大的扩充性，这也适合将民俗学和地理学的成果加以综合利用。[3]

1 董晓萍等《北京民间水治》，《后记》第420—421页，北京师范大学出版社，2009。

2 陈述彭《地理信息系统的探索与试验》，载《地理科学》，1983（4）。

3 潘如丹《数字博物馆的视觉处理技术》，载《博物馆研究》，2004（3）。

民俗学资源的一半是民间文艺资源。新时期30年来，在国务院的领导下，由文化部发动，钟敬文教授等参与指导，开展了搜集全国各地各民族民间文艺资料的浩大工程，共出版省卷本298卷，400册，约4.5亿字。对这批资源进行空间分类整理，将之转化为可以向未来传承的精神文化财富，是现代化文化建设的重要内容，也是在全球化下巩固文化主权、发展我国文化软实力的战略措施。

但是，以往民俗学者的优势是，擅长对民间文艺资源做时间性的归类，对民间文艺作品的变迁做编年史的解释，对民间故事母题的变异做宏观分析，成名的例子不少。但对民间文艺资源做空间整理和空间分析，还没有先例，这项工作需要地理学者的加盟。

在整理中国民间文艺空间资源上，需要解决空间分类标准问题。它既不是搜集原始资料的鉴定标准，也不是整理出版的技术标准。它是在将纸介数据转化为数字数据后，由民俗学者经过基础研究，所提取的空间信息人文属性标准。民俗学者完成这一阶段的工作后，地理学者才能介入，发挥特长。双方合作确定民间文艺空间资源的人文属性，包括地方属性、民族属性、民俗属性、体裁属性、表演属性和方言称谓属性、母题或主题属性、传承人属性和相关实物属性，再以县域为单元，采编综合属性数据，将这些属性信息还原到流传地的文化空间内，编制数据库，确定元数据，利用GIS技术制成地图，进行空间呈现，并提供全方位的浏览查询，实现民间文艺空间资源的地理分布与文化价值的整合展示。以下介绍几种主要合作成果。

（一）以体裁属性为主、进行文化空间资源整理

整理中国民间艺术空间资源，要区别不同民间文艺体裁，采用业内专家系统普遍公认的分类标准和相关学科研究成果，以体裁属性为主，结合其地方属性和民族属性，编制一级专题数据；以民俗属性和表演属性为标准，编制二级专题数据；以方言称谓属性和传承人属性为标准，编制三级专题数据。再做分层处理，与搜集地名整合，链接音视频表演数据库，完成文化空间资

源整理。

2004年，我们按此研究思路和技术方案，完成了“中国民歌集成数字地图空间演示模型”、“中国民间舞蹈集成数字地图空间演示模型”、“中国戏曲志数字地图空间演示模型”和“北京故事卷教学科研数字空间演示模型”4种。[1]在这次合作中，我们在文化部民族民间文艺发展中心在所研制中国民族民间文艺集成基础资源数据库的基础上，就其中系统数据较为成型的、适合演示开发的《中国民间歌曲集成》、《中国民族民间舞蹈集成》和《中国戏曲志》三部分原数据，根据数字地图空间演示目标的要求，制定了人文属性分类原则，整理和创拟描述性人文数据的编辑体例和演示标准，确定了以国内县域地区为单元，以集合全国各县（区、市）的民歌、民舞、戏曲的搜集整理和记录出版的资料数据为范围，将国内优秀传统民族民间文艺的历史传承和现实分布状况，按地方文化生态系统，表达为综合图像，运用GIS、数据库和网络技术展播，将从前的历时性研究，转向综合文化空间全息图像表达。我们还按“政区”和“民族”和“体裁”（或歌类、舞蹈功能、戏曲剧种）三个路径，建立了数字模型多级图层查询方式，以提供学术研究和大众传播使用，一并为政府提供民俗遗产保护的空间信息。

（二）以母题或主题属性为主、进行文化空间资源整理

整理中国民间故事空间资源，以故事的母题或主题为属性。采用AT分类法，也使用国际公认的中国故事研究专家分类研究成果，参考故事的地方属性和民族属性，编制一级专题数据；以故事遗产地、故事节日地点和故事历史景观地点等地理文化属性为标准，编制二级专题数据；以故事的讲述人属性（包括性别属性、年龄属性）为标准，编制三级专题数据。再做分层处理，

1 “中国民歌集成数字地图空间演示模型”、“中国民间舞蹈集成数字地图空间演示模型”、“中国戏曲志数字地图空间演示模型”和“北京故事卷教学科研数字空间演示模型”，文化部民族民间文艺发展中心与北京师范大学数字民俗学实验室合作项目，项目主持人：李松、董晓萍。地图编绘指导：王静爱。数字地图编制组成员：陈硕、赖彦斌、鞠熙和周锦章。

与搜集和使用地名的工作整合，链接故事集成原著的文本数据库，完成综合文化空间资源整理。

2009年，我们按照这种研究思路和技术方案，完成“中国十大集成志书数字资源与数字公共产品”软件10种，[1] 内容分为三部分。

第一部分，中国民族民间文艺集成志书数字地图，以数字地图的形式，展示改革开放30年来文化部发动这一国家重大文化工程的成果，编绘集成志书搜集资源数字地图，包括中国民歌、中国民间舞蹈、中国传统戏曲、中国民间曲艺、中国传统器乐、中国传统戏曲音乐、中国传统器乐音乐、中国民间故事、中国民间歌谣和中国民间谚语搜集作品省域分布总图，部分集成个案数据分析描述地图和重要品种数据整理状况地图，共14幅；附设集成志书搜集作品统计总量数字辞典和分类卷目数字辞典12种，以及根据各类省卷本集成资源数据和相关空间人文信息分数据制作的分析图表若干。这些成果，为中国民族民间文艺资源存量和分布状况建立了数据分析描述系统，也为各级相关部门进一步建设民族民间文艺保护利用政策提供评估依据。

第二部分，中国故事类型数字地图，共编制中国故事类型数字地图21幅，涉及故事类型的地理区域分布、故事类型的文化结构、故事类型的生态环境、故事类型的世界遗产地分布、故事类型的文化资源旅游和自然资源旅游等6个专题，附设故事类型数字辞典与百种故事类型数据分析饼图、故事类型地图符号、故事类型剪纸和故事朗读本文，整体展示中国故事类型数字化学术研究成果，体现了中国故事集成搜集整理的学术价值、历史意义和社会现实应用潜力。

第三部分，数字集成公共产品，包括数字中国民族民间文艺集成志书分省总目、数字民歌器乐影院、数字戏曲影院、数字曲艺影院、数字谚语影院、数字中国故事影院、数字北京故事影院和数字春节故事影院等8种产品，从

---

1 “中国十大集成志书数字资源与数字公共产品”，文化部民族民间文艺发展中心与北京师范大学数字民俗学实验室、北京师范大学区域地理研究实验室合作项目，项目主持人：董晓萍、李松。数字地图编绘指导：王静爱。数字地图编制：赖彦斌、吕红峰。

不同体裁数字民艺产品的角度，展现在全球化背景下各国文化成果输出策略的现代转型中，在国内文化技术产品的社会效益提升探索中，研发中国民族民间文艺数字交流公共产品的部分样本。

（三）以民间文艺学专家系统的学科成果属性为主，进行文化资源整理

整理中国民间文艺专家系统研究成果的空间资源，根据专家的学科分类，使用与十集成工程相关的治学从教资料，建立个性化的专家系统数字人文研究属性，展示专家研究集成的治学要点、使用集成的区域表达和阐释集成分布的遗产目录，把专家从事集成工作的学术文化成果信息化，在中国民族民间文艺空间资源中，增加专家研究信息。确定专家研究成果的人文属性的难点有二：一是民间文艺作品本身携带的空间资源与专家系统研究信息的非一致性，这时需要设置专家的人生时间年表、专家学术思想分期的时空数据库、相关纸介作品数据库、表演作品的音视频资料、专家搜集研究作品和集成作品传承地的 GIS 区域定位、补充关键图像和全息查询工具条等，辅助体现该属性，而不是使之简单化；二是专家系统中的不同专业、不同学术渊源的学者，在同一对象研究上具有差异性，这时需要归纳共性问题，也要保留学术争论意见，展现多样化人文研究对解释多样化民间文艺空间资源的必要性，而不能抹杀分歧，同化差异。

2006 年，我们按照这个研究思路和技术方案，建成“数字钟敬文工作站”，内设纪念站、研究站和遗产站，另编绘数字名师地图 48 幅，分组图 4 组，包括生平传记组图、学术著述组图、高校教育组图和社会活动组图，在这些数字地图中，展现钟敬文与集成工作关系的地图 16 幅，全部编入“学术著述组图”中，如图 4.1《钟敬文使用民间文学三集成资料区域分布数字地图（1980—1999)》、图 4.3《钟敬文使用民间文学三集成资料数字地图后台资源研究释例图（1980—1999)》和图 4.4《钟敬文使用民间文学三集成资料区域分布数字

地形地图（1980—1999)》等。[1]

在搜集整理文化空间资源中，确定和描述专家个性化地名资源是一个难点。它涉及专家的研究著述地名、学术活动地名和使用民间文艺作品的流传地名，所勾勒的文化空间边界模糊，空间地点的真实性与虚拟性、地名泛指化与文化合理性的矛盾，都十分突出。我们在合作研究中，经过民俗学分析，做最小意义单元的提取，再根据地名本身和地名功能的真幻要素的比重，划分三种地名，即行政地名、历史地名和民俗志地名，建立专家系统空间资源的逻辑结构。为了具体说明我们的认识，以下摘录《数字钟敬文工作站》对地名问题的讨论要点。

> 1.行政地名。它来自行政地图上的原地名，但又吸收了时空数据分析后的名师生平地点、工作地点和社会历史背景地点的信息，按照名师人生学术的轨迹，加以重新编制，形成新的地名数据。利用行政地名，可以恢复名人活动的自然环境和社会环境，让广大社会公众获得认识和思考名师的宽广余地和学习可能性。
>
> 2.历史地名。它来自历史地理地图的原地名，或者也可能现在仍是行政地图上的现地名或变迁地名，但它又被添加了时空分析数据，经对照名师论文和文章，参考外界研究名师的文章，依上下文的实际意义，补充编入了相关历史文献地点信息、文物古迹地点信息、历史人物和历史事地点信息等，形成了新的历史地名数据样式。历史地名，富于名师学术关系和社会文化关系网络的信息，在不同的历史阶段和地域范围中，展现了名师在学者圈、文化圈和社会圈中的作为方式和影响成因。
>
> 3.民俗志地名。它来自行政地图或历史地理地图上的原地名，但不是这种地名的原意，只是借助这种地名表达的指代性寓意。它

1 董晓萍、赖彦斌、吕红峰、鞠熙、马磊《数字钟敬文工作站》，北京师范大学出版社，2009。该书封内注明北京师范大学区域地理研究实验室等合作单位的名称。数字钟敬文地图编绘：赖彦斌、吕红峰。

> 有时是行政地图和历史地理地图上的地名，也时也是在行政地图和历史地理地图上根本不存在的地名，是一种虚拟地名，或他界故事的地名。但是，这种地理上的虚拟地名却在地方文化空间中具有实实在在的意义，可以凝聚地方人群和地方文化事件，并有长期传统。我们也把这种地名称作“精神地名”，它借助自然地点，用想象的、超现实的、民俗的、宗教的意义加以附会，以体现这类地名的连续象征性和不中断传承价值。它所包括的要素成分有：艺术比喻、童年文化、故乡回忆、民间文学流传地、民俗或宗教象征地点和民间称谓等。我们运用民俗学的研究结果，将这些意义分别提取出来，再现它的空间文化内涵。[1]

我们在实际提取数据时，可以看见行政地名、历史地名和民俗志地名三种地名是存在的。在纸介原文中，有一些地名的类别交叉呈现，或者某地名被用作几种类别，如“西湖”既是行政地名，又是历史地名，又是民俗志地名。我们的原则是，从民俗学和地理学的双视角，分析和表达这类地名的空间资源，将专家系统空间化研究成果准确而全面地传承下去。在数字钟敬文工作站之后，我们建成了数字周廷儒工作站，继承和发展前辈的学术文化思想。

（四）以传承人属性和实物属性为主、进行文化空间资源整理

全球化造成空间资源流失的一个特征是传统空间区域内传承人群体、传承空间和传承实物知识的消失，为此，学者需要关注非物质文化的传承群体和变迁，也要关注被非物质文化所塑造的物质产品。欧洲学者对全球化侵蚀物质和非物质空间资源十分敏感，认为全球化由此消解国家文化的个性，“所有涉及从区域到全球的流通，流通连接的产物，物质化或非物质化交换物，

1 董晓萍、赖彦斌、吕红峰、鞠熙、马磊《数字钟敬文工作站》，32、34、36、39—41页，北京师范大学出版社，2009。

对于相异性和交融性的意识，几乎全部都被忽略而过。正是这种对过去的遗忘，导致了在理解全球化现象突然加速的当今世界时，人们才会显得如此知识贫乏”。[1]在这种背景下，很多学者转向研究手工技艺和工匠知识遗产，近年我们也开展了相应的工作，主要是对清宫造办处工匠技艺的现代传承做了调查，对工匠故事的空间资源做了整理和分类，这对补充现代民俗学和地理学知识系统是一种新尝试。我们所整理的清宫造办处手工行业空间资源，共分五类，即历史遗产、现代遗产、政企运作方案、联合国教科文指标描述系统和手工行业文化研究成果，我们将它们制成后台数据库，如清宫造办处档案数据库、政府工商档案数据库、手工行业现代传承调查数据库、工匠手艺库和工匠故事遗产数据库等，共 11 个，使用数据 5961 条，涉及北京木作、珐琅、剧装、雕漆和花作等行业。

整理中国手工技术工匠故事和实物信息资源，要根据传统手工技术的分类，使用清宫造办处档案和其他相关文献，以手工行业及其传承工匠的知识属性（包括工匠、作坊和工匠产品的社会流动网络）为主，编制一级专题数据，以其专业知识传承属性（包括传统知识、创新知识、民俗知识和图样）为标准，编制二级专题数据，以其地理文化属性（包括行业原料产地、加工地点和保存使用的自然环境地点）为标准，编制三级专题数据，再分层处理，与搜集地名的工作整合，链接故事文本数据库，完成综合文化空间资源整理。2010 年，我们完成了“北京城市手工行业经济民俗软件”6 种，[2]得到同行学者、行业工匠和老字号企业的共同肯定。

民俗学与地理学进行跨学科合作研究，可以承担多样不同的研究课题，也可以提升双方学科的解释力。它能使民俗学的研究更概括和更明晰，也能让地理学的研究更具体和更人文。

---

1 [法]玛丽—弗朗索瓦·杜兰(Marie—Francose Durand)等编《全球化地图》，8 页，许铁兵译，北京：社会科学文献出版社，2007。

2 “北京城市手工行业经济民俗软件”，文化部民族民间文艺发展中心与北京师范大学数字民俗学实验室合作项目，项目主持人：董晓萍、李松。数字行业地图编制：赖彦斌。

第二节　数字民俗地图的地名个案研究[1]

首先要说明为什么一个民俗学者要涉足数字民俗地图，因为这超出了自己的学术领域，是一项颇具风险的挑战，但也是一种激动人心的挑战。事情的缘起是在全球化到来后多元文化研究兴起，跨文化研究与特殊社会史研究并行，而在特殊社会史研究方面，社会人类学和民俗学的问题和经验被赋予新的关注和价值，但它们所遇到的突出问题是多元文化价值观与人类普遍文化原则对话和交流的复杂性，及其所带来的方法论上的复杂联系，这促使我们反思人文科学研究中的基本问题。现在我们开展数字民俗地图的研究，是希望使特殊社会史研究与普遍文化价值研究之间的方法论上的联系成为可能。另外一种事实是，多元文化中的地方文化精品已从国家对外交流的传统礼品变为跨文化交往的特色化工具，那些被数字化过的精品更容易“跨文化”。“跨文化性”的优势，就在于对别人文化的理解加以适度的控制，使人们既能保持本国文化，又能欣赏别人的文化。但在跨文化交流中，直接输出一个国家的古老东西是不行的，现在各国文化成果的输出结构也已很不相同，对此我们需要花较长的时间去探索。但一个不必花时间去认识的情况是，各国在适应全球文化环境转型的现代文化推介上，正在经历一个大体相同的阶段。所谓大体相同的阶段，是指自20世纪末起，由于美国的率先发起，高科技的数字化交流已在世界范围内迅速发展，而且各国的趋势相同，数字化已成为多元文化揭秘的公认手段。在不同国家的文化实力竞争中，数字化产品还成为保护自我和争取双赢的文化武器，这也引起我们的思考。

本文就近年本人主持完成的一种数字钟敬文工作站及其数字名师地图的研究个案，讨论这种方法论的可能性。

钟敬文是国内外著名的民俗学家、民间文艺学家和高等教育家。用数字

1 关于《第二节数字民俗地图的地名个案研究》，详见董晓萍、赖彦斌、吕红峰、马磊、鞠熙《数字钟敬文工作站》，北京师范大学出版社，2009。

化概念建立钟敬文工作站，是在现代中国社会所允许的条件下，对民俗学创建以来所能达到的历史高峰期成就的展示，也是在中国步入现代化和经济全球化阶段后，建设数字信息大国，带动人文科学理念和工具变革的结果。目前国内人文成果的保存和利用系统也都在数字化，整个现代社会生活方式也在不同程度的数字化，这是一场精英创新与日常时尚深度交互的革命。人文学者一向在精英与日常的关系中选题，对这种主流变化从不忽视。

钟敬文工作站只是一种个案，但选择它的必要性在于，可以同时研究民俗学的基本问题、海量民俗信息的处理难题和跨文化交流原则，讨论民俗学与数字信息学的几个接触点。首先，它应该回答民俗学界长期探索又悬而未决的问题，经民俗学者进行数字化的交叉研究，可以扩大原学术圈内问题的思考空间，在数字信息科学的新视角下，开展跨学科层面上的数据涵义扩充，然后在保持本土文化逻辑的前提下，对这些基本问题做出新解释。其次，它应该拿出新办法，解决国际同行长期面临的民俗海量信息处理难题，将数字典藏和数字博物馆相结合，建设中国民俗数字资源，探索社会协同交流的合理途径。再次，它应该推动人类共享文明的传承，做到把民俗学基础研究的训练和积累“简单化”，展现特殊社会史所生成和发展的多元文化与人类普遍文化价值观相关运行的规则。

没有数字化，要完成这样庞大的方案只是纸上谈兵；有了数字化便具有可操作性，数字化方法也因此可以被纳入人文科学研究的现代知识体系中，成为一种新工具，包括它的理念和产品。

一、数字民俗地图个案的文本阐释和数据转化

将钟敬文学术文化成就与数字化项目结合，中间要经过一种必要的环节，就是把纸介著述转化为数字数据。这一工作的前提是要准确理解钟敬文的学术思想和文化贡献，并形成阐释文本。主要有三点：创建民间文艺学和民俗志故事分类法，创建中国民俗学派理论及其相关中国文化三层说和民俗文化学，创立民俗学组织机构、发起、参与或主持中国民间文学搜集整理工程等

社会活动，建设全国范围内的民俗民间文艺基础资源。

到目前为止，世界上还没有哪个国家建立独立的民间文艺学科。现在亚洲和欧美国家学者研究本国故事类型的著作都比较详尽，但从时间上说，钟敬文开始故事类型研究却是较早的尝试，他对民俗志故事类型的制作，自20世纪30年代起，在日本、德国、俄国和美国先后产生了一定的影响。他对中国文化的三分法，与五四以来很多国内学者谈论和国际同行使用的二分法相比，更为细密，也比那些只强调一点的说法要符合事实。他所从事的大量社会活动是他的学术事业的组成部分，他晚年参与文化部发动的中国民族民间文艺十套志书集成搜集编纂工作，担任中国民间文学三套集成的主编，完成了一项保存民族民间文艺传统资源的伟大工程，其历史意义十分深远，也有相当的世界影响，中国现代民俗学运动的发展是与他的长期投入和指导有紧密关系的。从民俗学与人文科学整体的关系看，他的民俗学研究产生了两个导向，一是将民俗研究纳入中国文化史研究，促成了上、中、下三层文化的打通研究；二是将民俗研究纳入中国社会史研究，为民俗学从资料搜集整理到研究特殊社会史的问题奠定基础。1998年，钟敬文提出建立中国民俗学派的学说，[1]表现了他对这门学问发展的学术远见。

对钟敬文学说进行数据采集和数字转化有三个原则。一是要体现人文学科连续传统的组合方式，包括研究传统、教育传统和社会活动传统的关系与整合。二是有助于增加钟敬文学说吸引现代青年一代的功能和向未来传承的功能。三是要体现数字数据和纸介原著的联系，保证数字数据的正确性，为此，我们制作了钟敬文工作站的数字辞典，提供社会用户查询。数字辞典的功能有三：①管理纸介著述和相关文献的编制目录、搜索引擎和人文分类表述系统；②说明所使用的主要概念、专业术语和特殊社会用语的含义，避免将不同时期、不同性质和不同介质的资料合成所可能产生的界定不一和语义含混的毛病，也防止因历史语汇、现代概念和技术术语共用所可能产生的歧义；

1 钟敬文《建立中国民俗学派》，哈尔滨：黑龙江教育出版社，1999。

③说明数字数据的整体结构系统和研究方法。钟敬文工作站共有三个数字辞典：民俗学分类辞典、数据库书库辞典和中英对照辞典。在此之后，再使用数字数据建成个案的数字运行环境、数字传输形式和多元文化交流的可视化产品。

二、数字民俗地图个案的数字整合和提取要素

一般认为，数字化的得益之处是构建数字信息系统，把用肉眼无法观察的学术传承过程加以虚拟再现，把科学研究背后看不见的时代因素和社会网络加以再现。但是，这些都还是远远不够的。我们还要对数字数据还要进行整理，研究已提取的人文学者生平学说数据，按其人文属性和数字逻辑，建立元数据和数据集，这样才能组建人文学者生平、学术、创作和社会活动的数据资源，全面展示人文学科发展的特征。下一步的工作，是从人文学者学说数据中公共教育要素，建立数字共享教育新财富。但是，这不是近年人文科学与数字化工程各自的关注点。仍以民俗学为例说明。在高校民俗学圈中，把民俗学者的教学科研成果当作正宗，而把民俗学者的文学创作当副业。在以往人文领域的数字化项目中，已有不少文学名著网站或历代文学名人图书索引等，但此非归属学术研究成果。然而，这个思路不适合于描述拥有多方面学术文化成就和重要社会影响型学者，像钟敬文。世界上还有其他一些国家的民俗学之父，也都既是学术巨匠，也是文学名家，像英国的安得留·朗(Andrew Lang)、芬兰的科隆(Karl Krohn)、德国的格林兄弟(Jacob Grimm & Willhelm Grimm)和日本的柳田国男等。各国各民族的读者群，通过民俗学之父们的优美文笔，认识了人文科学，成为社会公共教育的对象主体。我们的探索数字化方法的目的，是要在人文研究与数字化工程之间建立更多的联系，开拓数字共享教育财富的空间。

在钟敬文工作站中，我们根据钟敬文学术文化成就的实际，把以往民俗学和数字化工程各不相干的部分进行整合，把增加数字共享财富作为一个新领域加以拓展和充实，向读者介绍一个完整的钟敬文。我们从他的治学活动

数据中提取公共教育要素，从他的文学创作数据中提取公共教育内容，从他的社会考察数据中提取公共教育经验，制成社会公共教育的数字样本。钟敬文生平活动范围广泛、漫长而富有传奇性，也适合提取这些要素。通过这种工作，我们不仅阐述钟敬文的民俗学治绩，也推介他的文学文化成就，还能还原民俗学与民间文学作品密切联系的总体学科形貌。这种探索，由于适合现代用户的认知习惯，符合现代社会公共领域的话语交流系统和转型环境，也容易达到跨文化传承的目标。

三、数字民俗地图个案的数字整编和时空数据

钟敬文先生有百年人生，是长寿学者，生命跨越两个世纪，历经清末、民国、抗战、新中国、现代化和全球化等中国现代社会变迁各时期，影响传播国内外。对他的表述，以几本著作、常规项目，穷三五后学人之力，是很难奏效的。在数字化项目中，北京师范大学民俗学专业团队与其他多学科、多部门联合攻关，承担了这个任务。我们所解决另一个关键问题是，避免以往追踪个案数据的表层展示和库房罗列，通过整编钟敬文的百年人生的时空数据，创建全新的数字化个案模型。

所谓“百年人生时空数据”，从概念上说，有两层含义。第一层含义，指时间数据，即他的人生轨迹和学术文化活动的时间点分布，以及从可以确定的时间点上，提取他的个人著述和其他外界研究成果的信息量。钟敬文的人生轨迹，在社会条件允许的情况下都有规划性，他听从社会使命感的召唤，按照中国现代社会史和学术奠基人的发展线路，确定个人生命时间的分配。他的时间点与数据信息的契合，在数量和质量上，都有明确的内涵显示度。第二层含义，指空间数据，即他的人生社会和学术文化圈的活动的分布地点。我们可以在这些明确的地点上，提取他的个人著作和他人研究成果的信息量。钟敬文是学者文人，行脚一生，以在南北大学治学从教为主，这就有清晰的空间信息范围。他又早年成名，在社会文化圈中宽泛地结交唱和网络，这些活动和治绩的地点，又成为富含社会意义要素的空间地标。总之，钟敬文百

年人生的时间点、空间点与数据信息可采集和可整理。

在钟敬文工作站中，采集钟敬文人生时空数据，分两个步骤。首先，在纸介资料层面上，从所能搜集到的各种著作和文献中，查找钟敬文的人生路线、治学活动、文艺创作与社会考察的时空资料，按学者的人生时间、著述时间、人际交往地点、社会讲演地点等分类操作，制成原始数据。其次，从原始数据的时间与地点排列中，使用已被钟敬文本人阐述的意义，也参照使用其他研究成果中所阐述的意义，归纳出两者的同构逻辑，再经过对它们的综合研究，建立数字描述语言。最后，经过对数字数据的人文表达逻辑和目标进行再分析，并在再度核实原始文件的基础上，对数字数据的时间点和区域点做二次分类，再进行元数据的提取和归纳，确保数字数据表达的正确性。

在采集时空数据之后，要建立钟敬文百年人生地名库。这个地名库的含义，指对所采集时空数据，经过进一步的民俗学分析，做最小意义单元的提取。主要是根据时空数据所能自成结构的，可传达名师教学研究、文学创作或社会活动内涵的完整信息群的意义分布，找出最小完整信息单位，再压缩到含有时间点的区域地名上，做再次输入，然在数字环境下予以表达。这种地名库，以地图地名为原地名，将已经过研究的民俗学信息，包括名师研究基本观点信息、名师社会关系网信息、名师研究对象的民间文学作品信息、名师文学作品信息等，有序地填入和编制，形成最小集合单元的类名，即基本单元地名。名师地名库是主题数据库，基本单元地名的位置，是设在主题数据库下的专题库，我们提取到一个个民俗学信息意义地名后，再分门别类地放到这些专题库中去，最后合成名师百年人生地名库。

基本单元地名，在专题数据库中，又分三类，即行政地名、历史地名和民俗志地名。

行政地名。它来自行政地图上的原地名，但又吸收了时空数据分析后的名师生平地点、工作地点和社会历史背景地点的信息，按照名师人生学术的轨迹，加以重新编制，形成新的地名数据。

历史地名。它来自历史地理地图的原地名，或者也可能现在仍是行政地图上的现地名或变迁地名，但它又被添加了时空分析数据，经对照名师论文和文章，参考外界研究名师的文章，依上下文的实际意义，补充编入了相关历史文献地点信息、文物古迹地点信息、历史人物和历史事地点信息等，形成了新的历史地名数据样式。历史地名数据集富于名师学术关系和社会文化关系网络的信息，在不同的历史阶段和地域范围中，展现了名师在学者圈、文化圈和社会圈中的作为方式和影响成因。

民俗志地名。它来自行政地图或历史地理地图上的原地名，但不是这种地名的原意，只是借助这种地名表达的指代性寓意。它有时是行政地图和历史地理地图上的地名，有时也是在行政地图和历史地理地图上根本不存在的地名，是一种虚拟地名，或者他界故事的地名。但是，这种地理上的虚拟地名却在地方文化空间中具有实实在在的意义，可以凝聚地方人群和地方文化事件，并有长期传统，我们也把这种地名称作“精神地名”。它借助自然地点，用想象的、超现实的、民俗的、宗教的意义加以附会，以体现这类地名的连续象征性和不中断传承价值。它所包括的要素成分有艺术比喻、童年文化、故乡回忆、民间文学流传地、民俗或宗教象征地点和民间称谓等。我们运用民俗学的研究结果，将这些意义分别提取出来，再现它的文化内涵，构成地名数据集的新样式。

比较而言，在三种地名中，行政地名的意义，有自然地名做基础，又有显性人文含义，经过初步民俗学训练的研究生即可提取。但是，对历史地名和民俗志地名较难把握，需要有民俗学的扎实功底和民俗知识的储备，并且有一定的历史文化知识修养，能够对这类地名做出较为深层的专业分析，才能做出符合原意的数据提取，然后利用正确性数字数据，建立钟敬文百年人生地名库的合成样本。

填写合成样本的数据信息表，是将“行政地名”、“历史地名”和“民俗志地名”分别写入三个专题库，再由专题库构成钟敬文百年人生主题地名库。在所提取的数字数据中，原有纸介成果中被高度浓缩的潜在人文信息也被提取出来，通过此表得到再现，如在“行政地名”库中，提取和贮存了钟敬文选编传说的搜集地点和流传地点信息；在“历史地名”库中，提取和贮存了钟敬文在杭州执教的历史地点信息和他与顾颉刚在中山大学分手的历史事件信息；在“民俗志地名库”中，提取、补充和贮存了更为繁复的象征地名信息，包括传说扩布地点信息（如湘妃竹林）、会自己走路的自然物地点信息（如飞来峰）、建筑故事地点信息（如一夜修好的城）、他界地点信息（如望夫冈）和风水地点信息（如成功和不成功的自然环境）等。此表把这些数字数据信息条分缕析地展现出来，再通过后面要谈的数字网所和数字名师地图展陈出来。经过一系列步骤的工作，前辈学人文者对祖国民俗民间文艺巨大宝库所做的精彩研究，更容易让现代人听得懂，乐于传承下去，还可能走向未来。

四、数字民俗地图个案的数字网所和名师地图

数字化不等于数据和数据集本身，还要形成系列数字产品，但这是前人所没有遇到的问题，需要我们自己解决。我们主要解决两个基本问题。一是钟敬文工作站的总体框架结构，二是对已获取不同介质数据的评价标准。在设计总方案中，我们以钟敬文学术文化思想要点为依据，结合后续成果，建立了适合数字化，并符合社会公共应用需求的评价标准，然后将之贯穿于方案各部分中，采用人文属性分库编制和数字逻辑方案的基本设计，研制出可装可拆的数字拉链产品，这样就能保持展现民俗人文属性在特定时间、特定地域和特定民族中的独立文化意义，也能保证整体数字图像的动态运行。在建立评价标准时，我们设置了核心节点；在核心节点上，设计对应通道预留了有理论解释性和实践可行性的各种数据之间的接口，找到了应对数字数据对纸介数据信息点扩张后的控制对策，这样能避免因数据节点的不对称造成死循环，使各专题数据集按照多元文化意义与多种可能性的功能属性有序存放，促成检测成功、结果清楚，也能保障数据图像在多渠道畅行，能提供多元文化背景和多可能性用户的查询使用。

第一，创制钟敬文工作站的数字网所，下设三个分站：纪念站、研究站和遗产站。纪念站，展示钟敬文个人生平、学术、思想、创作等方面公认成

就的数字数据、钟敬文纪念性文献的数字数据，以及钟敬文生前教学科研的内容、成就与其社会历史背景的数字数据，演示和传承钟敬文一生形成纪念性展品的多方面学术文化财富。研究站，展示钟敬文民俗学学说和相关学术思想的研究价值，主要收藏和演示钟敬文学说被国际国内理论界研究的成果，同时也收藏和演示钟敬文学术文化成就的后续重大项目工程和中青年学者衍生成果，实现对这些成果的再研究和继续传承的目标。遗产站，展示钟敬文学术文化成就的传承价值，采集和收藏可转化为现代大学史遗产和社会公共文化遗产的数据部分，加以研究开发。

以上三站，把数字网所的概念具体化。我们所解决的问题有：如何确定三站的用户对象和展陈范围？如何撰写三站的文字说明？如何把多媒体数据综合为网站发展信息？等等。解决这些问题，可以理顺三站的研制步骤，提前布置多学科攻关合龙的操作点，也能清晰地展现三站的统一风格和共性中的差异点，做到既共享信息，也节约资源，让数字网所的遗产品貌和数字创意都得到全面发挥。

第二，编制数字名师地图。钟敬文工作站是个案化的数字信息集成品，但该选题的主体不是普通的个体，而是名师。名师是携带强大时空社会信息的个体符号，其学术建树、事业成就和社会活动是一个内在关联紧密的时空数据群，对此，我们用编制数字名师地图的方法加以呈现。这批数字地图与数字概念网所互相链接，也可以独立运行。它采用时空图谱研究法，呈现个案的整体特点，体现人文科学研究对社会产生影响和辐射力的功能，也展陈这方面的数字化研究成果。

数字名师地图有不同的主题，它们对应钟敬文百年人生地名数据库，在分类属性上，时空数据属性的 ID 字段是多元含义的。例如，在“钟敬文使用民间文学三集成资料分布地图”中，与纸介著述所引用的“中国民间文学三集成资料”的时间相对应，ID 的意义字段就有 5 个。我们同时要考虑时空数据划分的相对性和人文文化属性本身的整合性，在设计数据库的时间和地点设计相对应的 ID 字段时，还都采取了宽打窄用的办法，在实际填写两种数据结构表时，可以看到留有较宽的“接缝”。另外，在空间信息属性单元上，设立省级、地市级和县级的多层单元。这样设计的结果，比较符合人文科学研究和应用的目标，也为工作站的增设扩容和开放共享打下基础。

数字名师地图采用组图结构，按名师学术文化遗产的主题分类，分为4个主题，即生平传记、学术著述、高校教育和社会活动。在每个主题之下，根据民俗学基础研究内容所决定，含两幅至多幅地图不等，形成组图。在每组地图中，以主图、单图和套图相配，构成完整的人文地图组合。这套地图的查询利用，可在单图和套图的不同层级上，与对应数据库或桥接数据库链接运行；也可以通过查看数字地图的图例、释例图和文字解说等方法，获取每种地图的主题范围内的人文信息，认识名师遗产的内涵，同时了解数字名师地图产品的功能和使用方法。

在数字地图的研究和编绘过程中，我们需要对原来所熟悉的民俗学信息做空间分类，促使我们对时空数据做出综合分类，有时对空间数据的分类也改变我们以往的分类方法，这是一件更有意思的探索。以钟敬文使用中国民间文学三集成资料（以下简称“三集成”）著述地图为例，我们根据前期基础研究，发现三集成资料有三个空间分布特点，即按行政区域搜集，按自然区域享用，按跨文化交流方式生存。根据对三种空间信息的认识，我们制成三个相应的核心节点，发展新的意义字段，生成可扩容纳入空间信息的人文属性数字数据，再编制成相应的套图展示。具体做法是：首先，根据三集成资料按行政区域搜集的特点，使用行政地图为底图，扩充三集成省卷本和县卷本的纸介成果信息，补入相关音视频数据信息，编成“钟敬文使用三集成资料区域分布数字地图”。这是一种资源评估性人文地图，它有利于政府根据人文学者的研究结果开展集成遗产评估，也有利于原地民众参与文化遗产保护。其次，根据三集成作品本身按自然区域文化空间分布的民俗志生态特点，以地形地图为底图，补充空间区域民俗信息，如山区养山歌、水乡养船工号子等，增加民间表演个案缩放平面图像或立体图像。另外，从钟敬文的研究看，三集成作品在多民族多地区环境中，往往通过跨民族文化中交流而生存，如西南地区创世史诗群中的单一民族史诗和多民族史诗群共生互容；对此，我们补入国家级和地方级遗产地的集成代表作目录，展现传统民间文艺现实日常传承规律，编成“钟敬文使用三集成资料区域分布数字地形地图”。这是一种资源环境、文化景观和社会结构地图，它能提供人文学科的教学科研使用，能展现在我国这个文明古国中“四世遗”互相依存的事实，也能增进特殊社会史中的人民文化权利意识，正确开展跨文化交流。本系列地图的使用，可分可叠，向专业学者和社会用户皆可提供观察与研究钟敬文学术著述的新形式。其他数字名师地图依理制作。

数字名师地图的地图要素设置没有先例可鉴，为此，我们改造了一些自然地图图例，使其附载多元人文含义和多种人文属性功能，另外，又首次创用了一些图例和图示。这些图例和图示成为数字化个案地图的必要扩充信息部分，主要如下。

图例。数字名师地图的图例，依据自然地理地图标准图例，同时根据数字名师地图的图名所使用的民俗学概念或民俗资料术语内涵，创制符合地图图例规范的民俗学观点性图例。例如在“钟敬文学术传记地图”中，根据图名“学术传记地图”所涵盖的中外学者研究钟敬文“治学活动”的主要观点，制作了点状图例，一并将图例标示为“治学活动地点”。对图例不能承载的信息部分，采用一定比例的辅助图示或其他标识解决。

主图基本信息统计表。它附在每种专题的主图之后，说明各专题地图的人文底图信息、地图构成信息、数据库信息和图片版权信息等。在形式上，它是该专题地图展示钟敬文学术文化成果的时空数据构成与人文属性要点一览表。

动画区。在每幅主图的释例图中，以主图为底图，使用 FLASH 技术，设置动画循环演示区，展陈与该主图的民俗学名师遗产主题相关的精选图片，形象化地解释和人文学者生平与学术文化成就。

GIS 工具条。它是所有数字名师地图设置的共有标识。在各组地图中，均使用“GIS 工具条”标识，对数字地图与数据库的链接方式和操作程序做演示示范。

表演展陈信息。它是由民俗民间文艺表演平面图像和音视频图像所生成的辅助标识。例如在“钟敬文使用民间文学三集成资料区域分布数字地图（遥感地图）”中，使用了表演性展陈标识，主要使用蒙古族非物质文化遗产长调的现场表演图像，与内蒙古自治区的数字地图相叠加，生成对集成所收非物质文化遗产代表作的“长调”象征图标。

后台资源分析统计样稿。此指对数字名师地图的后台资源库的部分底层数据予以调取，赋予人文科学研究分析的意义，再提到数字地图上来，使用统计数据分析的结果，解释数字地图的使用方法。例如在“钟敬文使用民俗学资料趋势分布数字地图”中，使用后台资源库的数字分析数据，制成《钟敬文研究故事类型名称与时间分布表》，再叠加在地图上。它是在前期民俗学基础研究的基础上，对钟敬文研究故事类型所使用资料中的地名的空间信息和时间信息进行综合整理的结果。在此表中，仅从艾伯华的《中国民间故事类型》所使用钟敬文研究故事类型资料中，[1] 从作者拆解的三类研究文献中，我们做了三种地名的信息复原提取，它们是区域地点、历史文献地点和历史人物活动地点，这样做，可以提供进一步研究的信息，也方便用户按地名查找和核查原著。

个案缩放。此指对数字地图中的重点研究个案，对其中已消失或濒危消失的资料，可出示历史遗迹的手迹、碑刻、谱牒等史料，并利用 GIS 工具条的缩放功能，根据数字地图运行的需要或用户需要，加以展陈，说明读取地图信息的方式和要点。

释例图。本次编制的所有套图都是一种释例地图。它对主图承载的多元人文属性数据加以解释，再按照人文学者要重点阐述的内容，按其观点和目标分类，拆成套图，每张套图阐释一个问题，分别从不同角度说明人文学者的观点，如在“钟敬文使用民间文学三集成资料分布数字地图（地形地图）”

---

1 ［德］艾伯华（Wolf Eberhard）《中国民间故事类型》，王燕生、周祖生译，北京：商务印书馆，1999。

中有 3 张释例图：①动画区释例，②数字地图与数据库链接使用释例，③民俗学分析研究成果释例，这些释例图是主图含义的延伸，把它们合起来读取，能发挥套图的数字拉链效益。

跨文化研究向以探索多地区多民族文化兼容的学说见长，相比之下，特殊社会史研究侧重本土内部文化研究，现在进入跨文化学的框架中工作，还要做内外观照的兼容研究。而钟敬文治民俗学的理想，正是要建设民族主体文化与现代世界民俗权利相兼容的知识体系。

在现代全球文化环境变迁的背景下，跨文化研究与特殊社会史研究相遇，也是由跨文化研究对象的区域差异、民族差异、文化认同差异、代际差异和性别差异所决定的。其他自然科学和社会科学的研究对象也存在这些差异问题，但社会人类学和民俗学与之有原则上的不同，它们以这些差异为国家民族主体文化的象征，以阐释这些差异的共享模式为主业、以坚持这些差异的传承为文化权利，这些都是它们的独有任务。不过，跨文化研究的内涵又大于它们所研究的上述差异的本身，它们也要据此扩大自我学科的现代知识体系，增强学科的跨文化交流能力。

第三节　民俗学传承论与民俗传承地图研究

一、 民俗学传承论

民俗学理论的核心是传承论。它认为，民俗的原生文本可以在时间和空间上传衍和扩布，形成符号，发生认同，获得复制和再生形态，并保持民族文化生命力。

它所涉及的具体理论，几乎涵盖了以往民俗学和民间文艺学讨论的各个方面，如集体性和个体性、口头性和变异性、原型论和异式论、仪式论和现场论等。

钟敬文先生晚年总结一生治民俗学的经验后，多次提到民俗传承论，但学界未在这方面深入研究。在以往传承论的研究中，主要依据民间文艺学。民俗学传承理论的成熟，也依赖于民间文艺学研究的积累。我国民俗学的理论建设，比起民间文艺学，更曲折，也更复杂，这就影响了学者对传承论的关注。

民俗学传承论问题的提出，还有赖于外部环境的变化。在 20 世纪 80 年代之前，我国尚未对外开放，民俗学的研究对象属于农业社会文化。80 年代以后对外开放，农业社会向现代工业社会转型，同时也受到全球化外来标准的冲击。在这个情况下，与外来文化和现代工业社会相比较，农业社会文化的特点就突出了，民俗学的传承论研究，主要是时空要素问题，也就展现得比较清楚。

对空间民俗的研究，芬兰学派开始较早，他们使用历史地理学的方法，表示民间故事的类型或主题的传播分布，还曾运用空间地图加以表达。但这些地图都是示意图，主要用来表示民俗学者的分类理念和工作结果。但是，他们对民俗资料做了加工和提升，对民俗传承地点做跨行政区域和跨历史的表达，这样又忽略了空间民俗的自身意义。实际上，民众生活和民俗含义的发生，还是依赖于特定的物质空间的。在这个意义上，我们可以重新体会中国人“千里不同风、百里不同俗”的古训。日本民俗学者对祖先神空间、家神空间、人畜相处的空间和民俗生态文化的空间等，都有调查研究，他们还注重对精神世界空间的细致观察。

港台地区的人类学者和历史学者研究乡村社会和二战史料，也涉及空间民俗问题。他们的做法是，首先区分三类不同的资料：①传统农业经济和副业经济的不同类型资料；②行政领域和家族私领的不同类型资料；③村落精英权威崇拜和宗教信仰的不同类型资料，建立第一层级资料系统。然后，经过分析研究，建立第二层级资料系统，即街村、庙村和节村的社会网络，将历史变化与空间要相结合。最后，再经过研究，建立一个经济、社会、民俗互动的解释体系。他们还利用研究成果的地名信息制作数字地图。范毅军和廖泫铭认为，乡村社会的地名史，是一种历史和地理双向思维的产物，利用这种资料，建立地名库，能找到乡村社会研究与GIS研究的交叉点。再利用历史上积累下来的大比例尺地图和旧地图，就能找到文科学者和地理学者对话的起点。双方可建立一个双向思考的资料系统，建立双向介入的研究个案。[1]与地理学相比，民俗学更注重做微观社会研究，但在微观研究层面上，地理学的坐标点就不够了，地标就不清楚了，但这时民俗社会的历史展现却清楚了，也正是这种微观研究，能让民俗学者阐释民俗传统的变迁，再通过民俗学与地理学的结合，把民俗变迁的结果表现在地图上。

对地图表达微观社会的局限，也有一些学者采用补充照片的办法拟补，即使用照片做配图，对地图的含义做说明，如对乡村的方位，用地貌照片说明；对社会变迁，用标志性建筑的照片说明；对地方传统文化，用旧民宅和老祠堂的照片说明等。但民俗地点往往是没有比例尺的地点，民俗学者使用照片对这些地点进行描述，力图使之成为有比例尺、有历史价值的地点。大体有以下五种情况：①无比例尺的地点照片；②无历史文献记载的历史照片；③无家族范围和界限的分家照片；④不属于日常建筑的碑刻照片；⑤没有社会分期的发展变迁照片等。补充这些照片，可以扩充地图的人文信息，但民俗学者的主观意图也被放大了，他们使用照片的逻辑和解释都需要重新思考。

从20世纪90年代后期起，在华北山陕地区，中法学者合作，开始了对水利物质文化和基层社会组织的研究，其中涉及用水民俗。他们提出了民俗的时间传承和空间传承具有不同功能的观点。民俗的时间传承产生历史规约的权威性，这种权威性也能被民众化作现代武器，用以争取有限水资源的群体共享和延续利用。民俗的空间传承产生现实轨范性，它能防止在时间传承中民俗权威的逐年递减。当地社会组织对空间民俗的利用，还表现在不同村社治水的空间轮流交替上，社首们通过空间转换，创造民俗传承的现实合理性，产生群体抗灾的号召力和凝聚力。他们发现，空间民俗不是地域性的代

1 董晓萍《当前人文学者研究中国地方社会史的焦点与问题》，台北中央研究院“中国地方社会比较研究”国际学术研讨会综述稿，未刊稿，2006年9月16日，第3页。

名词，而是具有物质文化与非物质文化的双重意义。基层社会组织是善于运作空间民俗的传承集体。中法学者在对这方面的民俗志进行描述上，编制了两种地图：行政地图和示意图。行政地图用于辅助表达空间民俗的核心地标，示意图用于表达空间民俗的变迁路线和观念方式，对两种地图的阐释内容，接近地图学上的图谱理论。[1]

到目前为止，我国民俗学界还没有形成的空间民俗的专题研究，它使民俗学理论系统不够完整。即便也有些民俗学者从不同角度上、不同程度上，涉及到这个领域，但论题松散，形不成拳头。

二、 民俗传承地图研究

以下讨论民俗传承地图的框架性研究与相关要素。

（一）定义框架

民俗传承地图的框架性研究，指研究民俗的时空传承规则和地图表达内容。在民俗传承的时空规则上，应包括级差传承、峰点传承、落差传承和逆差传承。时间传承呈现民俗的反复性、延续性和符号性，空间传承呈现民俗的起伏性、变迁性和可读性。没有时间传承，就没有民俗；没有空间传承，就没有民俗的人性价值和人文含义。两者结合，构成民俗的生命力。两者在传承的过程中互补，又在不同时期、不同社会、不同区域中，相互依附，各

1 关于这项中法合作项目与成果，参见[法]蓝克利(Christian Lamouroux)、董晓萍、[法]吕敏(Marianne Bujard)编《陕山地区水资源与民间社会调查资料集》，全4册，北京：中华书局，2003。关于在地理学者与民俗学者的合作，另见参见符素华《四社五村水利工程沙窝峪水流量测查报告》，董晓萍、[法]蓝克利(Christian Lamouroux)《不灌而治——山西四社五村水利文献与民俗》，404—406页，北京：中华书局，2003。在本项目中，赖彦斌协助编绘山西霍县、洪洞县和赵县交界地区四社五村农民水利自治区域的地图5幅，分别是：图1《四社五村行政地理区位图》、图2《四社五村调查点分布图》、图3《四社五村水系与井泉分布图》、图4《四社五村碑刻分布图》和图5《四社五村组织内部网络关系图》。参见董晓萍、[法]蓝克利(Christian Lamouroux)《不灌而治——山西四社五村水利文献与民俗》，目录第7页，北京：中华书局，2003。

具功能。民俗传承地图的框架性研究的相关要素，还包括民俗的分布和流传在时间和空间上的交叉点与分行规则。

（二）概念框架

1. 时间传承、空间传承、 集合传承、加载传承。
2. 级差传承、落差传承、 峰点传承、逆差传承。
3. 同质传承、类同质传承、临界传承、异质传承。
4. 平行图谱、多元图谱、 叠加图谱、正反图谱。
5. 农业社会、农业区域、 城市化 工业社会。

（三）分析框架

1. 农业社会民俗传承

时间传承。在农业社会中，民俗的同质性强。民俗的时间分布，为同质性，这种民俗称同质民俗。其中，广义的同质民俗文本，能自动生成权威性，以前叫“超时间的经过”神奇文本。同质传承，在空间上，也表现了时间中的空间变化，在地图上，出现了统一政区中的多行政省地标，或统一精神文本中的异式文本，或统一物质文化中的异式文本。以上传承，在时间上，呈现了民俗的稳定性。狭义的同质民俗文本，能自动生成“原型”。少数权威控制广大民众，呈现不公平接受级差，这种传承叫级差传承。

空间传承。在农业社会中，民俗的空间分布，为类同质分布。这种民俗，称“类同质民俗”。其中，广义的类同质民俗文本生成现实日常含义，狭义的类同质民俗文本生成“异式”。

在农业社会民俗的研究中，对时间传承与空间传承的矛盾，称集体性与个体性的矛盾，

但这种个体性传承不脱离集体性，只是一种落差传承。

经过时间传承的筛选，个别个体的传承演变，在文本上，成为“荷马”

或“讲述家”，在空间上，成为“地方神”，这种传承，叫“峰点传承”。

2. 工业社会民俗传承

工业社会出现商品、市场、企业、科技等加载因素，出现城市空间的价值观，这使民俗的时空分布都出现变化。

民俗的时间和空间分布，部分地延续着同质民俗和类同质民俗。原级差传承、落差传承和峰点传承等，随着同质人口，进入工业社会。农村在城市化过程中，发生了异质民俗的增长状况。与此同时，伴随着科技和商品等异质因素的加入，伴随着流动人口异质人群的产生，部分民俗承会向反向传承，但这也扩大了民俗的范围，产生了新变种，具有新的影响力。这种传承为逆差传承。

（四）分类框架

（一）农业社会民俗传承地图框架。

1. 同质民俗的级差传承。

2. 类同质民俗的落差传承。

3. 类同质民俗的峰点传承。

（二）工业社会民俗传承地图框架

1. 同质民俗和类同质民俗的现代传承。

2. 异质民俗逆差传承。

3. 现代民俗传承总框架。

总之，从时空传承中，特别是从各种有形民俗的操作性传承中，找到空间标志物，可转换为民俗传承地图。这种地图是时空民俗数据集合分析的结果，也是对这些数据深入研究的结果。同时，它还要通过个案法、背景法等方式，将地图上无法直接表达的人文附着信息间接地表达出来，形成民俗学传承论的理论框架再现。这种民俗传承地图的研制过程，也会补充民俗学的传承研究的方法论。

附 录

附录一、数字故事民俗地图的探索实践

赖彦斌

民俗与地理有密切联系，但作为现代科学的民俗学与地理学交叉研究，不仅是要求既懂民俗知识，又懂地理知识，而且是在民俗学自身的学科发展中，需要借用地理学的理论和方法，解决那些单纯用民俗学理论与方法无法解决的问题所产生的必然选择，数字故事民俗地图正是在这方面的一种探索实践。

本书以编绘数字故事民俗地图为研究内容，讨论了它的民俗学理论基础、前期研究成果和所借用的地理学方法及其研究成果，在此基础上，结合其他相关民间文艺地图编绘的理论与实践，讨论数字故事民俗地图编绘的基本原则、方案设计和具体实践。本书的研究主要解决了以下几个基本问题。

第一，地图方法应用于民俗学研究的必要性、可能性和特殊性。民俗地图在表现民俗地方性、民俗传承及其空间要素时，可以借用地理学的理论与地图的方法，但又因其人文科学的性质、人文文化历史积累的特征和民俗学研究目标的要求，要突破一般地理地图的概念，在认识对象标准上，地理地图一般用定量标准，而民俗地图一般用定性标准；在界定背景要素上，地理地图讲究稳定的物理要素，并要求这些要素具有统一均衡性，而民俗地图并

不关心物理要素的大小，而是十分强调物理要素背后的人文含义，要求借此体现各地区和各民族的文化平等性和民俗文化本身的重要性；在使用比例尺上，从民俗学者所要求的成果表达看，一些专题民俗地图中的一些制图对象，在比例尺转换时，无法按照地图学要求进行。

第二，地图方法应用于表达民俗学研究成果具有一定局限性，可以使用数字化技术做部分的弥补。通过计算机技术，建立数字民俗地图集成模式，将地图与数据库合成使用，把地名与文化内涵结合展示，可以发挥民俗地图的更大功能。使用GPS技术可以补充地理地图的“标准地名”，确定民俗要素、历史要素和地方要素的空间位置；使用GIS技术实现民俗地名与地理地图的叠加，建立民俗传承的时间系列图谱，并建立地图与文本的联系；使用数据库技术将地名背后的民俗资源和民俗文化信息数字化，并予以分类存储，与地图合成展示，呈现多元的民俗信息。

第三，数字故事民俗地图可以从故事类型、故事文本和故事节日三方面进行构建。从这三方面的理念要素出发，编绘数字故事民俗地图的主要理论在于对故事类型地名、故事讲述地名和故事节日地名的界定和数据转换，在实践中，分别编绘数字故事专家地图、数字故事分布地图、数字故事精神地图、数字故事遗产地地图、数字故事历史地图和数字故事节日地图。

受本书研究对象、所属项目资料来源、项目进展和本人学术积累的限制，本书的研究还有许多尚未解决的问题，或没有展开讨论的问题，但这些问题是在下步工作中必须解决的。主要有以下几个方面。

第一，本书主要讨论的数字民俗地图，主要属于资源分布型地图，没有深入讨论民俗学专题研究地图。

第二，本书在地图设计方面，主要借用地理学已有研究成果，考虑到民俗学研究成果表达的需求，初步探讨了数字故事民俗地图的地图符号设计，没有对民俗地图的地图符号进行深入研究，没有建立民俗地图的地图符号系统。

第三，本书使用了数字化技术建立数字故事民俗地图集成，讨论了其中的数据处理等技术问题，但并没有就数字化技术应用于民俗学研究做专门讨论。在关于数字民俗学的问题上，钟敬文在谈民俗学的资料学问题时，谈到了资料搜集、整理与应用的问题，其中也包括电脑分类存储民俗资料和建立电脑档案法的问题，本书在民俗资料学的基本理念基础上，结合近年来民俗学界所做的数字化成果，简要讨论了民俗资源的数字化和要素提取的问题。但本书的核心问题是民俗地图的编绘和对民俗学研究的意义，没有就数字民俗学的专题，展开更深入的探讨。

第四，关于空间民俗学的问题。顾颉刚在故事研究中采用历史与地理研究法，建立历史的系统和地域的系统的研究论述模式；钟敬文在谈民俗基本概念和民间文学资料的特征时，谈到民俗的地方性和民族性问题；张紫晨在民俗史和民俗学史的研究中，提到并分析了古代学者的地理民俗观。本书在这些涉及空间民俗的基本理论和研究的基础上，根据民俗地图的特点和作用，分析民俗地图在表现民俗地方性和民俗传承时的民俗学规定性，并分析民俗地图对于民俗学空间要素研究的必要性和可能性，结合具体的实践操作，介绍了实现的方法和工作流程。本书虽然围绕数字故事民俗地图的编绘，讨论了空间民俗学的部分内容，如故事地名的民俗文化含义和民众精神世界等，但并没有就空间民俗学的专题做系统的论述，如建立空间民俗学的理论体系，展开讨论民间文学中的民众空间观念，民俗仪式中的民众空间观等。当然，以上研究只是数字故事民俗地图研究的初期成果，许多问题还有待于今后继续探讨。

本书是在我的博士学位论文基础上修改而成的，原文属于“中国民俗文献史及其数字化管理系统”的子课题中的数字化部分内容。自我2006年博士毕业留校工作以来，在忙碌的工作之余，一点一滴地，足足修改了五年。在这五年里，主要有四方面的工作经历对我修改论文是有帮助的。一是在北京师范大学民俗学国家重点学科平台上，在继续完成数字化的中国民俗文献史项目中，在同时参与其他数字民俗学方面的科研项目中，我有机会反复思考本书的内容，加深了对民俗学与地理学交叉学科研究的理论认识。2011年夏，我有机会参与到北师大民俗学国家重点学科与地理学国家重点学科所进行的防灾减灾文化项目的联合攻关，使我对这篇论文的研究任务所要肩负的学科使命有了更清醒的认识。二是在北师大文学院民俗学专业的教学环境中，我有机会再次聆听几位民俗学专业教师的专业课，拓展了民俗学专业知识和视野。在本专业的博、硕研究生学位论文写作和答辩中，我参与了其中地图、技术等相关交叉学科内容的指导和评阅等人才培养工作，这些工作不仅使我对论文所处的学术史地位有更进一步的认识，也使我在文字表达上有了部分提升，尽可能地把自己的工作说清楚。三是在北师大文学院网络工程师的工作岗位上，使我有机会在数字化技术上有一定的提高和改进，对我重绘论文中的部分地图和改进数据库有很大的帮助。四是在北师大民俗学国家重点学科研究生教学改革中，在董晓萍教授的指导下，董晓萍教授偕我共同开设《数字民俗学》的研究生课程，要求我讲授其中适合民俗学需要的数字技术部分，这对我也是锻炼和提升。

在这些工作经历中，结合博士学位论文答辩委员会各位专家提出的修改意见，本书主要做了以下几方面的修改。第一，进一步体现“中国民俗文献史”研究与民俗地图的关系，重点反映利用数字故事民俗地图的编绘工作，处理民俗文献的理论与方法，去掉了原博士论文中所属数字故事博物馆项目其他部分的共享数据处理描述，把项目的理论方案与地图编绘的方案和技术实现分开，强调本书研究的把民俗学研究成果转化为数字民俗地图的理论、方法和工作过程。第二，在整体结构上做了较大调整，紧扣“地图”主线，保留并较充分地讨论与地图编绘相关的技术处理要点，去掉了相关性不大或常规化的数字化技术描述；保留并简要分析与数字故事民俗地图联系密切的相关民间文艺地图研究，去掉了没有直接关联的民俗学专题地图相关研究。第三，尝试对数字故事民俗地图的地图设计做较系统的阐述，在借用地理学理论和方法的同时，突出民俗学研究的特点。第四，补充完善了基础数据，重绘了部分地图。例如，在数字故事分布地图中，在博士学位论文中仅完成牛郎织女故事的个案基础上，补充了孟姜故事、白蛇故事和梁祝故事的基础数据；

重绘了数字故事专家地图、数字故事历史地图和数字故事节日地图，在体现民俗学研究成果的基础上，增强了地图的明辨性和艺术性。

在本书定稿之际，我首先要感谢所有与本书数字民俗地图有关的前辈的指导和合作项目单位的支持。数字民俗地图的编绘，不仅仅是一项技术性的工作，更主要是文理交叉的创新探索。它的科学性和应用性是否站得住脚，在很大程度上，要依赖民俗学前辈搜集整理工作的基础和研究基础。在此前提下，还需要相关学科知识和基础研究成果的补充，仅就本书而言，包括自然地理与地图学、历史地理学、民歌理论、文献民俗志、方志学等等。没有这些支撑，纵然画了几幅地图也是无源之水，无本之本。为此，在此，特别要感谢下列前辈的厚爱和贡献，他们是：李松、乔建中、樊祖荫、葛剑雄、安介生、满志敏和范毅军。在民俗学高等教育与政府文化主管部门的数字化项目合作上，李松主任最先迈出开拓之路。李松主任率领文化部民族民间文艺发展中心，在21世纪之初，全力转向中国民族民间文艺基础资源数字化建设。该中心与北师大数字民俗学实验室合作项目中提供原始数据，是本书研究的基本数据来源。在这些合作中，我有机会随董晓萍教授，多次参加文化部民族民间文艺发展中心组织的特约研究员学术研讨会，其间就民俗地图与数据库的问题就教于各位专家学者。后来对我论文进行审查的答辩委员中央艺术研究院的乔建中教授和中国音乐学院的樊祖荫教授，都提供了他们在音乐地理或民歌方面的个人重要研究成果。在本书中，他们的成果成为民间文艺地图编制实践的不可或缺的基础，他们的信任和托付我至今不忘。为了取得本文研究的历史地理地图原数据，在北师大985工程项目“数字故事博物馆”的资助下，我曾于2005年12月赴上海复旦大学历史地理研究中心，葛剑雄教授对提供原数据给予了大力支持，并就民俗地图编制的基本问题提出过建议，我们之间有过短暂但十分难忘的谈话，对本书的写作有所启发。葛先生的大弟子、复旦大学历史地理研究中心安介生教授，对我热情接待，并给予很多实质性的支持。满志敏教授对人文数据库的处理提出了建议。

在北师大民俗学国家重点学科学习和工作中，我还认识了与本学科有学术合作的许多国际著名专家学者，并参与了其中的部分工作，他们都给了我很多指导，我同样要感谢他们。欧达伟（R. David Arkush）教授和导师董晓萍教授曾带领我和几个同学组成团队，一起下乡到河北栾城县，搜集田野调查资料，包括GPS数据，有几张1940年代日本学者调查绘制的老地图正是欧达伟教授从美国带来的。为了较广泛地搜集古代人文地图资料和学习人文学科数字化的经验，我曾于2005年9月随董晓萍教授赴台北中央研究院，参加“中国地方社会比较研究”国际学术会议，得以有机会查阅台北中央研究院傅斯年图书馆和近代史图书馆的地图资料，并与计算中心人文数字课题组成员进行学术交流。台湾清华大学的王秋桂教授对于本次交流活动给予了极大的支持，计算中心的范毅军教授和廖泫铭博士提供了相关的数字化材料和交流信息，在此，也要感谢他们！我还要感谢劳格文（John Lagerwey）教授、洪长泰（Chang—tai Hung）教授、杜德桥（Glen Dudbridge）教授、蓝克利（Christian Lamouroux）教授、吕敏（Marianne BUJARD）教授、阮如意（Victoire Surio）研究员、范华（Patrice FAVA）研究员和陆康（Luca Gabianni）教授的帮助。

本书的撰写是一个长期学习的过程，在我的诸多业师中，从时间上讲，我要郑重感谢北师大地理学科的史培军教授和王静爱教授。我的本科和硕士专业都是地理学，就读于北京师范大学资环系，史培军教授是我在本科学习期间的系主任，他在我们踏入大学校门的第一天，就以精深的专业知识和严谨的学术作风感染着我。他在给我们讲授的灾害学原理和地理学导论的课程中，还插入相关人文知识训练我们，后来还带领我们参加他主持的一些项目课题，培养我们这些方面的能力，这种严格训练是让我受益终生的。王静爱教授是我的硕士生导师，她带领我们参加973课题、国家重大项目，撰写学术论文，参与编制地图，学习掌握GIS和计算机技术。是她先期与民俗学者进行的文理交叉研究和她的极力引荐，使我有幸来到了北师大民俗学国家重点学科学习，进而又留在文学院工作，从事民俗学与地理学的交叉研究。无论是博士学习期间还是毕业留校后的工作中，王静爱教授和史培军教授始终给我很多的指导、关心和鼓励，像巨大而温暖的手，牵着我向科学的殿堂前行，他们的教诲和学术著述，也是我在交叉研究的道路上掌握地理学学术前沿的窗口。

在转入民俗学专业的研究方向上，以及在从事数字民俗学的研究探索上，我特别要感谢我的博士生导师董晓萍教授。八年来，她一点一滴地教给我民俗学专业知识、学习方法和研究方法，扶我在交叉学科的学习和思维转变中蹒跚学步。她不但带着我学民俗学，而且要求我将民俗学与地理学和计算机应用科学结合探索，严格地、认真地、耐心地为我打开一扇学术大门。她带领我和数位同窗开展了数字民俗学的创新实践。在博士生期间，我就有机会参加数字地图空间演示模型、数字民俗地图编制、数字故事博物馆、中国民间文学三套集成电子书等国内项目，以及“北京寺庙碑刻与社会史”中法合作项目和“河北乡村社会现代史与民间宗教”中美合作项目，并在这一过程中，加快深化了对民俗学的认识，丰富了文理科交叉研究的知识积累，这些都为我的博士论文写作打下了重要基础。我毕业留校后，在她的带领下，我们继续以她写理论方案先行、我写技术方案付诸实现的方式，进一步探讨数字民俗学和数字民俗地图的理论与实践，这其中主要有数字钟敬文工作站名师地图、中国民族民间文艺基础资源地图、中国故事类型地图等，为本书的修改增加了新的认识。从博士论文的撰写到本书的修改完成，都凝聚着董晓萍教授的智慧和心血。

本所的兼职教授、清华大学的李强教授、北京大学的王邦维教授和中国社科院的马西沙教授等，也给我上过课。他们课堂内外的学术指导使我受益匪浅，很多都成为本书的前期学术积累，在此，我郑重地感谢他们！

五年前通过博士学位论文答辩的日子终生难忘，我要感谢我的博士学位论文答辩委员会专家学者刘魁立研究员、王宁教授、王静爱教授、乔建中教授、萧放教授和李松研究员。他们在百忙中审查我的博士论文，并给我提出了很多宝贵的、重要的学术指导意见，本书修改成之时，我充分吸收了他们的建议和意见，也是我这五年学术追求的努力方向。刘魁立教授曾经给我上过专业理论课，他以一位前辈学者的宽容和关爱，对我们的数字化工作给予鼓励，并希望我继续完成故事集成的数字化和地图研制工作。王宁教授在人文数字化方面的论述和研究成果，给了我很多的启示，王先生总是鼓励我在数字化和交叉学科研究对民俗学学科建设所带来的意义上多做考虑。王静爱教授从地理学家和地图专家的角度把关，要求我的地图绘制应更规范和美观，建议我在民俗地图的地理底图研究上下功夫，并在交叉研究所带来的许多专利发明上给予诸多建议。乔建中教授提供了他在音乐地理学方面的多年研究成果作为我论文研究的素材之一，并在民俗地图编制方面提出了相当专业的看法。萧放教授对建立数字民俗学的指标体系提出了可供进一步探讨的建设性意见。

我曾有机会作为北师大数字民俗学实验室的一员，参与多项数字民俗地图的研制工作，并在国家博物馆、国家大剧院、首都博物馆等地参展，得到了有关部委领导和全国民间文艺学界专家学者的鼓励和宝贵意见。

感谢北师大文学院，这里有深厚的人文底蕴、优秀的学术传统和良好的学术氛围，让我在读博期间就能够深得文学院名师的教诲，感谢文学院领导，我有幸留在文学院工作，他们给予了足够的关怀和支持，使我能够在交叉学科研究的道路上继续前进。感谢文学院民俗学与社会发展研究所的其他几位长辈和教师，董晓萍教授、萧放教授、色音教授和朱霞副教授，他们在民俗学前沿教学科研第一线上常年工作，各有传统研究方向和新开拓领域，在不少攻关课题上术业有专攻，我在读博期间就受到他们的很多教诲，后来还有幸与他们共事，能有机会继续近距离向他们学习，他们给我的关怀和帮助也是巨大的。

感谢文化部民族民间文艺发展中心的张刚副主任、王静处长、王彦和许雪莲等。感谢李明工程师，他是专门负责中心数字化工作的工程师，与我在民族民间文艺基础资源数字化的技术处理和专业问题上有过很多交流，我们在工作上配合默契，成为朋友。

感谢北师大数字民俗学实验室的首批成员陈硕、鞠熙和周锦章，我们曾在一起“并肩战斗”，有过难忘的岁月。鞠熙和周锦章是文科出身，却能很快掌握数字化技术并颇有心得，我与他们在实验室的研究实践中正好形成“互补”。陈硕是计算机专业科班出身，我最初的数据库技术就是向他学习的。感谢北师大民俗学专业的同学们，同样来自地理学专业的吕红峰，在本书研究中与我搭成了学术梯队，并在民俗地图方面有自己的特点和心得，书中的多幅地图凝结了他的辛勤劳动；还有许多同学，为本书研究的基础资源搜集和数据录入做出了劳动，主要有博士生蔡锦碧、赵娜、毕传龙、唐超，硕士生何晋、王晓鸣、靳晓娜、曾燚娜、韩冰等，在此，我衷心地感谢他们！

感谢北京师范大学民俗典籍文字研究中心领导和北京师范大学文学院领导对年轻人学术发展的鼓励和关爱。

郑重感谢学苑出版社徐建军副社长，他对本书的交叉学科研究给予了大力支持，鼓励我这个晚辈后学。

最后，我要感谢我的家人，他们的支持是我持续前进的动力。

本书所做的工作是初步探索，可以说只是我八年来进行民俗学与地理学交叉学科学习的心得体会，不足之处在所难免，很多观点和想法还不成熟，一些初步的结论也有待今后进一步研究，希望就正于方家。我有幸从事了一种创新的学问，也愿意将学问继续下去。

附录二、数字故事民俗地图的地理学审读

王静爱

数字故事民俗地图志是民俗学、地理学和信息科学学科交叉领域中的一项新研究。在三个学科之间，民俗学是理论基础，“故事民俗”是它的搜集对象和研究范畴。“数字”涉及到民俗学对信息科学的应用，里面既有理念和技术层面的问题，也有对现代信息社会新媒体的捕捉意识。“地图”是地理学中传统的表示空间信息的手段，但以之解读数字故事民俗的人文属性和文化空间信息，乃至用地图表达出来，还是一种新挑战。而从本质上说，本书的理论突破及其研究过程，主要是地理学和民俗学在现代信息技术条件下的一种交叉研究与合作个案。

地理学和民俗学的相似性及交叉点，主要有以下三个：首先，地理学强调区域性，民俗学强调地方性，两者都有空间定位和属性分析的需求，这就使两个学科在空间信息利用上有重叠和交叉；其次，区域地理学以自然因素和人文因素两者为主要研究对象，民俗学研究在一定地理环境下，人长期适应自然而形成集体风俗上有优势，两个学科在人地关系上的研究上各有侧重而本质相通；最后，地图学作为地理学的第二语言，已成为空间信息表达和信息挖掘的直观有效手段，民俗学也需要地图作为其第二语言来承载和发掘信息的空间属性。总之，地图既是地理学的第二语言，也是民俗学的第二语言。而现代信息科学的发展、数字地图技术的进步，为两种地图语言的综合表达提供了新条件。从这项研究的总结看，数字化不仅是技术条件，也有理论中介的性质。中介有转化性，它能转化为可视化的机遇，让地理学由自然地球向数字地球的转型为民俗学提供新思路，推动民俗学向数字民俗学迈步；它也能转化为有弹性的平台，让科学严谨的地理学与文化多元的民俗学在地图研制上“握手”，促进地理学再由数字地球向文化地球展望。应该说，这些

悄然发生的变化，对地理学和民俗学都是一种鼓舞。

地理学与民俗学研究生导师的学术交流为两个学科的交叉研究奠定了基础。在北京师范大学，地理学与民俗学的前辈已有学术交往，铺垫了中青年后学对话的历史渊源。董晓萍教授是我相识多年的好友，作为民俗学泰斗钟敬文老先生的大弟子和民俗学国家重点学科的学科带头人，董教授不但具有深厚的民俗学功力及卓越的文采，并且由于她家庭的理科背景，她的理科素养和科学思维也同样出色。我由于专业的关系，潜心于区域地理的研究和教学工作，长期关注区域地理的自然和人文属性的综合特征，由此也对人文学科有相应的研究。我还酷爱地图，加上近年科研与应用的需要，不免达到爱屋及乌的程度，研制和出版了一些带有区域社会文化要素的地图集。似乎董教授对数字技术及地图的应用有“先天”的兴趣，而我对文化研究有骨子里的“渴望”，于是我们一拍即和，接下来就是交流合作。最初大约是是2001年至2003年，董教授先后派几批硕士生李娅妮、鞠熙和周锦章等，来我主持的区域地理实验室学习数字化和地图方面的技术。2003年，在研究华北基层水资源与社会史的国际项目中，我应董教授之邀，对山陕旱作村社地形图的水源利用进行判读，并指导我的硕士生赖彦斌编绘了几幅水利民俗地图，后被纳入董教授与法国学者的合著《不灌而治》出版。2006年以后，地理学界加强了对全球气候变暖和环境变迁中的文化要素的关注，有时也涉及历史文化景观的保护问题。于是，我主持编写的北京市精品教材《中国地理教程》和十一五规划教材《乡土地理教程》中，都在地理学的同行之外，邀请董教授加盟，编写书中有关人文地理和文化遗产分析的章节。2008年以来，我在带领北师大区域地理国家级教学团队进行教学改革的过程中，在举办沙龙讲座时，也多次延请董教授授课，并偕其研究生出席。席间，师生们在地理学和民俗学的空间中穿梭，在理科和文科的思路中碰撞，“痛并快乐着”。

董教授全面展开数字民俗学的建设是创建“数字钟敬文工作站”。钟敬文先生是公认的民俗学大师，大师有海量信息，需要后学加以集成和传承。过去这种工作都是靠人工手动的整理和记录完成的。在信息社会，构建基于继承民俗学遗产和信息科学与数字地图技术而建成钟敬文工作站，对民俗学的未来发展具有里程碑式的意义。我的几个研究生，包括赖彦斌、吕红峰、连莉等，先后不同程度地参加了这项工作。这些同学都是有志青年，自2003年至2006年，他们出于对文化的求知，以优异的成绩，考取了董教授的博士生和硕士生，成为文理交叉人才的培养对象。他们补文化科学的课程，钻研民俗学，同时承担了数字民俗学建设中的技术工作，并在此基础上，撰写和答辩研究生学位论文。这些合作，从课程改革、到教材编写、到人才培养，都一步步走进地理学与民俗学交叉的细节。

本书的作者之一赖彦斌是我指导的2001级硕士生，原研究方向为自然地理。他的硕士毕业论文题目是《用天然岛状地恢复土壤侵蚀背景值的初步研究——以编制内蒙古农牧交错带土壤侵蚀背景图为例》。他当时的核心工作是土壤侵蚀背景图的编制，这项研究工作量大，对技术要求也比较全面，赖彦斌以其在信息技术操作上的能力和悟性很好地完成了任务。实事求是地说，他也有理科学生通常欠缺的文化科学素养，但难得的是，他对文科有兴趣。在我的学生中，他心细，文笔也不错，所以我写了文稿就拿给看，他也总能“润色”一番，使我们习以为常的理科表述被多少美化了一些。我经过慎重考虑，感到他有继续交叉培养的潜力，就把他推荐给董教授。他也果然不负所望，考博成绩突出，成为董教授名下第一个来自地理学专业的博士生。在他师从董教授的期间，董教授和我的交流仍在进行，赖彦斌参与了数字民俗学实验室一系列项目的研制过程，在与导师的交流中得到新视角和新的思想资源，对我的一些人文认识也有个人的新理解。这样的一个双料学生进入具有深厚积淀的民俗学环境中，对我们的合作是有实际意义的。他以他的技术努力，实现了董教授对数字民俗学的大手笔构想和设计。2006年，我应董教授的邀请，参加了赖彦斌的博士学位论文答辩，看到了他在地理学和民俗学的双重背景下拓展出的民俗地图的新表达方法。当时我很感慨，我高兴地看到最好的朋友的数字民俗学研究方向有了实质性的推进，也看到了自己欣赏的学生获得这样良好的合作氛围和优秀的成果。

这本专著是在导师长期研究积淀和赖彦斌的博士学位论文基础上经过后期完善而成的。它的出版，对于丰富民俗学和地图学两个学科的理论与方法都有十分重要的意义。它所涉及的中国数字故事博物馆和中国民族民俗基础资源数字化平台建设，不仅是开创性的，而且有广阔的应用前景。作者吸收民俗学和故事学的研究成果所编制的故事民俗地图样本，从地图上学说，也有多处创新，主要有五：一是提出了故事民俗地图的基本单元（区域）及其认识，二是对故事民俗地图的制图综合给出定性取舍的逻辑和认识，三是提出故事民俗地图的底图设计理念和需求，四是提出了关于故事民俗地图比例尺转换的认识，五是建立了故事民俗地图的应用理念，即比较、找生活主题。这些观点与实践，有助于争取建立空间民俗学，从一个角度说，也在地图学的微观文化空间理论探索上有所进展。作者的工作还与信息技术相交叉，所建故事地图地名数据库很有价值，可朝着“民俗地理信息系统”的设计方向去努力。

中国民俗是中国文化中的瑰宝。从文化建设的宏观层面上说，数字故事民俗地图和相关研究成果的起步，主要有以下意义：它可以使中国人自己的民俗文化传承走上一个快速的轨道，其传播速度和影响范围将较之先前的途径有几何量级的放大和增长；它以数字文化产品的样式，丰富了地图的品种，使地图在全球化、现代化和信息化的时代条件下，扩展到自然与文化各领域的广泛应用，提升了地图文化的精神内涵和社会表现力；它的空间定位和计量信息化的研究方法，也为新时期高度城市化变迁中的中国民俗资源发掘和整理提供了另一种可能，对发现民俗与多元区域性文化传承的内在关系和稳定社会的功能有解读价值；它对纸介读物的继承与数据转化形式，也为我国广袤而悠久的地理历史文化景观遗产的产业设计提供了民俗学的基础信息和综合性的学术支撑。

附录三、数字故事民俗地图的民俗学阅读

董晓萍

本书的撰写背景，一是民俗学与地理学的交叉研究，二是数字民俗学系列项目的支撑。正是在这些学科增长点上，产生了数字民俗地图志的新分支。

本书的撰写，与所附数字故事民俗地图样本，发挥了民俗学和地理学的优势，产生了新成果。同时，我们使用中国民间故事集成资料，编绘这批数字故事地图，也对前人搜集整理的故事资源进行了一种全新理念的开发和利用，希望它对拓展民俗学的研究有用，对民俗文化遗产保护工作有实际意义。

在我国，无论是民俗学界，还是地理学界，编绘数字故事民俗地图及开展相应的民俗志研究，是走了一条前人没有走过的路。它的完成，要依靠作者的拼搏努力，也要依靠前期民俗学研究的积累和团队智慧。北京师范大学数字民俗学实验室提供了这种综合工作的平台，近 10 年来，我们在实验室中加强了民俗学和民俗志学的数字化研究，开展了民俗学与社会学、历史学、语言文字学、碑刻金石学、古典文献学、艺术科学和地理学与计算机应用科学的多学科交叉研究。有了数字化，我们所承担的 985、211 工程和教育部人文社科重点研究基地的多种民俗学子课题，能够形成新的成果形式，也直接提升了研究的进度和质量。这些尝试，在传统文科现代化方法的改革上，以及在人才培养上，也都取得了明显的成效。

本书的作者之一赖彦斌，是北京师范大学数字民俗学实验室的第一批研究人员。我想说的是，在这种文理交叉的、为期不短的探索中，赖彦斌是唯一的一位自始自终坚持到底的理科背景的参加者。他的付出是很多的，他的寂寞也是可以想见的。这种工作在起步的时候，前景很难讲，谈不上名和利。在科研的实际过程中，我们要经常变动方案和思路，未知因素也是很多的。所以，投入这类工作，在表层上，是学术第一、技术第一；在深层上，是人

的因素第一，思想境界第一、责任感第一。这是我常跟实验室团队讲的道理。我国民俗学资源海量，现代信息海量，需要数字化，需要数字地图，但首先需要有文化责任感和学术理想，还有要研究能力和一定技术的人。有了这种人才，才能接地气、上水平、搞创新，直至解决前人没有解决的问题。我本人是信奉这点的。赖彦斌曾是我指导的博士研究生，他也有此信念，我就视他为学友，而不仅是师生。钟敬文先生在世时曾嘱咐我说，为国家培养高层次专业人才，一定要教育他们先做人。做人与做学问，哪样都不能偏废。赖彦斌年轻，没有见过钟老，但钟先生的教导正需要这些后继者去薪火相传。

五年前，赖彦斌以优异成绩通过博士学位论文答辩，当时我作为他的导师，曾即席向对我们师生的研究工作有过重要帮助的一批专家学者郑重致谢。值此本书即将付梓之际，我的感激犹在，以下是原文："刚刚从央视青歌赛原生态民歌评委席上走下来的李松主任，最早将中国民间文学集成的全部数据交给北京师范大学数字民俗学实验室，无私地向我们开放数据库技术，还跟我和赖彦斌多次交谈，奠定了这项工作的重要基础。王宁先生在全校文科第一个开始传统语言文字学的现代化科研，她是我本人和数字民俗学实验室的学术后盾。刘魁立教授曾跟钟敬文先生一起参加中国民间文学集成的搜集整理运动，力主在各省卷本前面加上故事类型地图，今天我们的工作没有这个前期基础是完不成的。乔建中教授曾担任中国民歌和中国民间器乐集成等多卷本的特约编审，自己提出了一套音乐地理学的理论，并与我本人和小赖都做过多次学术交流，这对我们是有相当启发意义的。"借此机会，请允许我向各位专家重复这段话，因为这种感恩挥之不去。

当时我还特别向来自北京师范大学地理学与遥感科学学院的王静爱教授致谢，因为是她把赖彦斌带出了硕士阶段，还在他进入博士生阶段后，继续严格地给予自然地理学和地图学技术的指导。对我来说，完成数字故事民俗地图的创新探索，不能没有她这颗"定海神针"。现在我还要再次向她致谢，是因为自那次答辩之后，又过了 5 年，我们双方的合作从未停止，书稿一直在修改和补充。有了这位交往多年的地图学专家，民俗学与地图学才有希望合演一出“牡丹亭”，反之就是“黄粱梦”。

“数字民俗文化遗产丛书”由学苑出版社出版，是作者的一种荣幸。出版是有功利性的，文化是没有功利性的，出版这种纯学术文化研究而可能没有市场前景的著作，几乎毫无功利可言，然而学苑出版社却坦然接受了它们，这给了我们一个出版者推动文化繁荣的个案，感谢徐建军副社长！同时感谢金舒年和徐建华两位学长，他们对北京师范大学民俗学专业关心长在，鼓励长在。

我的老领导钟秉林教授和史培军教授曾对北京师范大学民俗学国家重点学科的继承传统和创新发展给予重要支持，谨此深谢！

很多文理科的学友对数字民俗地图的研究和编制，从科研项目到研究生教学，都曾给予很多帮助，在此一并致谢！感谢李松、宋继华、王一川、王邦维、金丝燕、陈力川和郭必恒诸位。

“春江水暖鸭先知”，凡此种种学术恩情已伴我多年，还将长此相伴。

数字故事民俗地图（样图）

地图 1　中国民间歌曲集成搜集资源总图（截止于 2009 年）（合作单位：文化部民族民间文艺发展中心）

表1 中国民间歌曲集成搜集资源总图（截止于2009年）

基本信息表

类别	名称	
底图来源	国家卫星气象中心编制《MODIS(Terra) 卫星影像地图》，2002，北京师范大学地理与遥感科学学院提供。 国家基础地理信息系统《2000 年中国行政区划数字地图（1：400 万）》，北京师范大学地理与遥感科学学院提供。 董晓萍、赖彦斌、吕红峰、马磊、鞠熙《数字钟敬文工作站》，数字名师地图，2008 年修订 北京师范大学数字民俗学实验室编制，国家测绘局审核通过，审图号：GS（2008）2626 号	
地名来源	行政地名	文化部民族民间文艺发展中心提供中国民间歌曲集成原始数据
	历史地名	无
	民俗志地名	无
所属项目	“中国民族民间文艺集成志书数字资源建设与公共产品探索”子项目“中国民族民间文艺资源数字地图”课题	
合作单位	北京师范大学数字民俗学实验室、文化部民族民间文艺发展中心	
项目主持人	李　松　董晓萍	
总方案与理论方案	李　松　董晓萍	
民歌数量分级与图例表达创意	李　松	
地图编绘指导	王静爱	
纸介原数据提供	李　明	
数据搜集协助	刘尧晔	
地图编绘	赖彦斌	

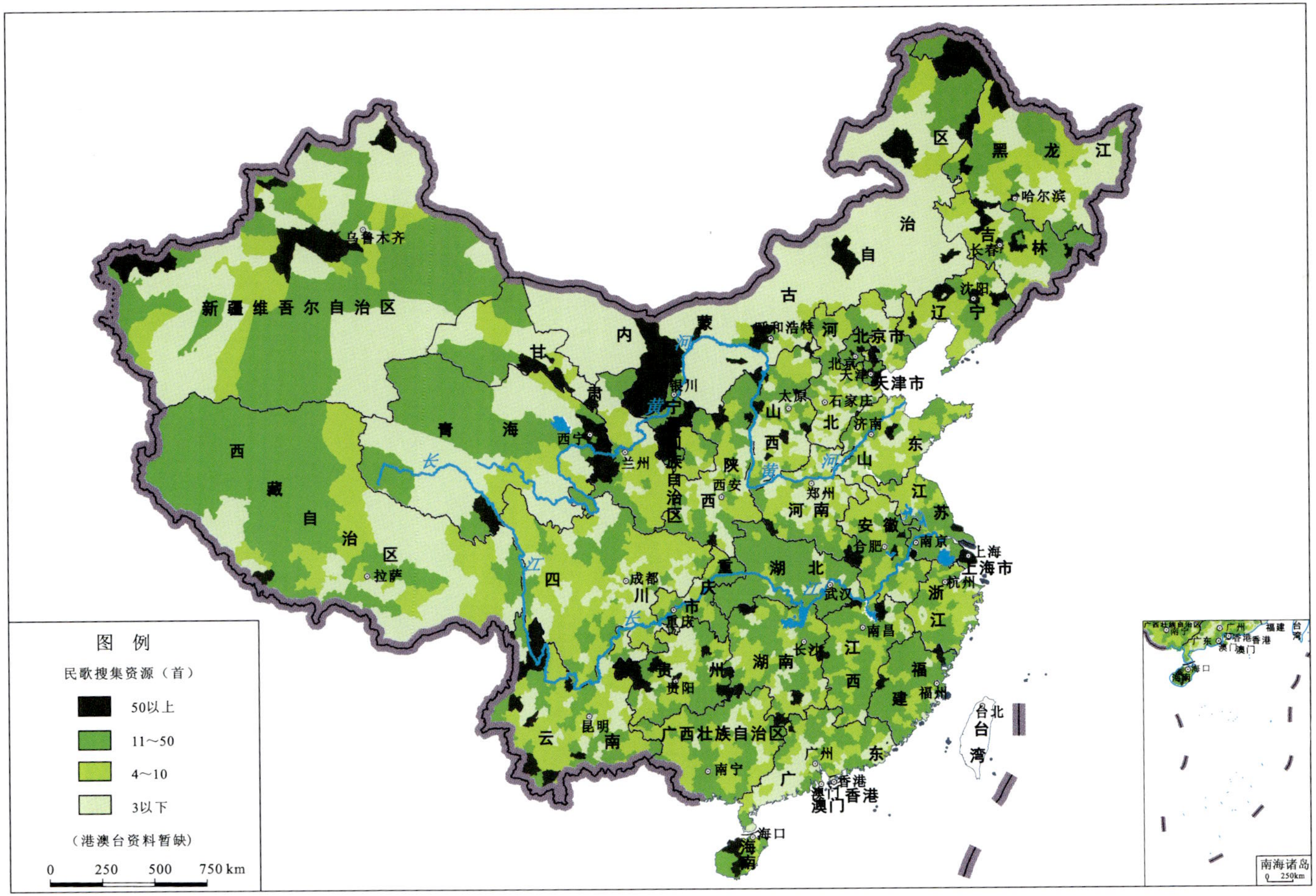

地图 2　中国民歌资源地理分布地图（截止于 2009 年）（合作单位：文化部民族民间文艺发展中心）

表2 中国民歌资源地理分布地图（截止于2009年）

基本信息表

类别	名称	
底图来源	国家基础地理信息系统《2000年中国行政区划数字地图（1：400万）》，北京师范大学地理与遥感科学学院提供。 董晓萍、赖彦斌、吕红峰、马磊、鞠熙《数字钟敬文工作站》，数字名师地图，2008年修订 北京师范大学数字民俗学实验室编制，国家测绘局审核通过，审图号：GS（2008）2626号	
地名来源	行政地名	文化部民族民间文艺发展中心提供中国民间歌曲集成原始数据
	历史地名	无
	民俗志地名	无
所属项目	“中国民族民间文艺集成志书数字资源建设与公共产品探索”子项目“中国民族民间文艺资源数字地图”课题	
合作单位	北京师范大学数字民俗学实验室、文化部民族民间文艺发展中心	
项目主持人	李　松　董晓萍	
总方案与理论方案	李　松　董晓萍	
民歌数量分级与图例表达创意	李　松	
地图编绘指导	王静爱	
纸介原数据提供	李　明	
数据搜集协助	何　晋　柳芳菲　吴丽平　李红亮	
地图编绘	赖彦斌	

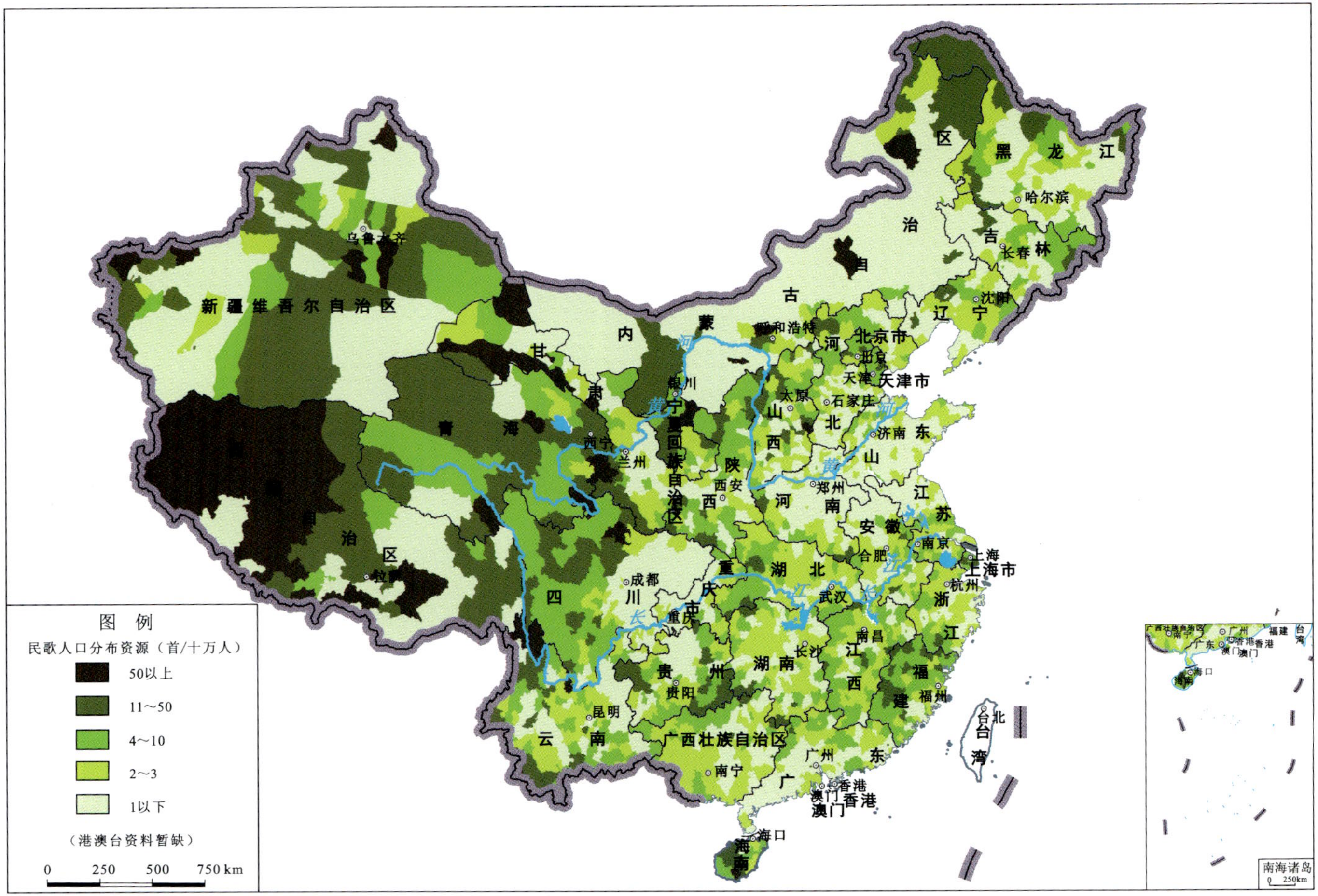

地图 3 中国民歌资源人口分布地图（截止于 2009 年）（合作单位：文化部民族民间文艺发展中心）

表3 中国民歌资源人口分布地图（截止于2009年）

基本信息表

类别	名称	
底图来源	国家基础地理信息系统《2000 年中国行政区划数字地图（1：400 万）》，北京师范大学地理与遥感科学学院提供。 董晓萍、赖彦斌、吕红峰、马磊、鞠熙《数字钟敬文工作站》，数字名师地图，2008 年修订 北京师范大学数字民俗学实验室编制，国家测绘局审核通过，审图号：GS（2008）2626 号	
地名来源	行政地名	文化部民族民间文艺发展中心提供中国民间歌曲集成原始数据
	历史地名	无
	民俗志地名	无
所属项目	“中国民族民间文艺集成志书数字资源建设与公共产品探索”子项目“中国民族民间文艺资源数字地图”课题	
合作单位	北京师范大学数字民俗学实验室、文化部民族民间文艺发展中心	
项目主持人	李　松　董晓萍	
总方案与理论方案	李　松　董晓萍	
民歌数量分级与图例表达创意	李　松	
地图编绘指导	王静爱	
纸介原数据提供	李　明	
数据搜集协助	何　晋　柳芳菲	
地图编绘	赖彦斌	

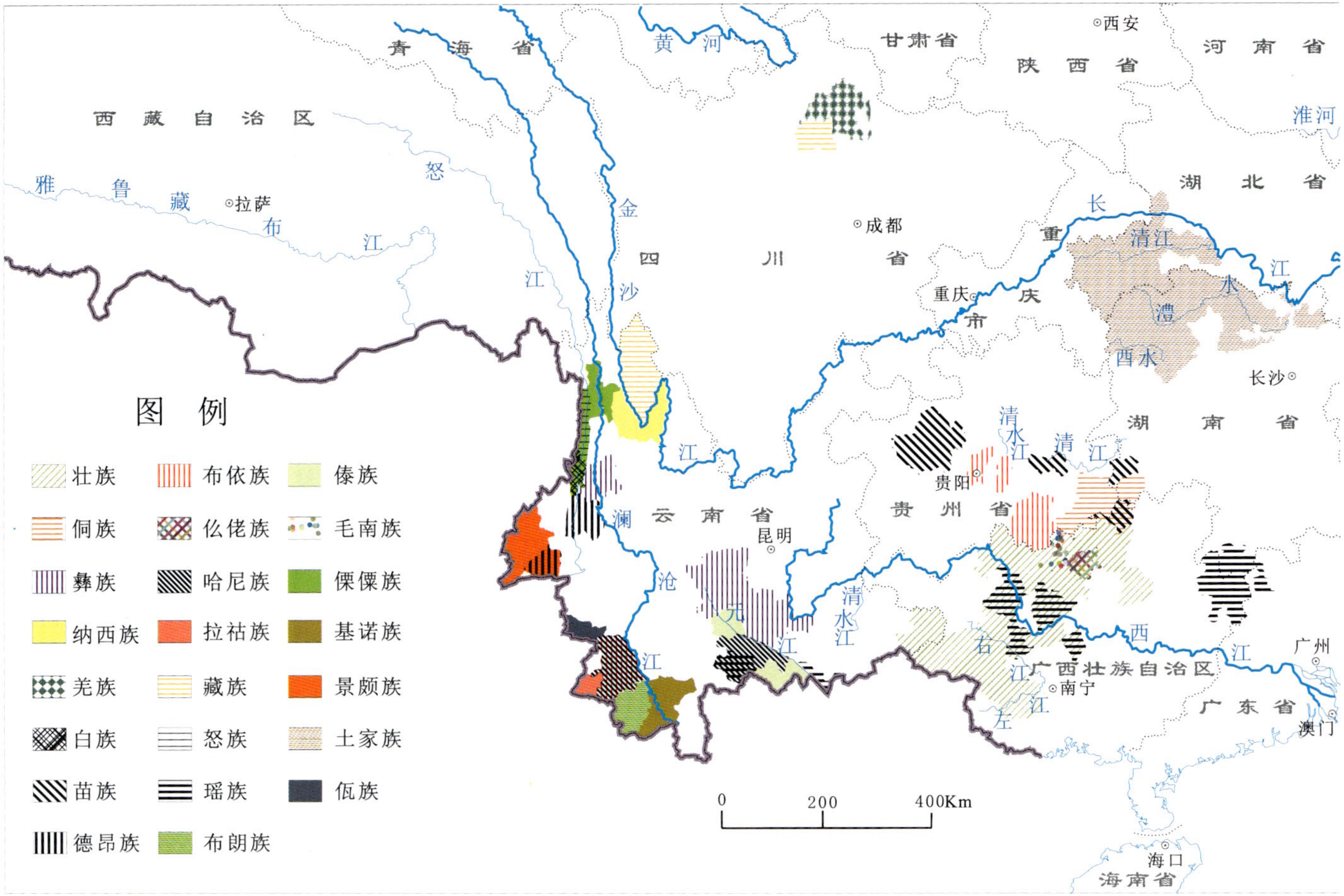

地图 4　中国西南地区少数民族多声部民歌分布地图（截止于 2008 年）（合作者：中国音乐学院樊祖荫）

表4　中国西南地区少数民族多声部民歌分布地图（截止于2008年）

基本信息表

类　别	名　称	
底图来源	国家基础地理信息系统《2000 年中国行政区划数字地图（1：400 万）》，北京师范大学地理与遥感科学学院提供。 董晓萍、赖彦斌、吕红峰、马磊、鞠熙《数字钟敬文工作站》，数字名师地图，2008 年修订 北京师范大学数字民俗学实验室编制，国家测绘局审核通过，审图号：GS（2008）2626 号	
地名来源	行政地名	国家基础地理信息系统《2000 年中国行政区划数字地图（1：400 万）》（2008 年修订）
	历史地名	无
	民俗志地名	樊祖荫提供
所属项目	中国民族多声部民歌分布地图	
合作单位	北京师范大学数字民俗学实验室、中国音乐学院樊祖荫	
项目主持人	董晓萍　樊祖荫	
总方案与理论方案	樊祖荫　董晓萍	
民歌分布图例设计	樊祖荫	
地图编绘指导	王静爱	
纸介原数据提供	樊祖荫《中国多声部民歌概论》，北京，人民音乐出版社，1994 樊祖荫《中国少数民族多声部民歌教程》，北京，中央音乐学院出版社，2008	
地图编绘	赖彦斌	

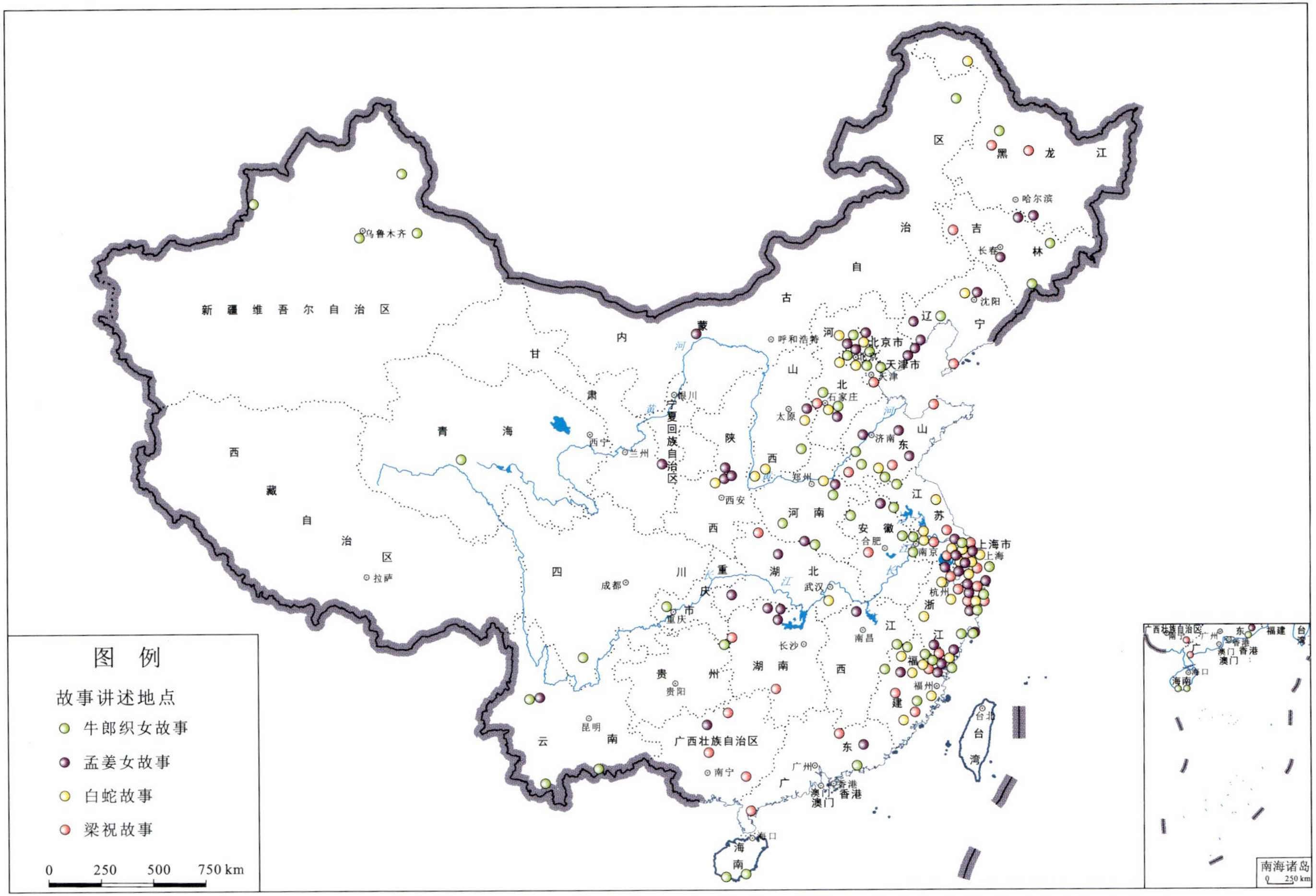

地图 5　中国四大故事分布地图（1980—2000）（合作单位：文化部民族民间文艺发展中心）

表5　中国四大故事分布地图（1980—2000）

基本信息表

类　别	名　　称	
底图来源	国家基础地理信息系统《2000年中国行政区划数字地图（1：400万）》，北京师范大学地理与遥感科学学院提供。 董晓萍、赖彦斌、吕红峰、马磊、鞠熙《数字钟敬文工作站》，数字名师地图，2008年修订 北京师范大学数字民俗学实验室编制，国家测绘局审核通过，审图号：GS（2008）2626号	
地名来源	行政地名	文化部民族民间文艺发展中心提供中国民间故事集成原始数据
	历史地名	无
	民俗志地名	无
所属项目	教育部“大学数字教育博物馆”项目北京师范大学“985工程”二期民俗学国家重点学科子项目“数字故事博物馆”中的“四大传说分布地图”课题	
合作单位	北京师范大学数字民俗学实验室、文化部民族民间文艺发展中心	
项目主持人	董晓萍	
总方案与理论方案	董晓萍	
地图编绘指导	王静爱	
纸介原数据提供	李　明	
数据搜集协助	鞠　熙　韩　冰　靳晓娜　曾燚娜　王晓鸣	
地图编绘	赖彦斌	

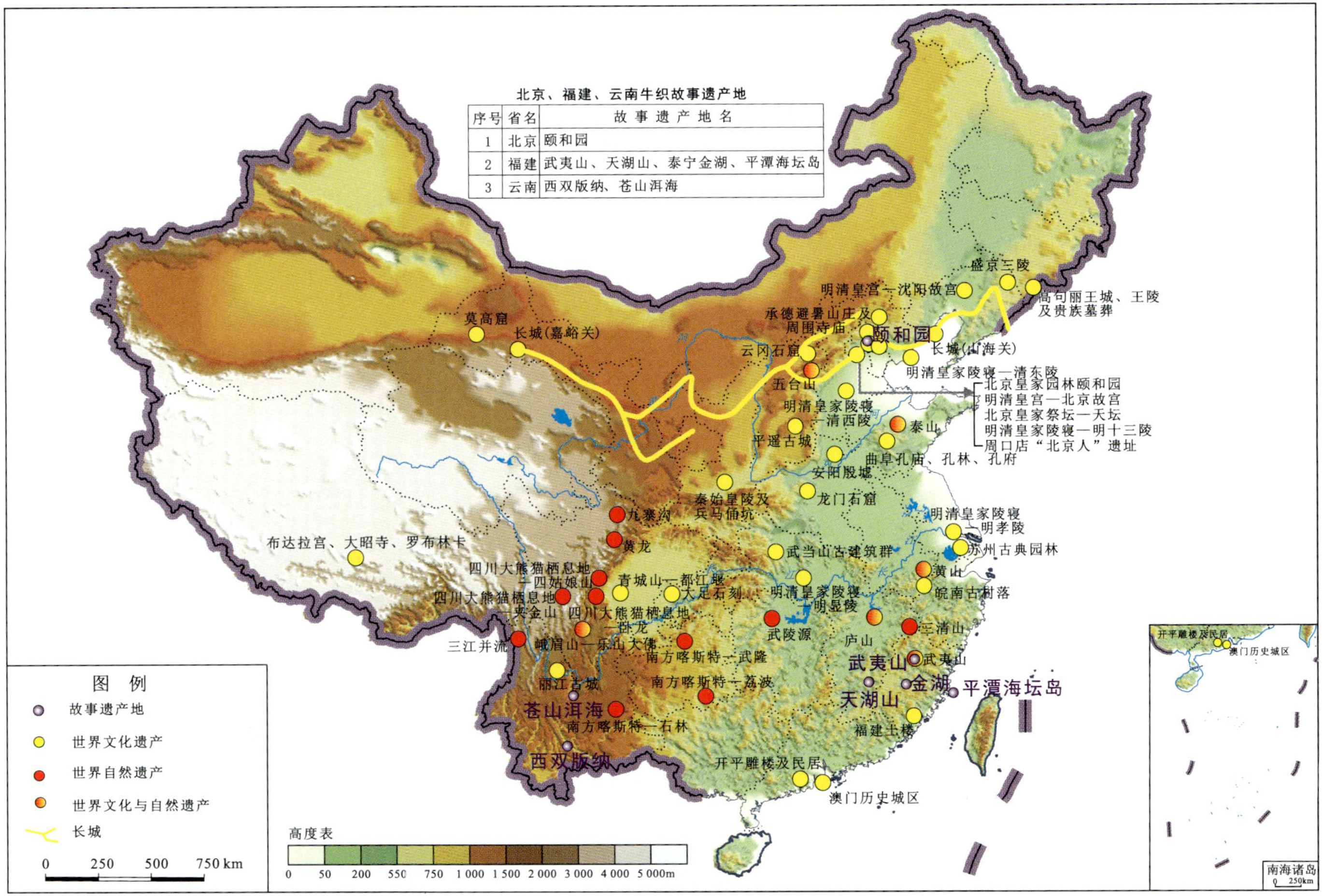

地图6 北京、福建、云南牛郎织女故事遗产地地图（1980—2000）

（合作单位：文化部民族民间文艺发展中心、复旦大学历史地理研究中心）

表6　北京、福建、云南牛郎织女故事遗产地地图（1980—2000）

基本信息表

类　别	名　称	
底图来源	国家基础地理信息系统《2000年中国行政区划数字地图（1：400万）》，北京师范大学地理与遥感科学学院提供。 董晓萍、赖彦斌、吕红峰、马磊、鞠熙《数字钟敬文工作站》，数字名师地图，2008年修订 北京师范大学数字民俗学实验室编制，国家测绘局审核通过，审图号：GS（2008）2626号 王静爱等主编《中国地理图集》，104页，《中国世界遗产（2009年）》，北京，中国地图出版社，2010。	
地名来源	行政地名	国家基础地理信息系统《2000年中国行政区划数字地图（1：400万）》（2008年修订）
	历史地名	复旦大学历史地理研究中心提供CHGIS
	民俗志地名	文化部民族民间文艺发展中心提供中国民间故事集成原始数据
所属项目	教育部“大学数字教育博物馆”项目北京师范大学“985工程”二期民俗学国家重点学科子项目“数字故事博物馆”中的“四大传说分布地图”课题	
合作单位	北京师范大学数字民俗学实验室、文化部民族民间文艺发展中心、复旦大学历史地理研究中心	
项目主持人	董晓萍	
总方案与理论方案	董晓萍	
地图编绘指导	王静爱	
中国民间故事集成纸介原数据提供	李　明	
数据搜集协助	靳晓娜　王晓鸣	
地图编绘	赖彦斌	

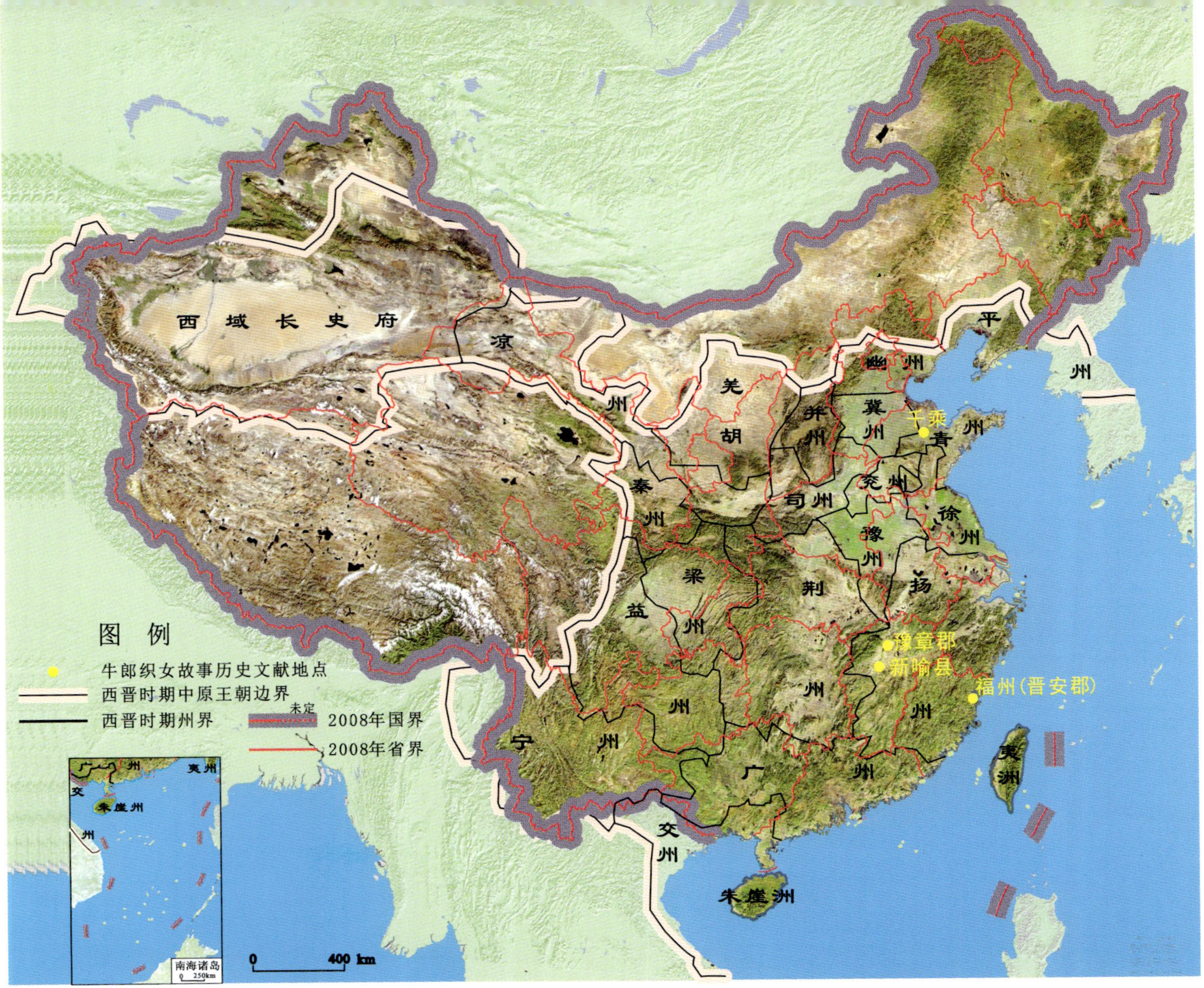

地图7　牛郎织女故事历史地图（魏晋南北朝时期，220—589）（合作单位：复旦大学历史地理研究中心）

表7　牛郎织女故事历史地图（魏晋南北朝时期，220—589）

基本信息表

类　别	名　称	
底图来源	国家卫星气象中心编制《MODIS(Terra) 卫星影像地图》，2002，北京师范大学地理与遥感科学学院提供。 中国历史地图底图，复旦大学历史地理研究中心“中国历史地理信息系统”2005 年统一提供。 国家基础地理信息系统《2000 年中国行政区划数字地图（1：400 万）》，北京师范大学地理与遥感科学学院提供。 董晓萍、赖彦斌、吕红峰、马磊、鞠熙《数字钟敬文工作站》，数字名师地图，2008 年修订 北京师范大学数字民俗学实验室编制，国家测绘局审核通过，审图号：GS（2008）2626 号	
地名来源	行政地名	国家基础地理信息系统《2000 年中国行政区划数字地图（1：400 万）》（2008 年修订）
	历史地名	复旦大学历史地理研究中心提供 CHGIS
	民俗志地名	北京师范大学数字民俗学实验室“数字故事博物馆”项目数字故事历史文献数据库
所属项目	教育部“大学数字教育博物馆”项目北京师范大学“985 工程”二期民俗学国家重点学科子项目“数字故事博物馆”中的“四大传说分布地图”课题	
合作单位	北京师范大学数字民俗学实验室、复旦大学历史地理研究中心	
项目主持人	董晓萍	
总方案与理论方案	董晓萍	
地图编绘指导	王静爱	
历史地名与 GIS 数据提供	复旦大学历史地理研究中心葛剑雄　安介生　满志敏	
数据搜集协助	鞠　熙	
地图编绘	赖彦斌	

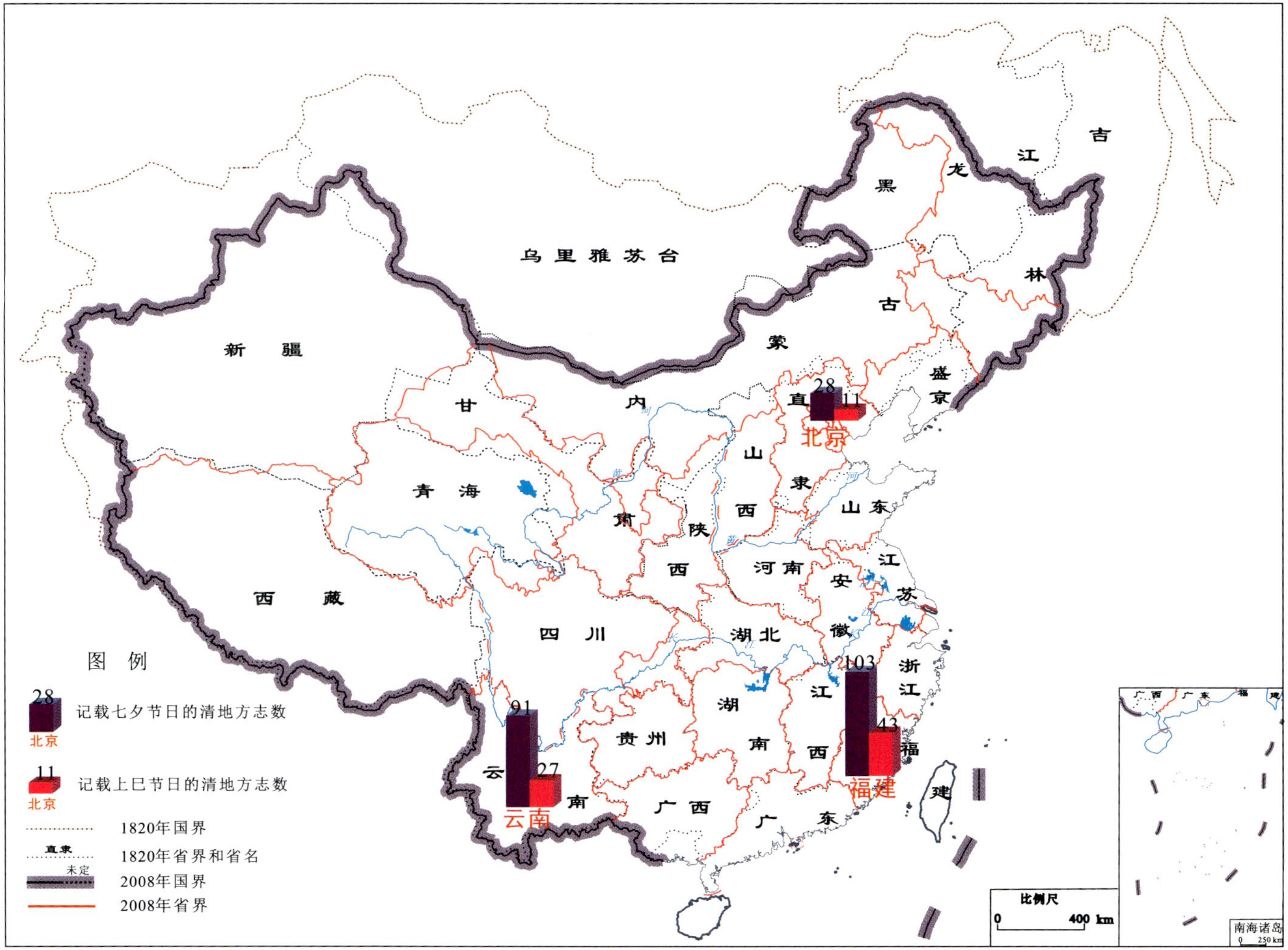

地图 8　地方志记载北京、福建、云南牛郎织女故事节日地图（清代，1644—1911）（合作单位：复旦大学历史地理研究中心）

表8 地方志记载北京、福建、云南牛郎织女故事节日地图（清代，1644—1911）基本信息表

类别	名称	
底图来源	中国历史地图底图，复旦大学历史地理研究中心“中国历史地理信息系统”2005 年统一提供。 国家基础地理信息系统《2000 年中国行政区划数字地图（1：400 万）》，北京师范大学地理与遥感科学学院提供。 董晓萍、赖彦斌、吕红峰、马磊、鞠熙《数字钟敬文工作站》，数字名师地图，2008 年修订 北京师范大学数字民俗学实验室编制，国家测绘局审核通过，审图号：GS（2008）2626 号	
地名来源	行政地名	国家基础地理信息系统《2000 年中国行政区划数字地图（1：400 万）》（2008 年修订）
	历史地名	复旦大学历史地理研究中心提供 CHGIS
	民俗志地名	北京师范大学数字民俗学实验室“数字故事博物馆”项目数字故事历史文献数据库
所属项目	教育部“大学数字教育博物馆”项目北京师范大学“985 工程”二期民俗学国家重点学科子项目“数字故事博物馆”中的“四大传说分布地图”课题	
合作单位	北京师范大学数字民俗学实验室、复旦大学历史地理研究中心	
项目主持人	董晓萍	
总方案与理论方案	董晓萍	
地图编绘指导	王静爱	
历史地名与 GIS 数据提供	复旦大学历史地理研究中心葛剑雄　安介生　满志敏	
数据搜集协助	赵　娜　蔡锦碧　李　鹤	
地图编绘	赖彦斌	

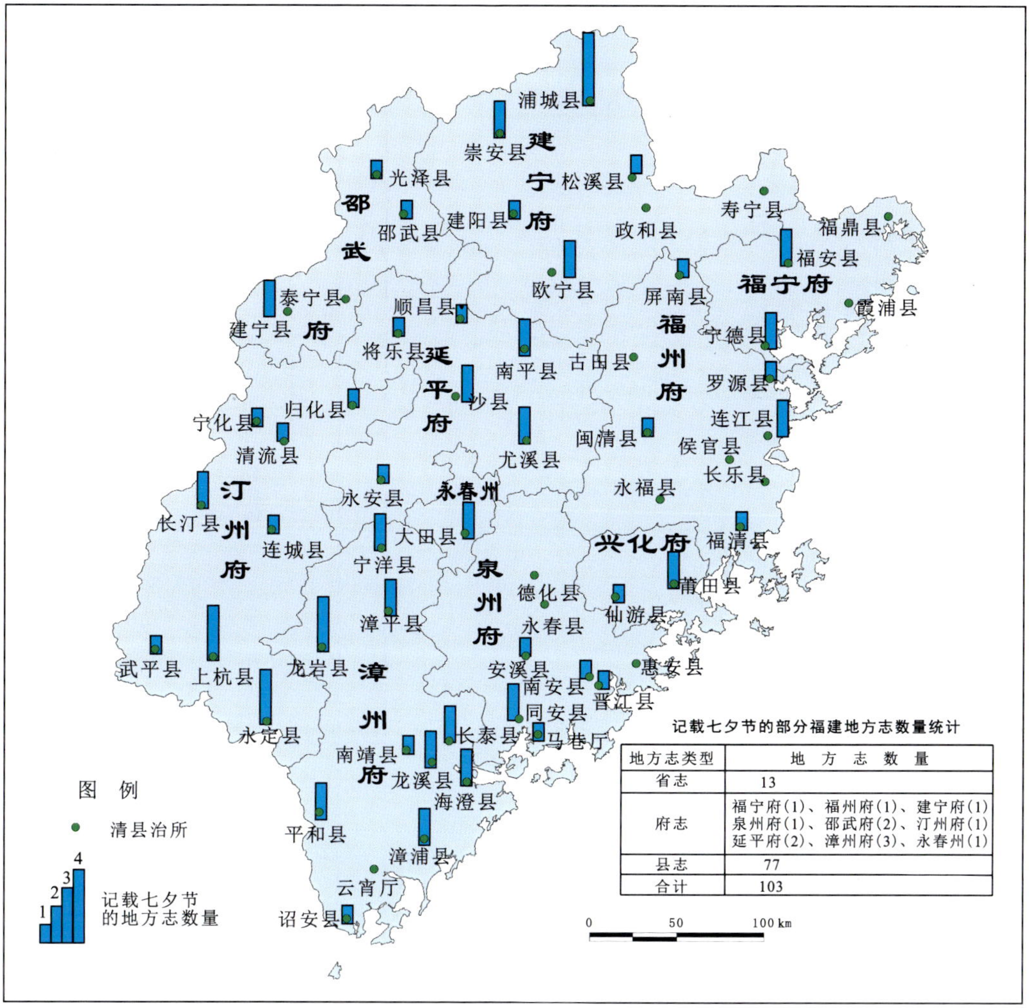

记载七夕节的部分福建地方志数量统计

地方志类型	地 方 志 数 量
省志	13
府志	福宁府(1)、福州府(1)、建宁府(1) 泉州府(1)、邵武府(2)、汀州府(1) 延平府(2)、漳州府(3)、永春州(1)
县志	77
合计	103

地图9 地方志记载部分福建七夕节分布地图（清代，1644—1911）
（合作单位：复旦大学历史地理研究中心）

表9 地方志记载部分福建七夕节分布地图（清代，1644—1911）

基本信息表

类别	名称	
底图来源	中国历史地图底图，复旦大学历史地理研究中心“中国历史地理信息系统”2005年统一提供。 国家基础地理信息系统《2000年中国行政区划数字地图（1：400万）》，北京师范大学地理与遥感科学学院提供。 董晓萍、赖彦斌、吕红峰、马磊、鞠熙《数字钟敬文工作站》，数字名师地图，2008年修订 北京师范大学数字民俗学实验室编制，国家测绘局审核通过，审图号：GS（2008）2626号	
地名来源	行政地名	国家基础地理信息系统《2000年中国行政区划数字地图（1：400万）》（2008年修订）
	历史地名	复旦大学历史地理研究中心提供CHGIS
	民俗志地名	北京师范大学数字民俗学实验室“数字故事博物馆”项目数字故事历史文献数据库
所属项目	教育部“大学数字教育博物馆”项目北京师范大学“985工程”二期民俗学国家重点学科子项目“数字故事博物馆”中的“四大传说分布地图”课题	
合作单位	北京师范大学数字民俗学实验室、复旦大学历史地理研究中心	
项目主持人	董晓萍	
总方案与理论方案	董晓萍	
地图编绘指导	王静爱	
历史地名与GIS数据提供	复旦大学历史地理研究中心葛剑雄　安介生　满志敏	
数据搜集协助	蔡锦碧	
地图编绘	赖彦斌	